西南大学应用经济学一级学科博士点建设系列丛书（第二辑）

递增阶梯定价的政策评估与优化设计研究

Policy Evaluation and Optimal Design of Increasing Block Pricing

刘自敏/著

科 学 出 版 社

北 京

内 容 简 介

随着全球环境与资源约束的日益严峻及收入分配状况的逐渐恶化，世界各国开始逐渐出台旨在促进节能环保与改善收入分配现状的价格改革措施。本书采用非线性定价理论、计量经济学理论、需求理论、机制设计理论等方法，以杭州等城市为例深入研究了我国居民用电阶梯定价的现状，评估了阶梯定价政策的实施效果并对相应政策措施进行了优化设计。本书的突出特色是基于非线性定价、机制设计等理论对我国居民用电阶梯定价问题进行了广泛且系统的研究，为我国阶梯电价的政策制定和机制设计提供依据与参考。

本书的适用对象为政府电力定价政策者、高校经济管理专业的研究者及非线性定价相关理论的学习者。

图书在版编目（CIP）数据

递增阶梯定价的政策评估与优化设计研究／刘自敏著. —北京：科学出版社，2021.3

（西南大学应用经济学一级学科博士点建设系列丛书. 第二辑）

ISBN 978-7-03-068229-1

Ⅰ. ①递… Ⅱ. ①刘… Ⅲ. ①能源－定价－研究－中国Ⅳ. ①F426.2

中国版本图书馆 CIP 数据核字（2021）第 038811 号

责任编辑：王丹妮／责任校对：王晓茜
责任印制：张 伟／封面设计：无极书装

科学出版社 出版
北京东黄城根北街 16 号
邮政编码：100717
http://www.sciencep.com
北京盛通商印快线网络科技有限公司 印刷
科学出版社发行 各地新华书店经销

*

2021 年 3 月第 一 版　开本：720×1000　1/16
2021 年 3 月第一次印刷　印张：13
字数：262 000
定价：132.00 元
（如有印装质量问题，我社负责调换）

作 者 简 介

刘自敏，四川德阳人，中国社会科学院数量经济学博士，西南大学经济管理学院教授、博士生导师，院学术委员会副主任；主要从事能源经济、非线性定价、信息经济学与机制设计等领域的研究；哈佛大学访问学者，受培训于芝加哥大学、北京大学、中国人民大学；中国现场统计研究会经济与金融统计分会理事；入选"国际清洁能源拔尖创新人才培养项目"，主持包括国家自然科学基金项目、国家社会科学基金重大项目子项目、教育部人文社会科学基金项目、重庆市社会科学规划重大项目、中央高校基本科研项目重大项目等多项纵向课题；在 Journal of the American Medical Association、Journal of Mental Health Policy and Economics、Agricultural Economics、《经济研究》、《经济学（季刊）》、《统计研究》、《经济学动态》、《中国软科学》等期刊公开发表学术论文 30 余篇；获得重庆市发展研究奖三等奖、中国数量经济学会优秀论文一等奖、香樟经济学优秀论文奖、中国产业经济研究学术年会优秀论文等多项奖励；研究成果多次被《新华文摘》、中国人民大学《复印报刊资料》、《中国反垄断与规制经济学学术年鉴》引用与收录。

序 一

　　能源转型，是人类可持续发展需求驱动的能源变革，对能源的使用不仅仅要求其方便可靠，而且需要清洁低碳，在推动能源转型的过程中，要提高可再生能源的使用占比，同时要加快对传统化石能源的清洁利用。电力是现代能源系统中为人类和社会提供优质服务最便捷和应用最广的能量载体，电力价格对能源系统转型影响至深。对电力价格实行递增阶梯定价政策，既可以有效调整居民与工业用户的电力需求，减少交叉补贴与非必要电力浪费以直接节约能源，还可以提高发电机组的深度调峰能力，为加大可再生能源发电比例、替代传统化石能源发电提供空间。刘自敏教授的专著《递增阶梯定价的政策评估与优化设计研究》从理论研究与实证研究出发，对中国能源的阶梯定价进行了政策效果评估，在相关评估结果的基础上进行了基础参数等优化设计。该书从能源价格的优化入手，从经济学的视角推动了国内清洁能源的发展与进步，进而加快了中国能源系统转型。

　　该书系统地梳理了递增阶梯定价的相关研究。从递增阶梯定价的最优性、可实施性等方面对基础理论进行综述；从消费者的价格反应、基础参数优化等角度对递增阶梯定价的政策评估与优化设计相关研究进行总结。该书对非线性电价政策进行了效果评估与优化设计。基于公共经济学等理论，从居民能源需求变化与福利损失等方面对非线性电价政策进行评估，在此基础上对阶梯电价分档电量等进行设计，有助于建立完备的电力定价体系，推动能源系统优化转型。该书还形成了一系列具有理论与现实意义的研究问题。在数据缺失时通过估计居民用电福利损失的充分统计量，对递增阶梯电价进行效果评估；将递增阶梯电价与抑制回弹效应目标结合，探究阶梯电价对居民用电回弹效应的影响；将研究扩展至分时定价等其他非线性定价，并对不同定价形式下的居民电力需求弹性进行估计。

　　我发起和组织了"国际清洁能源拔尖创新人才培养项目"，旨在依托全球能源合作网络和顶级科学家资源，培养一批满足未来能源发展战略需要的清洁能源领域拔尖创新人才。该项目在2019~2020年共三期，近150位年轻研究人员在瑞典参加集中培训后继续在欧美和世界其他各地进行为期1~2年的研修。刘自敏教授作为该项目的第二期学员，在瑞典麦拉达伦大学研修期间与我交流颇多。我很高兴看到刘自敏教授在能源经济学领域从事有自己特色的研究并有所建树，在中国及全球能源市场建设、能源价格机制优化与清洁能源发展等议题上有着深入的思考和有应用价值的研究。我也很高兴看到这些研究成果系统整理为《递增阶梯定价的政策评估与优化设计研究》一书。这种把点点滴滴的研究成果进行系统思考，是做研究值得推荐的。

严晋跃

2021 年 3 月 14 日于瑞典斯德哥尔摩

序 二

伴随着改革开放 40 多年以来的经济快速发展，中国已成为世界上最大的能源消费与生产国，并形成了煤炭、电力、石油、天然气、新能源、可再生能源等多种能源并存的供给体系。但中国现代能源产品市场体系的建设速度明显滞后于经济发展速度，政府掌握了多数能源产品的定价权。在该能源管理体制下，由政府设置的能源产品价格往往无法反映生产成本与能源产品市场供需，这使得能源要素价格扭曲，进而在诸多能源产品领域形成交叉补贴。交叉补贴会减少居民福利且降低能源效率，而对能源产品定价进行科学的递增阶梯定价设计，可以显著减少交叉补贴，实现提高经济效率与收入分配优化等目标。且在当前中国"碳达峰与碳中和"目标大力推进的背景下，对能源产品价格进行递增阶梯定价设计，有利于全面推进能源产品价格市场化，优化各类能源产品的配置机制，进而实现既定碳管控目标。该书正是基于这样的现实背景，对中国当前递增阶梯电价政策进行评估，并从各阶梯分档电量等角度进行优化设计，该书的研究成果为当前中国能源产品市场化定价体系的建立提供了扎实的理论基础与丰富的经验。我认为该书的主要特色体现在以下几个方面。

一是对非线性能源产品定价政策下居民能源需求进行估计。在能源产品领域大力推行分时、阶梯等非线性定价的过程中，对居民能源需求进行准确估计是政界与学术界共同关心的问题。该书基于需求理论，将居民需求区分为条件需求与无条件需求，计算相关需求弹性，并据此比较了分时阶梯电价与纯分时电价下的条件与无条件需求弹性，探索阶梯定价结构与需求特征间的关系；使用双误差离散/连续选择模型，考虑到电力用户在尖点处的聚集特征，对不同收入水平人群的电价弹性进行估计并比较。该书相关内容为政策规制者提供了当前居民能源需求现状的具体数值参考，并为各类能源领域相关政策的实施效果评估奠定基础。

二是使用科学计量方法对递增阶梯电价的政策效果进行评估。当前学术界研究多集中在定价政策的效率评价方面，缺乏对定价政策带来的收入分配影响及福利影响分析。该书基于公共经济学等相关理论，使用充分统计量方法估计福利损失与再分配效应，并据此进行典型阶梯定价场景与优化阶梯定价场景的政策评估；使用效率成本估计方法，对阶梯电价下家庭效率成本与社会总效率成本进行计算，并进行相应动态分析；考虑居民家庭人口特征，构建引入家庭人口特征的二次近似理想需求函数，对非线性定价的再分配特征进行评价；使用门槛模型与基本需求模型，对递增阶梯电价的分档电量政策进行效果评价等。该书相关内容给电力部门提供了丰富的现实经验借鉴。

三是对当前中国递增阶梯定价的相关参数进行合理优化设计。随着阶梯定价的深入实施，阶梯定价各类参数优化设计的重要性也日益显现。该书基于福利经济学等相关理论，在对福利损失与再分配效应的充分统计量进行估计后，对现实最优阶梯定价与不同场景的最优阶梯定价进行设计并对比；使用门槛模型与基本需求模型，在求出各省（区、市）阶梯电量理论值后，参照真实值，给出优化建议。该书相关内容给能源产品定价部门推进能源定价市场化提供了参考。

刘自敏教授长期从事能源产业组织与价格理论的学术研究工作，在网络型公用事业管制、能源经济学和实证计量研究等领域取得了较好的研究成果。他所著的《递增阶梯定价的政策评估与优化设计研究》一书即将出版，请我作序，我欣然同意！希望他可以在学术研究的道路上继续披荆斩棘，取得更加丰硕的科研成果！

同时，中国人民大学应用经济学院也欢迎致力于从事能源经济学领域研究的学者共同探讨、交流，为该领域的学术研究与当前中国的经济高质量发展做出贡献。

郑新业

2021 年 3 月 15 日于北京

前　言

　　随着全球资源与环境约束的日益趋紧及收入分配状况的不断恶化，从 20 世纪 70 年代开始，很多西方国家出台了以递增阶梯定价为代表的，旨在促进节能环保和改善收入分配的价格改革政策。为了走可持续的科学发展道路，中国政府也开始在供电、供水和供气等公共事业和资源性产品领域引入递增阶梯定价政策。递增阶梯定价是一种备受学术界与公共事业规制部门关注的非线性定价方式，其在资源性产品领域的主要含义为：随着水、电、气等资源消费量增长，包含环境与经济外部性等的边际成本逐步递增，消费者将会承担越来越高的边际价格。此时水、电、气等资源消费量越大，消费者承受的边际价格越高。递增阶梯定价赋予政策制定者以边际价格、消费档次和档次数等政策工具，政策制定者利用这些工具，可以在促进经济效率和收入分配平衡等常见目标的同时，实现节能环保和对弱势群体基本生活的保障。因此，递增阶梯定价已在美国、加拿大、日本、韩国等国家以及中国的香港和台湾等地区得到广泛应用。

　　我国是一个人口众多、人均资源紧缺的国家，多种主要资源性产品均低于世界平均水平。2019 年，我国天然气可采资源量为 14 万亿立方米左右，只占世界总量的 4.2%，石油储藏量仅占世界总量的 1.5%。天然气和石油人均剩余可采储量分别只有世界平均水平的 22.9% 和 7.99%；水资源总量占世界水资源总量的 7%，但人均占有量仅为世界人均水量的 25%；即使相对丰富的煤炭，储藏量占世界总量的 13.2%，但人均储量也不到世界平均水平的 71.9%。根据《中国住户调查年鉴 2019》，2018 年全国居民人均可支配收入基尼系数已经达到了 0.468，超过了世界公认的 0.4 贫富差距警戒线，同时也高于国际平均水平。根据以上事实，中国在公共事业领域对资源性产品实施阶梯定价，以节约能源与减少贫富差距。2012 年，国家发展和改革委员会（简称国家发改委）宣布在除新疆、西藏以外的 29 个省（区、市）（港澳台不包括在内）正式实施居民生活用电的递增阶梯定价政策，并通过设置两个分档电量点将各省（区、市）的用电水平划分为三个阶梯。除了电力定价领域外，递增阶梯定价在全国范围内各类资源性产品中的应用也在逐步推广，在此前提下，如何针对当前递增阶梯定价政策进行合理评估，并对当前递增阶梯定价进行优化设计，成了政府规制部门、学术界与大众共同关注的社会重点问题。本书将递增阶梯定价的政策评估与优化设计作为主要内容，具有重要的学术及现实意义。

现有研究文献主要集中在递增阶梯定价的定义、基础理论与现有定价政策评价、优化设计四个方面,但对于后两个方面的实证文献仍存在较大不足,主要反映在:①当前研究文献对阶梯定价下资源需求的研究方法与结论尚未统一,大量研究采用不同的函数设定形式和估计思路,得到的价格弹性与收入弹性估计结果差异很大,且对于用户因非线性定价产生需求反映的经济意义解释不完善,说明现有计量模型设定与计算方法仍不稳健,所得出参数的经济意义不明确;②当前研究文献对递增阶梯定价的设计逐步转向高维,但多维变量与多类政策目标的关系尚未明确,且优化设计方法仍存在较大缺陷;③当前研究文献缺乏以中国微观数据为样本的递增阶梯定价优化设计研究。

基于以上现实背景与学术背景,本书立足于学术界与政策规制界现有研究成果,以我国为研究对象,对我国已实施的资源型产品递增阶梯定价进行合理、科学的政策评估,并基于政策评估结果对我国将来更多的资源型产品进行递增阶梯定价优化设计。具体内容包括如下几个部分。

第一篇为基础理论篇,主要包括递增阶梯定价的基础理论、政策评估与优化设计,非线性定价下居民能源需求特征测度,纯分时定价与分时阶梯定价对政策目标实现的对比分析等。首先,归纳递增阶梯定价的相关理论及其政策评估与优化设计的研究成果;其次,基于国网上海市电力公司与国网浙江省电力有限公司杭州供电公司(简称杭州电网公司)的行政数据分别估计条件与无条件需求下的价格与收入特征,并通过分解需求弹性探究阶梯定价与居民电力需求的关系;最后,基于双层需求模型,使用微观家庭数据对分时阶梯定价与纯分时定价下的居民电力需求进行比较。该篇对前人研究进行总结,并探究不同种类定价(分时阶梯定价、纯分时定价)下居民需求特征,为后续研究打下基础。

第二篇为政策评估篇,主要包括基于离散/连续模型的分时与混合定价下的居民电力需求分析、基于充分统计量方法的递增阶梯定价政策评价与优化设计、递增阶梯定价实施下的收入再分配和效率成本估算,以及非线性定价实施下的家庭人口特征与收入再分配调整。首先,基于电力用户在尖点处的聚集特征,验证离散/连续模型的合理性,进而对双离散/连续模型进行估计;其次,基于杭州电网公司行政数据求解递增阶梯定价带来的福利损失与收入再分配效应下的充分统计量,并据此对2004年杭州市实行递增阶梯定价与2006年该市调整递增阶梯定价两类政策进行评估,在此基础上对两种不同场景下的最优机制进行设计,并基于理论最优结果对杭州市2012年的定价调整政策进行相应评估;再次,以杭州电网公司的行政数据为基础,估计递增阶梯定价在不同收入水平人群间所产生的家庭效率成本与社会总效率成本;最后,构建二次近乎理想需求函数建立收入再分配效应的测度模型,测定分时定价下为保持相同效用增加家庭不同类型的人口需要增加的电费补偿率及其金额。该篇从居民家庭效率、社会福利、用电成本等角度出发，对当前中国分时定价、递增阶梯定价等政策进行有效评估，为后续的递增阶梯定价最优设计提供现实借鉴。

第三篇为优化设计篇，主要包括递增阶梯电价的分档电量政策评价及其优化设计，递增阶梯电价、回弹效应和居民能源消费的关系探究。首先，基于中国家庭追踪调查数据，使用截面门槛模型及 Stone-Geary 函数分别估计第一、第二阶梯分档电量的理论值；其次，基于上述研究，用价格分解模型探究实施递增阶梯电价对中国居民家庭用电回弹效应的影响及机制。该篇对递增阶梯电价的阶梯最优电量进行设计，并据此对递增阶梯定价降低回弹效应的机制进行实证研究，为政策制定者提供理论参考。

本书是在笔者所主持的国家自然科学基金青年科学基金项目"递增阶梯定价的政策评估与优化设计研究"（71603218）、重庆市社会科学规划重大项目"重大突发公共卫生事件下的重庆粮食能源安全研究"（2020ZDJJ02）、重庆市人文社会科学重点研究基地重点项目"丘陵山区农村资源型产品的配置效率与定价策略"（16SKB057）、西南大学中央高校基本科研重大项目"交叉补贴视角下的中国能源价格机制设计"（SWU1809022）的相关研究成果基础上完成的。本书也得到了国家社会科学基金青年项目"阶梯定价理论及其应用研究"（13CJL024）、国家自然科学基金青年科学基金项目"通过结构重组、接入监管与定价机制改革构建中国售电侧市场的理论与实证研究"（71403288）等项目资助。本书的大部分内容已发表在《经济研究》《经济学动态》《数量经济技术经济研究》等重要学术期刊上，所形成的政策观点也发表在《能源》《中国电力企业管理》等能源行业重点政策期刊上。同时，笔者还多次作为专家出席重庆市发改委组织的水、电、气价咨询听证会，基于以本书内容为主体研究成果所提的意见多次被政府部门采用。上述成果与经历体现了同行专家与政府部门对本研究成果的高度认可。

本书的顺利完成得益于许多良师益友的支持与帮助。首先要感谢敬爱的张昕竹教授，他作为我的博士生导师，也是我学术研究道路上的引路人，引领我进入公共事业规制与非线性定价的研究领域，他渊博的学识、严谨的治学态度与孜孜不倦的治学精神使我受益终身。感谢参与课题研究的项目组成员，包括西南大学经济管理学院的杨丹教授、刘新智教授、黄小勇博士、余珊博士、范昕博士与硕士生李兴、朱朋虎等。感谢在本书写作及项目研究中持续为我提供帮助的专家学者，包括中国社会科学院财经战略研究院的冯永晟研究员、国务院发展研究中心企业研究所的马源研究员、阿里研究院的方燕博士、山东工商学院的田露露副教授、多伦多大学的罗耀教授与马里兰大学的阙光辉博士等。与这些专家学者合作交流，扩展了我的学术视野，提高了我的学术研究水平。感谢西南大学经济管理学院的领导和同事们,包括祝志勇教授、张应良教授等。感谢我的硕士生申颢、张娅、陈颐等对本书进行的排版整理与文字校对工作。

  由于时间有限,本书难免存在不妥之处,敬请广大读者批评指正。

刘自敏

2020 年 7 月 15 日

于西南大学经济管理学院大楼

目 录

第一篇 基础理论篇

第一章 递增阶梯定价的基础理论、政策评估与优化设计：文献综述 ……… 3
   第一节　引言 …………………………………………………………… 3
   第二节　递增阶梯定价的定义内涵 …………………………………… 5
   第三节　递增阶梯定价的基础理论 …………………………………… 6
   第四节　递增阶梯定价的政策评估 …………………………………… 8
   第五节　递增阶梯定价的优化设计 …………………………………… 11
   第六节　小结 …………………………………………………………… 13

第二章 非线性定价下居民能源需求特征测度：基于条件需求与无条件需求的比较 ………………………………………………………… 15
   第一节　引言 …………………………………………………………… 15
   第二节　阶梯定价下的需求弹性特征：理论分析 …………………… 17
   第三节　弹性特征估计和异质性考察：实证分析 …………………… 24
   第四节　阶梯价格结构与需求弹性特征关系识别：条件需求与无条件需求比较 ………………………………………………… 29
   第五节　结论与政策建议 ……………………………………………… 36

第三章 纯分时定价与分时阶梯定价对政策目标实现的对比分析 …… 39
   第一节　引言 …………………………………………………………… 39
   第二节　模型设定 ……………………………………………………… 41
   第三节　分时定价下的居民电力需求弹性分析 ……………………… 44
   第四节　稳健性检验：异质性居民的需求反应 ……………………… 47
   第五节　不同定价下的目标实现 ……………………………………… 49
   第六节　结论及政策建议 ……………………………………………… 52

第二篇 政策评估篇

第四章 分时阶梯定价下的居民电力需求：基于 DCC 模型的分析 … 57
   第一节　引言 …………………………………………………………… 57
   第二节　模型设定与估计思路 ………………………………………… 58

第三节　数据说明 ··· 62
第四节　实证结果与分析 ··· 64
第五节　结论及政策建议 ··· 71

第五章　递增阶梯定价政策评价与优化设计：基于充分统计量方法 ······ 73
第一节　引言 ··· 73
第二节　理论分析：阶梯定价政策评价的充分统计量 ················· 75
第三节　数据来源与定价场景说明 ··································· 81
第四节　实证分析：不同定价场景的政策评价 ······················· 83
第五节　最优阶梯定价机制设计 ···································· 93
第六节　结论与政策建议 ·· 96

第六章　递增阶梯定价实施下的收入再分配和效率成本估算 ············ 98
第一节　引言 ·· 98
第二节　理论模型 ··· 101
第三节　数据说明 ··· 104
第四节　效率成本估计：静态分析 ································· 105
第五节　效率成本估计：动态分析 ································· 111
第六节　结论及政策建议 ··· 114

第七章　非线性定价实施下的家庭人口特征和收入再分配调整 ········· 116
第一节　引言 ··· 116
第二节　理论模型 ··· 118
第三节　实证分析 ··· 125
第四节　结论及政策建议 ··· 134

第三篇　优化设计篇

第八章　递增阶梯电价的分档电量政策评价及其优化设计：基于 CFPS 数据的分析 ·· 139
第一节　引言 ··· 139
第二节　理论模型设定 ··· 142
第三节　数据说明 ··· 145
第四节　实证结果与分析 ··· 146
第五节　电量分档机制再设计 ····································· 152
第六节　结论与政策建议 ··· 154

第九章　递增阶梯电价、回弹效应与居民能源消费：基于 CFPS 数据的分析 ······ 156
第一节　引言 ··· 156

第二节	回弹效应的测算方式与数据说明 ……………………	158
第三节	阶梯电价影响回弹效应的度量及研究设计 …………	160
第四节	实证分析 ……………………………………………	161
第五节	结论与政策建议 ……………………………………	166

参考文献 ……………………………………………………………… 167
附录 A 阶梯定价下的无条件需求估计步骤 …………………… 179
附录 B 从分时阶梯定价到纯阶梯定价的转换 ………………… 181
附录 C 工具变量的构造：相对需求方程的设定与估计 ……… 184
附录 D 阶梯定价充分统计量的弹性表达 ……………………… 191
附录 E $\dfrac{\mathrm{d}q}{\mathrm{d}p}$ 与 $\dfrac{\mathrm{d}x}{\mathrm{d}t}$ 的关系分析 …………………………… 192

第一篇 基础理论篇

第一章 递增阶梯定价的基础理论、政策评估与优化设计：文献综述

随着资源与能源领域非线性定价方式的逐步引入，越来越多的公共事业产品采用递增阶梯定价[①]（increasing block pricing[②]，IBP）这一特殊的价格形式。通过分析阶梯定价的引入背景以及我国阶梯定价的实施政策，本章在介绍阶梯定价的定义与内涵的基础上，从连续阶梯定价的最优性、阶梯定价的可实施性、阶梯定价的多目标性等方面对阶梯定价的基础理论进行综述；从阶梯定价下消费者对何种价格反应、内生性问题的处理、尖点行为的识别等角度对阶梯定价的政策评估进行归纳；从多政策目标的权衡、基础参数的组合优化、现有阶梯定价的优化调整等方面对阶梯定价的优化设计进行分析。通过本章的综述性分析，可以为阶梯定价及其他非线性定价形式的基础理论、政策评估与优化设计研究提供有效的文献支持。

第一节 引　　言

为了打破全球化的资源短缺与生态环境破坏及社会收入分配状况不断恶化的双重困境，为能有效达成节能环保和改善收入分配状况的目标，许多西方国家从 20 世纪 70 年代开始就资源和能源的利用制定了诸多价格改革措施，特别是阶梯定价政策。为了走可持续发展道路，我国政府也开始在供电、供水和供气等公共事业和资源性产品领域引入阶梯定价。

阶梯定价具有典型的非线性特征，一直是广受公共事业规制部门和学术界关注的重要议题。其基本理念是，随着水、电、气等消费量的增加，包含经济与环境外部性等的边际成本逐步递增，消费者将承担更高的边际价格，由此较高的消费伴随着较高的边际价格。据统计，1982 年美国只有 4%的能源企业使用阶梯定价，到 2000 年左右，这一比例增到 33%（Olmstead et al.，2007）。到了 2007 年，经济合作与发展组织（Organization for Economic Cooperation and Development，OECD）成员中有 49%的能源企业采用了阶梯定价。截至目前，

[①] 以下简称阶梯定价或 IBP，若无特别说明，本书中的阶梯定价均指递增阶梯定价。
[②] 递增阶梯定价的英文术语很多，如 increasing block pricing/rate/tariff，inverted rate 等。

已经有较多国家或地区实行阶梯定价,如美国、加拿大、澳大利亚的部分地区,以意大利为代表的大部分南欧国家,以捷克为代表的部分中欧国家,以沙特阿拉伯为典型代表的部分中东国家,以及东亚的韩国、日本和东南亚的马来西亚、菲律宾,还有我国大部分地区。

我国是一个人口众多、人均资源紧缺的国家,多种主要资源性产品均低于世界平均水平。2019 年,我国天然气可采资源量为 14 万亿立方米左右,只占世界总量的 4.2%,石油储藏量仅占世界总量的 1.5%。天然气和石油人均剩余可采储量分别只有世界平均水平的 22.9%和 7.99%;水资源总量占世界水资源总量的 7%,但人均占有量仅为世界人均水量的 25%;即使相对丰富的煤炭,储藏量占世界总量的 13.2%,但人均储量也不到世界平均水平的 71.9%。与能源短缺形成强烈反差的是,我国能源利用效率约为 36.3%,低于发达国家,产品消耗与国际先进水平差距较大。根据《中国住户调查年鉴 2019》,2018 年全国居民人均可支配收入基尼系数为 0.468,超过国际公认的 0.4 贫富差距警戒线,同时也高于国际平均水平。因此,我国在公共事业领域对资源性产品实施阶梯定价,节约能源与减少收入差距已经迫在眉睫。

1980 年,我国开始了电力行业的分时电价试点工作,到 2002 年,全国普遍实行了分时电价制度。为了促进节能环保,提高资源使用效率,电力行业从 2004 年起启动了阶梯电价的试点工作,国家发改委先后在浙江、四川、福建等地设立阶梯电价试点。2010 年 10 月 9 日国家发改委发布《关于居民生活用电实行阶梯电价的指导意见(征求意见稿)》,并于 2011 年正式出台了《关于居民生活用电试行阶梯电价的指导意见》,明确了实施阶梯电价的基本政策取向。国务院印发的《"十二五"节能减排综合性工作方案》明确提出,要将居民用电、用水阶梯价格作为促进节能减排目标实现的有效措施。2012 年 7 月 1 日起,我国开始在除西藏与新疆外的所有地区(港澳台除外)推广实施居民阶梯电价。正式实施后各省又对阶梯电价政策进行了调整,如引入分时定价与阶梯定价组成复合定价形式等。此外,2013 年 12 月底,国家发改委出台《关于完善居民阶梯电价制度的通知》,明确提出要在 2015 年底前,在全国范围内制定并颁布居民用电峰谷电价政策,全面推行居民用电中峰谷与阶梯相结合的混合定价方式。

同时,政府也考虑将阶梯定价逐步拓展实施到其他领域,国家发改委相继于 2013 年 12 月与 2014 年 3 月宣布,2015 年底在全国范围内正式实施居民阶梯水价与阶梯气价。目前,国家发改委正在探索对成品油、煤炭、城市供暖、垃圾与废水处理甚至城市土地和停车位等能源和资源实施阶梯定价。这些改革总体上回应了十二届全国人大三次会议《政府工作报告》中所提出的"完善资源性产品价格,全面实行居民阶梯价格制度"的基本方向。2015 年 11 月底,为推进结构调整,我国正式提出在包括能源等多个领域内实施供给侧结构性改革，阶梯定价的参数设定与调整是政府规制者实施供给侧结构性改革的重要手段。2017 年 11 月 8 日国家发改委印发的《关于全面深化价格机制改革的意见》明确指出要"完善居民电价政策""定期评估完善居民用电用水用气阶梯价格政策"。

显然，定价目标的多元性直接影响定价方式。公共事业（包括能源和资源）领域的资源性产品定价过程涉及各利益相关者之间的利益博弈。鉴于各博弈方有不同的利益目标，价格主管部门往往会追求多元化目标，如节约环保、收入再分配（或公平工作）、经济效率和成本补偿等。因此，随着阶梯定价在全国范围内各类资源性产品中应用的逐步展开，如何在有效权衡阶梯定价各类政策目标的条件下评估与优化阶梯定价政策，日益成为价格制定部门、学术界和社会公众关注的问题。而解答这个问题的前提是，对于政府提供资源性产品的政策目标，首先需要从理论上回答阶梯定价是否能够适用以及是否满足最优性的问题，并以此作为政府资源性产品定价政策制定的理论基础与技术保障。

第二节　递增阶梯定价的定义内涵

阶梯定价是指将消费数量划分为若干档次，在同一档次上的边际价格相同，而在上下档次中的边际价格构成递增关系。如果上下档次间的边际价格构成递减关系，这样的定价结构称为递减阶梯定价，也就是现实中常见的数量折扣方式。数量折扣常用于促销，实现经济利益最大化。阶梯定价与递减阶梯定价（decreasing block pricing，DBP）属于边际价格与数量呈非水平的跳跃性变动的非线性定价离散形式的两种子类。非线性定价连续形式相对于线性定价而言，是指边际价格与数量呈现非水平的连续变动关系。作为不同于数量折扣方式独特的非线性定价离散形式，阶梯定价赋予价格规制者以边际价格、消费档次和档次数等政策工具。利用这些政策工具，政策制定者可以在促进经济效率和预算收益平衡等常见目标的同时，实现节能环保和对弱势群体基本生活的保障。因此，阶梯定价得到越来越广泛的应用。

虽然阶梯定价得到了广泛应用，但由于阶梯定价方式下的消费者预算约束为凸，预算集分段线性且可能存在消费者在尖点（kink point）聚集的可能；采用基于阶梯定价下的消费数据直接估计需求系数可能存在偏误，所得需求函数也会跳跃。因此，这种定价方式的理论和实证研究十分复杂，实施阶梯定价政策所面临的一些基础理论和实证问题仍未解决。

当前围绕阶梯定价开展的理论与实证研究主要包括非线性定价理论、阶梯定价理论和实证、定价政策的优化与调整等。我们主要从以下三方面来展开综述,即递增阶梯定价的基础理论、递增阶梯定价的政策评估及递增阶梯定价的优化设计。

第三节 递增阶梯定价的基础理论

阶梯定价属于一种特殊类型的非线性定价形式,因此,我们首先对一般化的非线性定价理论进行阐述,在此基础上围绕阶梯定价进行分析。关于资源性产品定价的文献首先阐述非线性定价的基础特征,在此基础上对阶梯定价进行理论分析。

资源产品的垄断运营商常向潜在消费者提供多样化的价格选择,并且通常都是非线性的,如简单两部制、两部制菜单和递减阶梯定价等(Brown and Sibley, 1986; Wilson, 1993)。Goldman 等(1984)分析了最优的非线性定价形式,指出福利最大化下的非线性定价与 Ramsey 发展的最优统一定价理论有关。当非线性定价在保持企业的正常收益率前提下最小化效率损失时,福利最大化下的非线性定价在定价效率方面比线性 Ramsey 定价优越(Mitchell and Vogelsang, 1991; Armstrong et al., 1995a)。在规制者福利最大化问题中,消费者剩余和企业生产者剩余权重固定,在正则性需求条件下,递减定价(即数量折扣)往往是最优的(Maskin and Riley, 1984)。换言之,单追求效率,数量折扣政策常最佳。但是在某些极端情形下数量溢价可能有效,如当所有需求线性且非交叉,同时低需求消费者很多(或非线性需求充分多)时(Kokovin et al., 2008)。

由此可见,经典非线性定价文献基本从效率角度探究最优(或次优)定价政策,对分配效应或公正性议题有所忽略(方燕,2012)。原因在于经典非线性定价文献中的几个常见假设抽象掉了分配或公正问题。首先,假定偏好拟线性,忽略收入效应(Willig, 1978)。事实上,收入效应的存在常意味着定价收益最终趋向富人而非穷人(Newbery, 1995; World Bank, 1995);其次,所采用的局部均衡分析(或假定公共资金影子价格外生性)潜在地忽视了收入税制等其他分配手段;最后,尽管社会福利的最初含义包括收入分配和资源配置两方面(Pigou, 1920),但是在大多非线性定价文献中,由消费者和生产者剩余直接加总所得的社会福利含义已经抹杀了分配内涵。

自从 20 世纪 70 年代,经济学家就围绕非线性定价,尤其是两部制定价能否兼顾经济效率、公平和规制约束展开论战。其结果是,Oi(1971)、Feldstein(1972)、Ng 和 Weisser(1974)、Faulhaber 和 Panzar(1975)等均认为,虽然两部制定价在现实中很常见,但它会导致很大的福利损失。80 年代以后,随着机制设计的兴起,以 Mussa 和 Rosen(1978)、Goldman 等(1984)、Maskin 和 Riley(1984)为代表,研究了最优非线性定价,甚至拓展至多产品定价、多维甄别和竞争性非线性定价等问题(Wilson,1993)。虽然非线性的凹性定价意味着最优定价,现实中完全非线性定价很少见。鉴于此,Stole(1995)、Seim和Viard(2004)、方燕(2012)、方燕和张昕竹(2014)指出其中的一个重要原因是,最优非线性定价未考虑非线性定价实施过程中计算与信息复杂性带来的巨大交易成本和福利损失。由此,Sundararajan(2004)、Armstrong(2006)和Hoppe等(2011)认为,如果考虑信息交流和计算要求所带来的交易成本,完全非线性定价和统一费率定价两种极端情形都不是最优的。因此在现实中,通常利用基于两部制定价的阶梯定价(或两部制菜单)实现部分甄别,在每增加一个级数(或选项)所引起的新增交易成本与由此更好地甄别消费者所提高的效率之间进行权衡。Watabe(2015)分析了非线性定价下的对偶条件,并应用到阶梯定价中,当消费者的效用函数是严格递增且严格为凹时,满足个体理性与激励相容的最优定价形式是阶梯定价。进一步地,阶梯定价的基础理论进展也为其结构计量模型的突破提供了研究支持(Luo et al., 2018)。

国外阶梯定价的相关文献主要探讨阶梯定价的由来,以及阶梯定价机制的多元目标实现性。Taylor(1975)和Nordin(1976)最早指出,递减阶梯定价下,居民用电需求函数不连续的原因在于,递减阶梯定价下消费者预算约束集非凸,进而使边际内价格对消费只有收入效应。同时,利用包括边际价格和平均价格两变量的方程设定,可以得出平均价格系数和收入系数"等大异号"的结论。Billings和Agthe(1980)将Taylor-Nordin的设定推广到阶梯定价的情形。后来大量文献均表明,阶梯定价的出现源于其所提供的激励恰好满足多元化目标诉求。

林伯强和蒋竺均(2012)对资源性产品的定价目标进行了分析,以电力产品为例,电价机制设计的目标包括收入弥补成本、利益最大化、公平、收入再分配、节能、传递价格信号、保护脆弱人群等。另外,在设计电价时还需要考虑公众和政府的可接受性、居民的承受力、政策的简单透明度以及是否易于实施。同时,林伯强和蒋竺均(2012)也指出,一个电价机制很难同时满足所有的目标。

国内对于非线性定价的理论研究最开始发轫于电信资费领域,拉丰和张昕竹(2004)分析了普遍服务政策中,基于统一定价和区别定价所引起的激励问题,张昕竹和冯永晟(2007)研究了多部制定价中的三部制定价与最优非线性定价的实施问题,马源(2008)基于二次效用函数的假设,给出了三部制定价机制设计。专门针对阶梯定价的理论研究极少,方燕和张昕竹(2012a)研究了追求效率和公正诉求的规制者在消费者收入信息不完备环境下的最优定价机制设计,其结论是在边际成本递增时,无论消费者信息对称与否,连续递增定价机制是最有效率的;

而在消费者收入信息不对称的条件下，公正和效率的兼顾诉求并不必然导致连续递增定价的产生。只有当消费者的类型分布和需求函数满足一定条件才能如此。在阶梯定价领域，方燕和张昕竹（2012b）从半福利主义视角，分析了阶梯定价机制的最优性。而张昕竹（2010，2011）认为对于阶梯定价与其他定价的复合定价，应考虑将实时定价（峰谷定价）嵌入阶梯定价中，其中有效定价的使命（即效率目标）主要由实时定价（峰谷定价）承担，而阶梯定价更多承担社会调节功能（即公平目标）。刘自敏等（2017a）对非线性定价下的条件需求与无条件需求进行比较，测度并分析了阶梯定价下的居民能源需求特征。

第四节 递增阶梯定价的政策评估

随着阶梯定价在全世界各个国家的逐步实施，以及微观数据可得性的提高，近年来，在资源与能源非线性定价领域涌现出了一大批阶梯定价的微观实证分析研究。在与最新微观计量经济学的结合下，阶梯定价的政策评估取得了很大发展。

在阶梯定价的实证研究中，大部分文献主要聚焦于以下几个问题：

（1）复杂定价机制下的用户决策问题。例如，用户的用电需求是影响平均价格还是边际价格（Taylor，1975；Ito，2014），这类文献试图利用实证数据来识别复杂定价机制下用户的行为模式。而Liebman和Zeckhauser（2004）从行为经济学角度解释了复杂定价下的用户决策基础。

（2）内生性问题。由于阶梯定价本质上给出的是供给曲线，同时决定用户的离散决策（用户选择消费的档次）、连续决策（用户消费）和边际价格。如果模型中只设定单误差项，误差项、边际价格、阶梯选择、消费数量等都将系统相关（Terza and Welch，1982；Schefter and David，1985）。Taylor（1975）最早提出阶梯定价可以通过构造虚拟收入（virtual income）实现线性化，而内生性问题可以利用工具变量（instrumental variable，IV）来解决。然而，在分段预算约束下，内生性问题由价格和消费阶梯同时决定，因此使用普通最小二乘（ordinary least squares，OLS）估计是有偏和不一致的，即便使用两阶段估计或IV法也是如此（Moffitt，1986，1990）。更重要的是，由于无法估计从一个阶梯跳跃到另一个阶梯的价格效应，使用IV法不能准确刻画用户的离散选择和连续选择行为（Taylor，1975；Nordin，1976），这导致了阶梯定价下尖点或其附近的聚集行为被忽略，而尖点正是无法估计边际价格的点。正如Herriges和King（1994）所说，使用IV法时，当消费量落在尖点附近时，无法确定消费者面对的实际价格。Reynaud等（2005）认为，解决价格内生性的过程就是探索估计技术的过程。

（3）用户在尖点行为的识别。为了能够有效识别尖点，Burtless 和 Hausman（1978）及 Hausman（1985）提出了条件需求和无条件需求的联合估计方法，即双误差离散/连续选择（discrete/continuous choice，DCC）模型。Burtless 和 Hausman（1978）首先将此模型应用到累进税下劳动力供应函数的估计中并对 DCC 模型进行了一般化处理（Hanemann，1984），随后，Moffitt（1986，1990）在水及电力的需求估计中给出了 DCC 模型的一般设定，在此基础上，Hewitt（1993）以及 Hewitt 和 Hanemann（1995）用此模型估计了水的需求函数，Pint（1999）、Waldman（2000，2005）给出了 k 阶阶梯定价下的需求估计方程，Olmstead 等（2007）利用近年数据估计了阶梯定价下水的需求函数。

Moffitt（1990）总结出在实证中阶梯定价时的两个计量难题，一是对（虚拟收入）约束变化的反应是非线性的，二是需要针对不同的个体在需求（或效用）函数中设定一个或多个参数。Moffitt 随即归纳出四种估计需求（或效用）函数的方法，包括：①OLS 估计"完全"的需求函数；②OLS 估计边际需求函数；③使用 IV 法估计边际需求函数；④使用双误差项进行联合估计。同时，由估计的不一致性可以直接排除第一种方法和第二种方法，第三种方法稍显复杂但是需要一些近似，第四种方法是最满足理论和统计要求的，但是统计计算也是最复杂的。

对于第三种方法，Moffitt 指出，由于价格和虚拟收入同时由消费者所选择的消费量决定，对于单误差项的回归方程，一种解决方法就是构建一个 IV，有许多研究沿着这一思路进行尝试，如 Rosen（1976）、Hausman 和 Wise（1979）对联邦收入税、累退收入税的研究。另外一个更复杂的思路是 Hausman 等（1979）提出来的，其修正了 Rosen（1976）、Hausman 和 Wise（1979）的方法，在边际税率 X 的计算过程中，不是对每一个消费者使用同样的 X，而是基于一些内生特征（的变量）得到一些预测值，这些预测值将被用来构建价格和虚拟收入变量。然而，第三种方法充分考虑了边际价格和收入的内生性问题，却没有处理（或忽视了）尖点问题。Moffitt 指出，如果在尖点处聚集的现象不显著（当然现在也没有对一个观测值与尖点多接近算是"尖点观测值"的定义），那么去除这些观测值，使用第三种方法，也可以得到需求（或效用）函数的近似估计。对于统一定价或递减阶梯定价，第三种方法是完全可行的，但是对于阶梯定价，我们需要使用第四种方法。双误差 DCC 模型是 Burtless 和 Hausman（1978）提出的。

与基于理论模型使用结构模型（structural model）分析并行的是，随着政策评价方法的逐步成熟，使用简约式（reduced-form）方法，对资源性产品阶梯定价的实证评估也在逐步展开。例如，在阶梯水价中，居民用水量会受到其他因素的影响，如气候、温度、降水等（Balling and Gober，2007），同时，居民用水价格也会适时根据居民用水需求量的变化而调整。为了在诸多变化中分离出价格变化带来的效应，最新的一些文献采用简约式政策评估的方法进行估计（Nataraj and Hanemann，2011；Klaiber et al.，2014；Yoo et al.，2014）。Nataraj 和 Hanemann（2011）采用断点回归（regression discontinuity，RD）的准实验方法，Klaiber 等（2014）、Yoo 等（2014）在用双重差分（differences-in-differences，DID）法减少了相关因素对价格的交互影响后，再采用回归的方法进行估计。

Chetty（2009）指出，充分统计量（sufficient statistics）是政策评估的第三条道路。在经济政策评价领域，充分统计量是一种（由于数据、信息缺失等）绕开中间过程变量的求解，并基于几个关键变量所构成的表达式进行政策估计的方法，其中的关键变量即充分统计量。充分统计量实际是带有福利分析的缩减式估计，这种兼有结构模型与缩减模型特征的政策评估方式称为半结构模型（semi-structural model）（Beraja，2016）。Allcott 等（2014）基于充分统计量方法从一般均衡视角对能源政策的政策效应进行了估计。Hendren（2016）指出，某个政策一般均衡效应的主体部分就是交叉价格效应，在复杂定价场景下可广泛使用。Jacobsen 等（2017）基于自价格与交叉价格效应的充分统计量表达，提出了对政府矫正措施不完美外部性的估计。刘自敏等（2017a）利用充分统计量方法，对我国的阶梯定价进行了政策评估与优化设计。

鉴于上述复杂因素，到目前为止，现有文献关于阶梯定价下电力需求的研究方法与研究结论尚未得到统一，大量研究利用用户层面微观数据或加总数据，基于不同的设定形式和估计思路，得到的价格弹性与收入弹性估计迥然不同。例如，Yoo 等（2007）利用双变量样本选择模型估计出首尔地区的电力需求价格与收入弹性分别为-0.2463 和 0.0593。Vaage（2000）通过分立的 DCC 模型分别计算出挪威居民的能源（以电力为主）需求价格弹性，其中离散时需求价格弹性为-0.4315，连续时需求价格弹性为-1.2903，而收入弹性符号无法确定，不同组合下分别为0.1977、-0.0061 与-0.0688 等。Mansur 等（2005）使用类似方法估计出美国六组不同人群的电力消费价格弹性为-1.32～-0.24。Borenstein（2009）通过对阶梯定价下用户的决策模式进行分析，其中如果用户消费需求对边际价格做出反应，短期价格弹性为-0.17～-0.12；如果用户消费需求对（期望）平均价格做出反应，短期价格弹性为-0.2825。国内的相关研究仍处于起步阶段，竺文杰和郁义鸿（2009）利用加总数据，估计出短期的价格与收入弹性分别为 0.092 和 0.285，长期的价格与收入弹性分别为-0.156 与 0.661。黄海涛（2012）考虑了分时与阶梯混合定价，采用线性化方法估计出各档的条件需求价格弹性分别为-0.1074、-0.0879 和-0.0489。

总体而言，虽然已有一些研究非线性定价下需求反应的实证文献，并且对于双误差 DCC 模型的设定达成了一定的共识，但由于用户需求对定价呈现非线性反应,很多实证问题非常复杂,至今仍是世界性难题。例如,非线性定价使得弹性计算十分复杂,并且现有文献得到的弹性估计存在很大的差异,这说明现有计量模型的设定仍然不稳健;人们对于用户对非线性定价需求反应的经济解释无法达成共识等。这些问题对阶梯定价实施结果的评估,以及未来阶梯定价的不断完善产生巨大阻碍。

第五节 递增阶梯定价的优化设计

随着阶梯定价的深入实施,对阶梯定价理论与实证提出的新挑战是阶梯定价的优化设计,因此,阶梯定价涌现出的第三类文献主要是如何对已实施的阶梯定价机制优化调整,这涉及以上理论与实证两方面的问题。

Barberán 和 Arbués(2009)从成本覆盖、效率、公平、简单等视角对水资源的费率设计进行了研究,并评估一个给定的价格体系限制某些特定人群得到水供应的程度,他们基于西班牙的现状提出了三个包含公平但未去除其他标准(如效率等)的阶梯定价机制。基于 Hausman(1981)所提出的等价变化(equivalent variation,EV)方法,You 和 Lim(2013)衡量了阶梯电价政策的福利影响。研究发现,当社会重视不平等时,三个阶梯、前两个阶梯长度较长且电价为3倍累进费率下的阶梯电价能实现最大的社会福利水平。Carter 等(2012)模拟研究了一个设定将要实行的电价体系对电力需求和消费的影响,当居民由三阶阶梯定价向四阶阶梯定价转换时,在将总效用区分为平均价格效应与边际价格效应后得出,最低收入家庭与最高收入家庭的需求影响较大,而中间收入家庭变化不大。

此外,Borenstein(2009,2012)、Maddock 和 Castano(1991)、Olmstead 等(2007)、Pashardes 和 Hajispyrou(2002)、Rietveld 等(2000)、Whittington(1992)、Bar-Shira 等(2006)也研究了阶梯定价与统一定价之间转换时电力需求和电费的变化。Gibson 和 Price(1986)分别测度和比较了英国天然气与电力的两部制和阶梯定价下的分配效应。Hancock 和 Price(1996)、Price 和 Hancock(1998)则关注了英国天然气、电信和电力领域阶梯定价的固定收费部分变动所带来的分配效应。

阶梯定价的重要政策目标之一是收入再分配,并且资源性产品的消费是以家庭为单位,因此阶梯定价参数优化与调整的核心基础变量是家庭总收入(Ruijs,2009),但传统的阶梯定价仅考虑家庭收入的等级与差异这一单维指标,可能导致阶梯定价收入再分配目标减弱甚至难以实现(Pashardes and Hajispyrou,2002)。Whittington(1992)认为,阶梯电价若想保障低收入者的基本用电需求,前提必须是低收入用户同时也是低用电量的使用者,当贫困用户家庭人口数较多或接入网络需要固定费用时,此种定价方式会使他们的境况变得更糟，而此种现象在发展中国家更为普遍。Dahan 和 Nisan（2007）也指出，当阶梯定价未考虑人口因素时，家庭人口数较多的低收入者会比高收入者面临更高的阶梯税率。另外，当存在较易获取且更便宜的其他能源时，价格的上升使得用户转向对替代能源的消费，仍达不到节约能源的效果（Dufty，2007；Reiss and White，2005）。

由此，阶梯定价的一个重要优化方向是考虑更多的基础参数，包括收入水平、家庭规模（Dahan and Nisan，2007；Borenstein，2012）、家庭结构（Nauges and Thomas，2000；Martínez-Espiñeira，2003）、文化与教育层次（Griffin and Chang，1990；Gaudin et al.，2001）等。Pashardes 和 Hajispyrou（2002）指出，消费者或受益人一般以个体为单位，但电力消费的计价方式以家庭为单位，因此家庭特征对实现公平目标的影响是阶梯定价所面临的一个巨大挑战。Dahan 和 Nisan（2007）、Borenstein（2012）指出，规制者对家庭特征信息的不完全了解确实会削弱阶梯定价为保证公平性而生的说服力。家庭成员的年龄（Nauges and Thomas，2000）或文化背景（Gaudin et al.，2001）差异也会带来类似影响。Meran 和 von Hirschhausen（2009）指出，阶梯定价在实践中的主要不足在于它对家庭规模因素的忽略。Arbués 等（2003，2010）、Arbués 和 Barberán（2012）的系列分析也表明公平性目标的实现与家庭规模相关，即使设定一些专项资费，也难以解决人口众多家庭的公平问题。在公平性问题的分析中引入家庭特征的研究人员还包括 Komives 等（2005）、Wodon 和 Angel-Urdinola（2007）等。同时，Allcott 和 Kessler（2015）、Ito（2014）基于行为经济学的研究，基于提醒的"轻推效应"（nudge effect）对家庭的能源消费使用也能起到事半功倍的效果。

当前对于引入除家庭收入之外的其他信息有两种处理方式：一是基于家庭所报的收入和其他信息的独立多维信息进行阶梯定价的参数优化，但多维参数，即使是二维参数优化的分析也非常复杂（Laffont and Tirole，1993；Maskin et al.，1987；Wilson，1993），并且，单维情形下的非线性定价结论在大多数多维情形下都不一定适用（Armstrong，1996；Rochet and Chone，1998；Rochet and Stole，2002）；二是所定机制仅基于所报的收入信息，家庭规模被假定（或实证估得）与收入存在某种关联性，这实际上可视为单维类型机制设计问题（Meran and von Hirschhausen，2009，2014），也是当前经常采用的方式。

国内关于阶梯定价体系的分析一方面主要聚焦已实施的阶梯电价，尚未扩展至其他资源性产品，另一方面电价文献还停留在探讨有关电价结构设计的原则、标准和影响等方面。杨娟和刘树杰（2010）在提出中国阶梯电价的设计方法和路径的基础上，指出"预算平衡约束下的社会福利最大化"是电价结构设计应该遵循的基本原则。曾鸣等（2012）应用二次近似理想需求系统（quadratic almost ideal demand system，QUAIDS）模型对居民阶梯电价给不同家庭带来的福利效应进行了分析,并提出衡量人口数较多且收入较低的居民家庭的电费补贴标准,以促进阶梯电价的公平性目标的实现。张粒子等(2010)、黄海涛等(2010)、朱柯丁等(2011)、李媛等(2012)分别提出了在不同约束下的阶梯电价设计方案,并基于此具体分析阶梯电价对用电量、居民消费支出和消费行为等的影响。国内文献研究较为单一,尤其缺乏基于国内大样本微观数据对阶梯定价的实证研究基础上得出的评价结论与优化方案。即便国外学者也只是基于国外数据研究国外的阶梯定价特征并进行方案调整,并未基于中国的情况研究这个问题。作为探索性的量化分析,刘自敏等(2017b)对阶梯电价的分档电量进行了优化设计。

第六节 小 结

通过对国内外阶梯定价的基础理论、实证研究及优化调整等研究的综述可知,无论是对非线性定价的理论研究,还是对阶梯定价的实证分析,国内目前的研究都还很有限,远远不能满足未来多种资源性产品阶梯定价设计和评估的要求。

随着我国逐步在各类资源性产品中实施阶梯定价,对资源性产品的定价体系进行优化设计与调整已经迫在眉睫,其中包括对不同资源性产品定价体系的选择(即是否都选择阶梯定价)、定价参数的确定、定价方式的使用(如是否采用多种定价方式结合的混合定价,以及如何混合定价)等多个关键问题。具体来看,将来可能的研究方向包括:

(1)通过整理资源与能源领域的典型定价模式及其特征,并比较分析国外及国内资源性产品非线性定价的主要理论脉络和典型国家的实践路线,结合我国资源性产品的使用特性,并在此基础上寻求适合我国资源性产品合理定价的分析框架与思路。我国资源性产品的定价规制需要满足政府的多个政策目标,需要从理论与实证等角度对其定价方式进行研究,并在此基础上提出合理可行的定价系统。

(2)对资源性产品的最优阶梯定价机制的分析。利用非对称信息经济学与机制设计理论,并结合非线性定价理论和最优收入税理论中的某些有益结论和处理技巧,从理论上回答:在多目标约束下阶梯定价机制的最优性;在此基础上,探究最优的阶梯定价机制参数特征及其内在关联结构,设计最优阶梯定价机制。

(3)如何有效地对已实施资源性产品阶梯定价机制进行评估。在对我国已经实施的资源性产品阶梯定价方式进行政策评估的过程中,尤其需要注意基于实践,在分析纯阶梯定价(block pricing)的基础上,比较分析嵌入分时定价的阶梯定价机制的政策效应，以及考虑多种资源产品（水、电、气等）同时实施阶梯定价时的政策评估。

（4）如何对我国已实施的阶梯电价、水价与气价的参数进行优化设计。将我国正在实施的阶梯定价参数进行省际、国际比较。可从代表性家庭与异质性家庭的不同角度出发，分析当前我国实行的阶梯定价的参数应该如何优化，同时，需要考虑新的优化定价的可执行性。需要分析阶梯定价与其他定价方式的结合，由此形成新的混合定价的参数设计与优化问题。

第二章 非线性定价下居民能源需求特征测度：基于条件需求与无条件需求的比较

随着能源领域复杂非线性定价的广泛使用，对居民能源需求特征的准确测度是政府规制者和学术界评估与实施能源发展战略的基础问题。本章以居民用电的分时阶梯定价（time-of-use block pricing）为例，首先从理论上刻画非线性定价下的条件需求与无条件需求；然后利用2009～2011年国网上海市电力公司和杭州电网公司行政数据（administrative data），估计并比较分时阶梯与纯分时电价下的条件需求弹性与无条件需求弹性；并进一步对需求弹性进行分解，以探索阶梯电价结构与需求特征间的关系。结果显示：不同阶梯下的条件价格弹性差异明显，在峰和谷时段分别为–3.93～–0.24和–1.19～–0.06；利用参数与非参数估计得出的分时阶梯电价下的无条件需求的价格弹性分别为–1.051与–1.032，数值上均大于纯分时电价下的需求弹性–0.688。分解结果显示，定价结构对需求弹性有显著影响，阶梯边际价格上升显著增加阶梯定价的价格弹性，因而改变需求响应强度；尖点粘贴效应[①]与阶梯虚拟收入效应共同影响价格弹性。本章的研究为政府与能源提供商实施精准的供给侧结构性改革奠定了基础。

第一节 引 言

为了能有效促进节能环保和改善收入分配，资源与能源优化使用层面的价格改革应运而生，居民能源市场大量引入非线性定价形式。利用阶梯定价进行供给侧结构性改革是否有效主要取决于阶梯定价结构下的需求响应程度，目前很多文献研究分时及阶梯定价下的需求响应问题（Olmstead et al.，2007；Wichman，2014），即价格与收入弹性的数值。也有一些文献开始关注阶梯定价等复杂定价结构对需求的价格和收入弹性的影响。Hewitt 和 Hanemann（1995）利用 DCC 模型，估计出居民生活用水的价格和收入弹性分别为–1.8989 和 0.1782。在其对阶梯水价的分析中，他们将需求弹性细化为条件需求弹性与无条件需求弹性，并估计出无条件需求的价格弹性和收入弹性分别为–1.586 和 0.1543。类似地，Olmstead 等（2007）、Olmstead（2009）估计的条件需求和无条件需求的价格弹性分别为–0.6411 与

---

① 本书将 dampening effect 翻译为尖点粘贴效应。

–0.5893；Miyawaki等（2016）得到的（平均）条件需求价格弹性为–1.09，而基于分层贝叶斯方法得到的无条件需求价格弹性小于条件需求价格弹性。

为了探索定价结构变化本身对价格弹性的影响，一些实证文献对不同定价结构下的价格弹性进行了比较。Hausman（1981）首次提出条件需求与无条件需求概念。Espey等（1997）及Dalhuisen等（2003）的研究显示，阶梯定价下的（无条件）需求价格弹性要高于统一定价下的价格弹性。Bockstael和McConnell（1983）、Strong和Smith（2010）探讨了条件需求的局限性，并进一步分析了条件需求与无条件需求的适用范围。Olmstead等（2007）分析了可能导致不同定价结构下的需求价格弹性存在差异的原因：阶梯定价与统一定价下价格弹性的定义本身存在很大差异。阶梯定价下无条件需求的价格弹性要比统一定价下的价格弹性更复杂，其中前者包括用户选择在哪一个阶梯内或尖点处消费的概率，以及价格变动对超边际价格产生补贴反应，即虚拟收入效应。类似于纳税人在累进税的征收与转移过程中的行为反应（Liebman and Zeckhauser，2004），阶梯定价下各阶梯上的边际价格的跳跃向消费者提供了一个账单提醒的信号（Gaudin，2006）。

国内学者主要比较了纯分时定价（time-of use pricing）、纯阶梯定价和分时阶梯定价等定价方式的需求特征与政策含义。黄海涛等（2012）认为，相较于统一定价，阶梯定价能有效地权衡经济效率与节能减排、公平与效率这两对矛盾。尽管如此，在分时定价框架下嵌套阶梯定价，要比单纯实施阶梯定价更宜于公共事业运营企业补偿提供成本。即便是出于兼顾效率和公平的考虑，将阶梯定价嵌入分时定价（峰谷定价）也更加有效。此时，分时定价（峰谷定价）主要承担有效定价和实现效率的使命，而阶梯定价则更多地承担社会调节和公平公正功能（张昕竹，2010；张昕竹和刘自敏，2015）。李媛等（2012）认为，随着用电量的增加，分时阶梯定价下的无条件需求的自价格弹性呈现倒U形变动；模拟分析也发现分时阶梯定价兼顾了纯分时定价和纯阶梯定价的优点。刘自敏等（2015a，2015b）分析了分时阶梯定价结构下的再分配效应。刘自敏等（2015c）进一步比较了阶梯定价与纯分时定价所能实现的政策目标的差异性。冯永晟（2014）得出分时阶梯定价结构下无条件需求的长期平均价格弹性为–0.625～–0.501。田露露和张昕竹（2015）对阶梯定价的估计方法、价格选择和实施效果等主题进行了综述。国内对于阶梯定价和分时阶梯定价等复杂定价的实证研究刚刚起步。

本章旨在基于阶梯定价结构，区分条件需求与无条件需求的概念，在满足可分性条件的DCC模型求解条件需求特征的基础上，使用参数与非参数估计方法，刻画阶梯定价的无条件需求特征。利用2009~2011年杭州和上海两市居民家庭用电的行政数据，实证估计分时阶梯定价与纯分时定价下条件需求与无条件需求的价格和收入弹性特征，最后分析阶梯定价结构对需求弹性特征的影响。本章可能的研究贡献在于：①区分、识别并估计了阶梯定价下的条件需求与无条件需求，由此能够准确有效地比较不同定价方式（尤其是线性与非线性定价间）的需求特征，并进一步评估不同定价方式的政策效果。②相对于条件需求与无条件需求无差别的线性定价系统，对于存在条件需求与无条件需求区别的阶梯定价系统，对其结构与需求弹性的关系进行识别并分解，探索估计阶梯定价参数特征（阶梯价格、阶梯长度、尖点等）对总弹性的影响，相对于线性定价，为规制者提供多样化的政策规制工具，为实施精准化的供给侧管理提供基础。

本章余下内容安排如下：第二节给出阶梯定价下，条件需求与无条件需求的理论分析，介绍本章的估计方法，并对本章使用的数据进行描述；第三节基于本章使用的微观数据，估计条件需求与无条件需求弹性，并对阶梯电价下分阶梯的需求弹性进行比较；第四节对阶梯价格结构与需求弹性特征间的关系进行初步探索，建立阶梯电价下的需求特征效应概念模型；第五节总结研究结论，并提出一些政策建议。

第二节　阶梯定价下的需求弹性特征：理论分析

一、条件需求与无条件需求的特征比较

在任意给定阶梯定价下，各阶梯间的边际价格水平不同。随着阶梯数的增加，各阶梯边际价格可能递增或递减。考察一个只包含两种正常产品的经济系统，w 是如城市居民用水、用电等之类的公共事业或资源的需求量；x 是包括所有其他消费品在内的 Hicks 商品的需求量，且处于完全竞争市场，其价格被标准化为 1。一个代表性消费者同时消费这两类产品面临的预算约束是 $B(w)+x \leqslant Y$，其中 $Y \geqslant 0$ 是该消费者用于生活消费的货币总预算，函数 $B(w)$ 是专门消费 w 所发生的货币支出。鉴于该预算约束在产品空间 (w,x) 上是凸集，只有预算边界起作用，即预算线为 $B(w)=y$，$y=Y-x$ 是消费者用于消费 w 的所有货币额。在给定某个 K（$K \geqslant 2$）级阶梯定价结构下，函数 $B(w)$ 可表示为式（2-1）所示的分段形式：

$$B(w)=\begin{cases} C+p_1 w, & w \in (w_0, w_1] \\ C+p_2 w-(p_2-p_1)w_1, & w \in (w_1, w_2] \\ C+p_3 w-[(p_3-p_2)w_2+(p_2-p_1)w_1], & w \in (w_2, w_3] \\ \quad\quad\quad\quad\quad\quad \vdots \\ C+p_K w-\sum_{j=1}^{K-1}(p_{j+1}-p_j)w_K, & w \in (w_{K-1}, +\infty) \end{cases} \quad (2\text{-}1)$$

其中，非负参数 C 是接入网络供给系统最多消费 $w_0(\geqslant 0)$ 所需支付的每月固定支出[①]；当 $w_0 = 0$ 时，参数 C 便是接入费。$(w_1, w_2, \cdots, w_{K-1}) \equiv [w_i]_{i=1}^{K-1}$ 与 $(p_1, p_2, \cdots, p_K) \equiv [p_i]_{i=1}^{K}$ 分别为阶梯的数量分割点（尖点）和各阶梯上的边际价格。注意，$0 < w_1 < w_2 < \cdots < w_{K-1}$。式（2-1）刻画了一个 K 级阶梯定价机制族。如果各阶梯上的边际价格满足 $0 < p_1 < p_2 < \cdots < p_K$，那么该定价机制称为 K 级阶梯定价机制。满足该不等式的所有定价机制统称为 K 级阶梯定价集。对应地，如果在任一阶梯 $i \in \{2, 3, \cdots, K\}$ 上均有 $p_i < p_{i-1}$ 或 $p_i = p_{i-1}$，那么所有满足这些条件的定价机制分别称为 K 级递减阶梯定价集与统一定价（即两部制）集。

显然，在阶梯定价结构下，预算约束 $y = B(w)$ 是非线性的。通过引入虚拟收入，将消费者预算约束线性化（Taylor，1975）。如果采用基于边际价格的统一定价，那么消费者将在真实收入 y 的基础上得到补贴 $d_k (k \in \{2, 3, \cdots, K\})$。真实收入与补贴之和称为虚拟收入，即 $y + d_k = C + p_k w \equiv \tilde{y}_k$。在式（2-1）所描述的阶梯定价结构下，消费者的补贴为

$$d_k = \begin{cases} 0, & k = 1 \\ \sum_{j=1}^{k-1}(p_{j+1} - p_j), & k \in \{2, 3, \cdots, K\} \end{cases} \quad (2\text{-}2)$$

在任意给定的定价结构下，需求函数描述的是需求量与价格和其他需求影响变量（如收入等）间的关系。在阶梯定价中，各阶梯上的价格差异会导致消费者的需求反应存在差别。为刻画阶梯定价特征对需求的影响，Hausman（1981）指出，在给定阶梯定价结构下，条件需求函数是指在给定阶梯上的边际价格（或收入）与需求量的关系。故给定 K 级阶梯定价结构，一共存在 K 个条件需求。以一个二级阶梯定价为例，第 k 级阶梯的条件需求 $\underline{w}_k^*$ 可表示为

$$\underline{w}_k^* = \begin{cases} w^*(p_1, y_1), & \underline{w}_1^* < w_1 \\ w_1, & \underline{w}_1^* / \underline{w}_2^* = w_1 \\ w^*(p_2, y_2), & \underline{w}_2^* > w_1 \end{cases} \quad (2\text{-}3)$$

其中，(p_1, p_2) 与 (y_1, y_2) 是不同阶梯上的价格与消费者的收入水平。$w^*(p_i, y_i)$ $(i = 1, 2)$ 是消费者基于价格、收入与其他社会经济特征等得出的最优消费。消费者将在既定阶梯上选择最优消费，实现效用最大化。

在阶梯定价下，不仅有基于特定阶梯的条件需求，还存在基于整个阶梯定价结构的需求，这个需求刻画了整个定价结构下的边际价格（或收入）与需求

[①] 表示只要接受该定价方式，无论消费量是多少，都必须支付的固定费用，主要用于弥补运营企业的固定成本。我国居民用电、用水的阶梯定价政策里隐含认定 $C = 0$。

量的函数关系（Hewitt and Hanemann，1995；Olmstead et al.，2007）[①]。为了区别于条件需求和更方便地比较不同定价结构下的需求特征，将这个需求称为无条件需求。"无条件"的含义是允许最优消费可以在不同阶梯上变化。由此可见，无条件需求刻画了消费者的全面选择，不仅包括在既定阶梯上的消费选择，还包括在哪级阶梯上进行消费的离散选择。一个阶梯定价结构，在每级阶梯上都有一个条件需求，但是只有一个无条件需求。实际上，无条件需求是条件需求与尖点处需求的联合函数。严格地讲，给定二级阶梯定价结构下的无条件需求可表示为

$$w = \begin{cases} w^*(p_1, y_1), & \underline{w}_1^*(p_1, y_1) < w_1 \\ w_1, & \underline{w}_2^*(p_2, y_2) \leqslant w_1 \leqslant \underline{w}_1^*(p_1, y_1) \\ w^*(p_2, y_2), & \underline{w}_2^*(p_2, y_2) > w_1 \end{cases} \quad (2\text{-}4)$$

比较式（2-3）与式（2-4）可以得出，条件需求描述的是阶梯选择既定条件下的最优消费量；无条件需求刻画的是在所有可能情形下的最优消费（含阶梯内、尖点处、跨阶梯等多种可能）。在阶梯内，无条件需求与条件需求一致；但是在阶梯间的尖点处，无条件需求的表达式由相邻两级阶梯内的条件需求函数共同决定。例如，一级阶梯与二级阶梯间尖点处的无条件需求满足的条件为，尖点处的无条件需求 w_1 小于等于由一级阶梯内的条件需求函数得出的需求 $\underline{w}_1^*(p_1, y_1)$，由于尖点本身定义为一级阶梯与二级阶梯间的跳跃点，此条件保证尖点是第一级阶梯上消费量的最大值；且同时满足尖点处的无条件需求 w_1 大于等于由二级阶梯内的条件需求函数得出的需求 $\underline{w}_2^*(p_2, y_2)$，同理，此条件保证尖点是二级阶梯上消费量的最小值[②]。

由以上分析可知，阶梯定价下条件需求与无条件需求的区别在于，是否要求真实消费量落在（不变的）既定阶梯上，即是从局部（某一阶梯内部）来分析需求特征还是从全局（整个阶梯定价系统）来分析需求特征。在条件需求弹性估计中，当价格变化时，消费者的消费量不能由一级阶梯转换到另一级阶梯，需求分析限定在同一阶梯上；而在无条件需求弹性估计中，价格变化可能带来消费量由一级阶梯转换到另一级阶梯，也可能不变化，需求分析对阶梯选择不做限定，很明显，这更契合现实的消费者行为选择，并与微观经济理论中的消费者最优选择理论保持一致。因此，无条件需求弹性包含了条件需求弹性的阶梯内部行为选择，也包含价格改变对阶梯选择或尖点转换概率的影响。以下将首先介绍局部条件需

[①] 与之对应的是，在线性定价结构下，条件需求与无条件需求无差异，或者说不存在条件需求。因此，我们需要在同一条件下比较不同定价（尤其是线性定价与非线性定价）间的需求特征，否则将会导致错误的结果。

[②] Burtless 和 Hausman（1978）、Hausman（1985）、Moffitt（1986，1990）及 Hewitt 和 Hanemann（1995）给出了关于无条件需求更详细的推导过程。

求的求解方法，以刻画每一阶梯的需求特征，在此基础上分析全局的条件需求，以刻画整个阶梯定价系统的需求特征。

二、阶梯定价下的条件需求与无条件需求弹性估计

由条件需求与无条件需求的定义可知，所有的非线性定价都会因为定价特征而存在条件需求，而线性定价仅存在无条件需求。同时，即使不考虑消费特征的异质性，非线性定价下的条件需求与无条件需求一般也不相等，而线性定价下的无条件需求无变化。此时，要比较非线性定价与线性定价的消费特征，只有相互比较无条件需求时才有意义。我们首先引入条件需求的结构估计方法——DCC 模型，然后在此基础上分析无条件需求的估计方法。

在线性化的消费者预算约束下，阶梯定价产品的最优消费可能在某一阶梯内，也可能在阶梯的跳跃尖点处。与统一定价相比，尖点处的消费反映了阶梯定价下的价格、收入和消费数量之间的复杂关系。对于整个阶梯定价结构，代表性消费者的消费数量应与价格负相关，与收入正相关。但当该消费者的最优消费量位于尖点处时，收入和价格的边际变动对其消费量的影响效应均可能为零（Moffitt，1990；Olmstead et al.，2007）。这种消费刚性特征导致该消费者的个人需求曲线不连续。具体而言，随着价格的不断下降（或收入的不断上升），该消费者的最优消费点会向上跳跃：先刚性地停滞在尖点处，然后从一个较低阶梯突然跳跃至与之相邻的一个较高阶梯上。反之，随着价格的不断上升（或收入的不断下降），最优消费点会向下跳跃。

鉴于最优消费解的跳跃性，阶梯定价下的需求分析异常复杂，当前对阶梯定价的标准估计方法为 DCC 模型（Olmstead et al.，2007；Ito，2014）。张昕竹和刘自敏（2015）对 DCC 模型进行了重点阐述，假设在某个 K 级阶梯定价下，某代表性消费者的用电需求计量模型为

$$\ln w = \delta z + \alpha \ln p + \gamma \ln y + \eta + \varepsilon \qquad (2\text{-}5)$$

式（2-5）包含两个结构性误差项，即未被住户特征 z 解释的异质性误差项 η 和未被住户和分析者观察到的随机性误差项 ε。后者包括计量误差以及用户消费选择偏离最优行为所产生的误差等。DCC 模型估计出的处于上一级阶梯的最优消费量可能高于在下一级阶梯上的最优消费量，为了规避这种不合理情形，Miyawaki 等（2016）率先通过引入可分性条件，来保证消费者的选择一定位于互不交叉的阶梯内或尖点处。

因此，式（2-5）所刻画的需求计量模型的对数似然函数为（Moffitt，1986；Pint，1999；Waldman，2000，2005；Olmstead et al.，2007；Miyawaki et al.，2016）

$$\ln L = \sum \left\{ \ln \left(\sum_{k=1}^{K} \frac{1}{\sqrt{2\pi}} \frac{\exp[-(s_k)^2/2]}{\sigma_v} [\Phi(r_k) - \Phi(n_k)] \right) \right.$$
$$\left. + \sum_{k=1}^{K-1} \left\{ \frac{1}{\sqrt{2\pi}} \frac{\exp[-(u_k)^2/2]}{\sigma_\varepsilon} [\Phi(m_k) - \Phi(t_k)] \right\} \prod_{k=1}^{K-1} I(z'_{k+1}\delta \leqslant z'_k \delta) \right\} \quad (2\text{-}6)$$

其中

$$t_k = \frac{\ln w_k - \ln w_k^*(\cdot)}{\sigma_\eta}, \quad r_k = \frac{t_k - \rho s_k}{\sqrt{1-\rho^2}}, \quad s_k = \frac{\ln w - \ln w_k^*(\cdot)}{\sigma_v}$$

$$m_k = \frac{\ln w_k - \ln w_{k+1}^*(\cdot)}{\sigma_\eta}, \quad u_k = \frac{\ln w - \ln w_k}{\sigma_\varepsilon}, \quad n_k = \frac{m_{k-1} - \rho s_k}{\sqrt{1-\rho^2}}$$

式（2-6）右边大括号内第一个求和式为 K 级阶梯上的似然函数，第二个求和式为 $K-1$ 个尖点上的似然函数，其中 σ_v、σ_ε 为 K 级阶梯上与 $K-1$ 个尖点正电量分布的标准差，z 是计量模型中的控制变量，而 δ 为待估参数。式（2-6）右边大括号内 $I(\cdot)$ 是一个示性函数：在相关条件成立和不成立的情况下，其对应取值 1 和 0。由此，式（2-6）所示的需求计量模型便是考虑了可分性条件的 DCC 模型。

由式（2-6）可知，无条件需求弹性包含了价格改变对阶梯选择或尖点转换概率的影响，而式（2-6）中的 DCC 模型似然函数表明，当价格变化时，若消费者在阶梯内进行消费量调整，则似然函数同样在阶梯内根据价格变化进行调整；而尖点处的调整仍然是通过尖点左右两个阶梯内的特征进行联合刻画。因此，这种满足可分性的 DCC 模型计算出来的需求弹性是条件需求弹性。

经典 DCC 模型考虑了阶梯定价下的预算约束分段与阶梯间尖点聚集的问题，附加可分性条件保证了不同阶梯间的需求一致性。也就是说，附带可分性条件的 DCC 模型更能准确地刻画阶梯定价下的需求特征。但是，引入 DCC 模型估计结果进行政策评估的做法受到 Bockstael 和 McConnell（1983）、Strong 和 Smith（2010）的批评。他们认为，在阶梯定价分析中，仅基于 DCC 模型分析的条件需求特征进行政策评估存在不足，因为条件需求难以确定政策调整后消费者的阶梯选择，导致 DCC 模型估计的结果仅在局部有效（如满足所有消费者在政策调整后不调整阶梯选择的条件），而难以进行全局的一致估计。因此，对于阶梯定价某一阶梯内部的弹性分析可以使用条件需求弹性，但是对于整个阶梯定价系统的弹性分析则需要使用无条件需求弹性。

根据 Strong 和 Smith（2010）的定义，基于效用理论，无条件效用函数是条件效用函数的最大值泛函。计算每个阶梯内与每个尖点处的似然函数，便能得出消费者可能在任意处消费的无条件需求弹性（Asci and Borisova，2014）。参考 Hewitt（1993）及 Hewitt 和 Hanemann（1995）的做法，求解无条件需求函数即可构造出无条件需求消费量 w 与价格 p 及虚拟收入 $\tilde{y}$ 的关系表达式。由于阶梯内的条件需求与无条件需求一致，而尖点处的无条件需求由式（2-4）中该尖点左右阶梯上的最优消费量共同决定。因此，求解无条件需求弹性的具体思路如下：首先，在 DCC 模型框架下，使用虚拟收入 $\tilde{y}$ 替代式（2-3）中的 y，由满足可分性条件的 DCC 模型估计出条件需求弹性后，得到条件需求量 $w_k^*(\cdot)$；其次，由无条件需求的定义，无条件需求不限制消费量在不同阶梯或尖点处的转换，这体现为无条件需求的消费量在任何地方都以正的概率出现，为此基于消费者在每一点的消费量及其概率，刻画得出式（2-4）中的无条件需求 w 的期望值，进而得出 w 与价格 p 及虚拟收入 $\tilde{y}$ 的关系表达式；最后，考虑到阶梯定价的复杂非线性特征，难以直接通过关系表达式求出价格或收入的边际变化导致的边际需求变化，因此本章采用模拟方法求解弹性。一种可行的策略为，通过模拟价格与收入各自变化 1%[①]时无条件（期望）需求变化的百分比，求出价格或收入的边际变化导致的边际需求变化，即无条件需求下的价格或收入弹性，具体计算步骤详见附录 A。

三、数据说明

本章使用的数据主要来源于国家电网及杭州和上海当地的抽样调查数据，样本期从 2009 年 1 月到 2011 年 12 月，共计 36 个月。在样本期内，作为阶梯电价试点地区，杭州市将各阶梯电量按照一天的峰谷两个时段分割，由于不同阶梯内峰谷电量比的差异，阶梯内平均价格也产生差异，由此形成分时阶梯定价。上海市采用峰谷分时内的统一定价。鉴于杭州和上海两地对居民用电定价均区别对待了消费峰谷状态，将重点比较在共同的分时定价基础上的阶梯定价与统一定价导致的需求响应差异。杭州分时阶梯与上海纯分时电价结构如表 2-1 所示。

表 2-1 杭州分时阶梯与上海纯分时电价结构

杭州	电量/(kW·h)	峰时电价（8:00~22:00）/元	谷时电价（22:00~次日 8:00）/元
阶梯 1	[0, 50]	0.568	0.288
阶梯 2	(50, 200]	0.598	0.318
阶梯 3	(200, +∞)	0.668	0.388
上海	电量/(kW·h)	峰时电价（6:00~22:00）/元	谷时电价（22:00~次日 6:00）/元
无阶梯	[0, +∞)	0.617	0.307

资料来源：由国家电网数据整理得到，阶梯电量是指峰谷合计的总电量。

[①] 对于阶梯定价下的无条件需求价格弹性，通常定义为所有阶梯上的边际价格同时变化 1%时所导致的需求量变化，另一种可以考虑的需求反应是仅在某一级阶梯上的价格改变。然而，考虑所有阶梯上的价格变化更符合直觉，因为无论消费者面临哪级阶梯的价格，他都会在边际上面临 1%的价格增加。对于由价格变化导致阶梯选择发生变化的用户而言，还会通过虚拟收入的变化间接影响价格弹性，这增加了阶梯定价价格弹性分析的复杂性，我们将在后续部分进一步讨论。

微观数据调查与获取流程如下：从国家电网数据库中随机抽取500户用电家庭，其中杭州250份，上海250份；通过邮寄纸质问卷的方式对居民家庭特征、家庭收入状况、家用电器设备等信息进行调查；将所得的问卷信息与国家电网数据库中的用电量及电费数据进行比对。问卷共计回收237份，去除家庭样本中收入数据缺失值，得到有效家庭数为221户，其中杭州119户，上海102户。本书中的家庭收入信息为一次调查完成，而用电信息为2009~2011年的月度数据。去除电网数据库中丢失的电量数据，共计得到7920个有效样本。与其他微观调查数据相比，本次调查中的电力消费量等数据直接来源于国家电网数据库，而非受访者的回答，正如Chetty（2009）指出的，高质量的行政机构提供的是数据，而不是调查数据（survey data）。因此，本次调查中使用的电力消费量等数据的真实性与可靠性更高。需要说明的是，虽然用户数量相对较少，但总体样本量较大，同时也是目前国内最完整的相关数据，并且随机选取的样本具有代表性，与国外同类研究相比，已经达到相当的样本量（Hausman et al.，1979；Pashardes and Hajispyrou，2002；Olmstead et al.，2007；You and Lim，2013）。样本的基本统计量如表2-2所示。

表2-2 样本的基本统计量表

信息指标	变量名	平均值	标准差	最小值	最大值
电量信息	月峰时用电量/(kW·h)	151.856	105.816	2.448	963
	月谷时用电量/(kW·h)	94.097	70.303	0.365	701.176
	月总用电量/(kW·h)	245.953	155.142	6	1258.078
家庭信息	家庭总人口	3.295	1.134	1	8
	65岁及以上人口	0.739	0.890	0	3
	65岁以下成年人口	2.262	1.205	0	6
	住房建筑面积/m²	81.185	34.954	29	300
	卧室个数	2.254	0.760	1	8
电器信息	计算机个数	1.217	0.840	0	4
	电视个数	2.043	0.831	1	6
	空调个数	2.423	0.993	0	6
	冰箱及冰柜个数	1.095	0.350	0	4
	是否有微波炉（是=1，否=0）	0.830	0.376	0	1
	冬天是否取暖（是=1，否=0）	0.775	0.418	0	1
	是否用电煮饭（是=1，否=0）	0.670	0.470	0	1
	是否用电洗澡（是=1，否=0）	0.534	0.499	0	1

续表

信息指标	变量名	平均值	标准差	最小值	最大值
收入信息	收入<8000元	0.457	0.498	0	1
	收入=8000~15000元	0.390	0.488	0	1
	收入>15000元	0.154	0.361	0	1
气候信息	月最高气温/0.1℃	287.366	80.435	73	397
	月平均气温/0.1℃	172.854	86.665	13.548	307
	月平均湿度/%	69.419	7.526	35.100	81.200
	月平均日照数/h	192.520	1212.147	11.750	191.499

资料来源：由笔者根据国家电网数据整理得到。

第三节 弹性特征估计和异质性考察：实证分析

利用杭州与上海的微观数据，分析分时阶梯电价下杭州居民用电的条件与无条件需求特征，纯分时电价下上海居民的电力需求特征。本部分分别采用 DCC 模型与 IV 法来分析阶梯定价下的条件需求特征，并比较阶梯电价系统中尖点对电力需求特征的影响。同时，分别用参数与非参数估计得到杭州分时阶梯电价下的全局无条件需求特征。

一、条件需求与无条件需求弹性估计

基于杭州市居民用电的样本数据，用 IV 法估计阶梯电价下的需求特征。具体有两种思路：第一种思路始于 McFadden 等（1977），并经 Terza（1986）、Nieswiadomy 和 Molina（1989）修正与应用的两阶段估计，其中第一阶段是利用电力消费量与实际的边际电价和外生控制变量等直接回归，得到预测用电量，进而得到预测用电量所在阶梯的边际价格与虚拟收入变量，第二阶段是根据这些预测变量进行回归分析；另一种思路是像 Olmstead（2009）那样，将各个阶梯上的边际价格作为观测到的边际（或平均）价格的 IV。由于本章所用数据中有关家庭收入、家用电器设备等控制变量数据均为一次调查完成，难以完全保证 McFadden 等（1977）方法中的控制变量，如家用电器设备购置等与阶梯电价政策实施的独立无关性。例如，阶梯电价政策的实施会抑制各家庭对电器设备的需求，但受政策的影响，电器设备变动量无法从现有调查数据中加以剔除。因此，现有数据中存在家用电器拥有量和电价结构（尤其是边际价格）之间存在相关性的可能性，这使得基于

两阶段估计和考虑外生控制变量的估计方法并不能满足 IV 的外生性条件。鉴于此，本章采用第二种思路。

对于上海居民的用电样本数据，首先使用 OLS 估计作为基准估计。然后考虑到样本期内用户的社会经济状况、用电模式、电器存量和收入层次等数据均不随时间变化，故使用 Hausman-Taylor 方法进行估计[①]。这种估计法能弥补固定面板不能估计时不变（time-invariant）变量参数的缺陷。各模型的估计结果如表 2-3 所示[②]。表中 N 为样本量，σ_η 为异质性误差，σ_ε 为随机测量误差，括号中的值为 t 值。

表 2-3　条件需求弹性估计结果

变量	全样本(DCC)	杭州样本(DCC)	杭州样本(IV)	杭州样本(OLS)	上海样本(OLS)	上海样本(Hausman-Taylor)
对数（价格）	−0.8611***	−1.0582***	−0.685***	0.784***	−0.165	−0.688***
	(−10.377)	(−8.931)	(0.111)	(0.096)	(−1.019)	(−3.481)
对数（收入）	0.2683***	0.228***	0.062***	0.023	0.070***	0.047
	(29.006)	(14.586)	(0.019)	(0.019)	(4.011)	(0.751)
家庭变量	控制	控制	控制	控制	控制	控制
电器变量	控制	控制	控制	控制	控制	控制
气候变量	控制	控制	控制	控制	控制	控制
年份固定效应	控制	控制	控制	控制	控制	控制
σ_η	0.5943***	0.5535***				
	(46.245)	(25.102)				
σ_ε	0.1671***	0.196***				
	(4.15)	(3.697)				
N	7920	4262	4262	4262	3658	3658

*** 在 1% 显著性水平下显著。

注：本书仅控制了年份固定效应，而未控制个体固定效应，其原因是在 DCC 模型估计中引入个体固定效应将导致自由度损失 118，极易导致使用极大似然估计的 DCC 模型不稳健或不收敛。虽然不考虑个体固定效应可能会导致弹性估计值高估，但因为是同时导致分时阶梯定价与纯分时定价的弹性估计高估，所以并不会影响两种定价的相对大小比较。

---

① 回归方程 $Y = \alpha X + \beta Y + \mu_i + \varepsilon_{it}$，时变自变量 $X = X_1 + X_2$，非时变自变量 $Z = (Z_1, Z_2)$，X_1 和 Z_1 是外生变量，与 μ_i 不相关；X_2 和 Z_2 是内生变量，与 μ_i 相关，所有自变量均与 ε_{it} 不相关。Hausman 和 Taylor（1981）指出，使用 X_2 均值的离差和 X_1 作为 X_2 和 Z_2 的 IV 并进行两阶段最小二乘估计，得到的 Hausman-Taylor 估计量不仅可得到非时变变量的估计值，还可通过 IV 克服内生性偏误。

② 限于篇幅，正文中未列出各类控制变量的估计结果，如有兴趣，可向笔者索取。

在DCC模型的估计中，本章还尝试使用不同的气候变量，包括在电力消费中使用的采暖度日数（heating degree day，HDD）与制冷度日数（cooling degree day，CDD）[①]，作为最高气温、平均气温、平均湿度及平均日照等气候变量的替代变量，但无论采用哪一组气候变量，价格与收入弹性的估计值基本保持不变。这也说明了DCC模型估计得出的价格与收入弹性是较为稳健的。限于篇幅，本章并未列出这些变量的估计结果。

表2-3首先比较了杭州居民用电分时阶梯电价下的DCC模型与IV法。实证分析发现，DCC模型估计出的价格弹性结果（-1.0582），与Miyawaki等（2016）及Hewitt和Hanemann（1995）等用DCC模型估计出的结果（分别为-1.139、-1.09与-1.8989）均富有弹性，而与Olmstead等（2007）中缺乏弹性的估计结果（-0.6411）有差异，但与其相类似的是，价格及收入弹性均大大高于IV法。Olmstead等（2003）指出，由于IV法无法分离及刻画尖点识别问题，无法使用IV法估计无条件需求。此外，对于本书研究问题，使用IV法还要求，（由边际价格与虚拟收入导致的）住户观察到的阶梯与住户真实消费的阶梯一致。但在IV法的第一阶段回归中，对于受预算约束的用户消费量究竟落在哪个阶梯上，实际消费量与使用IV法预测得出的结果可能并不一致，尤其对那些落在尖点附近的用户更是如此，这直接导致第二阶段估计中消费者面临的边际价格设定错误。总之，IV法未识别阶梯电价中的尖点问题，而DCC模型考虑了这一点，使得DCC模型的估计弹性大于IV法。基于两种估计方法的比较分析，可以初步推断，阶梯电价中的尖点抬升了价格与收入弹性。

同时，本书比较了杭州和上海居民的电力需求特征。杭州居民在分时阶梯电价下的价格与收入弹性（分别是-1.0582和0.228）均明显高于上海在纯分时电价下的价格与收入弹性（-0.688和0.047），而杭州与上海的总样本估计所得出的弹性值介于单独估计的分时阶梯电价杭州样本与纯分时电价上海样本之间。上海居民电力需求弹性结果与Vaage（2000）、Mansur等（2005）得出的对应估计结果相似。将（上海）纯分时电价下的电力需求价格弹性与（杭州）分时阶梯电价下的电力需求价格弹性相比较，可以看出后者更高。与大量的实证研究类似，这一结果可能再次验证了定价结构对价格弹性有着显著的影响（Hewitt and Hanemann，1995；Olmstead et al.，2007）。当然这并不意味着较高的价格弹性与定价结构直接相关，后面将对此问题进行进一步分析。

[①] HDD为采暖度日数，是当某天室外日平均温度低于18℃时，将该日平均温度与18℃的差值度数乘以1天，所得出的乘积的累加值 $\sum_{i=1}^{30}(18-t_i)$，其单位为摄氏度·天（℃·d）；CDD为制冷度日数，为当某天室外日平均温度高于26℃时，将高于26℃的度数乘以1天，所得出的乘积的累加值 $\sum_{i=1}^{30}(t_i-26)$，其单位为摄氏度·天（℃·d）。

需要指出的是，阶梯定价能产生三种价格效应：一是零价格效应，即在相邻两个阶梯的尖点处，不同的边际替代率对应同样的需求，导致在尖点处存在集聚效应；二是在既定同一阶梯上，价格变化导致某个阶梯的条件需求变动；三是相对于给定阶梯的价格变动，无条件需求的变动。与条件需求相比，无条件需求更具一般意义，也便于使用无条件需求价格弹性与其他类型定价下的弹性特征进行比较，由理论分析可知无条件需求是条件需求的复杂函数，因此根据第二节，利用模拟方法实现对无条件需求的识别（Olmstead，2009）。由此这里采用参数模拟方法与非参数模拟方法求出阶梯电价下的无条件需求特征，并通过两种方法的结果比较来验证所得出无条件需求的稳健性。

通过对价格变化1%、5%及10%的模拟估计显示，无论是使用参数模拟方法还是非参数模拟方法，杭州居民在阶梯电价下的无条件需求价格弹性与收入弹性（在数值上）均小于条件需求下的弹性。这与Hewitt和Hanemann（1995）、Olmstead等（2007）及Miyawaki等（2014）得出的估计结果相吻合。另外，参数模拟结果显示，价格变化后基于DCC模型的其他变量估计值与对原始样本的DCC估计结果（表2-4）的差异很小。这也印证了DCC模型的估计结果具有较强的稳健性。对于实施统一电价的上海居民样本，由于不存在阶梯选择问题，条件需求特征与无条件需求特征完全相同。

表2-4 无条件需求弹性模拟结果

地区	变动幅度/%	参数模拟方法		非参数模拟方法	
		价格弹性	收入弹性	价格弹性	收入弹性
杭州	1	−1.0574***	0.2216***	−1.0474***	0.2201***
		(0.1191)	(0.0151)	(0.0058)	(2.93×10^7)
	5	−1.0511***	0.2241***	−1.0318***	0.2189***
		(0.1205)	(0.0151)	(0.0116)	(0.0009)
	10	−1.0466***	0.227***	−1.0072***	0.2169***
		(0.1223)	(0.0151)	(0.0255)	(0.0021)
上海		−0.688***	0.047	−0.688***	0.047
		(−3.481)	(0.751)	(−3.481)	(0.751)

*** 在1%显著性水平下显著。

二、各阶梯的条件需求弹性估计

本节估计各个阶梯的条件需求，更确切地讲，估计杭州居民在三级分时阶梯电价结构的峰谷时段下,各阶梯上的条件需求下及相应的价格和收入弹性,以此分析各阶梯下条件需求特征的异质化程度。

表 2-5 中,N 为处于峰谷不同阶梯上的样本量。结果显示,不同阶梯上条件需求的价格和收入的弹性差异都很大。在峰时,第一阶梯的价格弹性小于 1,缺乏弹性,而第二、三阶梯上的价格弹性均大于 1,富有弹性。这使得第一阶梯和第三阶梯分别满足基本生活需求和差异化需求的阶梯电价设计目标。同时,第一阶梯内的收入弹性与第二、三阶梯上的收入弹性差异巨大,这说明了低收入阶层的电力需求特征与中高收入阶层存在显著差异,低收入阶层的电力需求是生活保障的基本需求,且第一阶梯内的两类误差特征也与第二阶梯与第三阶梯内的两类误差项特征存在显著差异。

表 2-5 杭州峰谷时段中不同阶梯下的条件需求估计结果

变量	峰时			谷时		
	第一阶梯	第二阶梯	第三阶梯	第一阶梯	第二阶梯	第三阶梯
价格	−0.2406***	−1.6509***	−3.9338***	−0.0612	−1.1948***	−0.823**
	(−0.001)	(0.1296)	(0.5957)	(0.1742)	(0.1229)	(0.3409)
收入	−0.2406***	0.1787***	0.2718***	0.212***	0.2409***	0.3524***
	(−0.0417)	(0.0153)	(0.0545)	(0.03)	(0.0149)	(0.0519)
家庭变量	控制	控制	控制	控制	控制	控制
电器变量	控制	控制	控制	控制	控制	控制
气候变量	控制	控制	控制	控制	控制	控制
年份固定效应	控制	控制	控制	控制	控制	控制
σ_η	−0.0099***	0.4796***	0.5818***	0.4838***	0.4572***	−0.0001
	(−0.0020)	(0.0127)	(0.0318)	(0.0123)	(0.0198)	(0.1311)
σ_ε	0.4243***	0.148***	0.2058***	0.0241	0.1842***	0.4656***
	(0.0028)	(0.0292)	(0.0302)	(0.0364)	(0.0401)	(0.0178)
N	550	3167	545	901	3003	358

**在5%显著性水平下显著;
*** 在1%显著性水平下显著。

在谷时,各个阶梯下的需求特征差异也明显:第一阶梯的价格弹性不明显,而第二阶梯的价格弹性富有弹性,第三阶梯显著但缺乏弹性。由表 2-2 的描述性统计分析可知,绝大多数家庭的谷时电量消费集中在第二阶梯,处于谷时第一阶梯的家庭为基本消费,而处于谷时消费第三阶梯的家庭为极少数对价格变化不敏感的高收入人群。双误差特征分析显示,低收入人群与高收入人群的最优化误差及异质性误差各自不显著。

最后对表 2-3 及表 2-5 的 DCC 双误差模型进行分析。全样本与杭州样本的异质性误差和测量误差都是显著的,因此选择 DCC 模型估计是可行的。异质性误差的显著性说明,考虑消费者的异质性选择特征非常重要。由于消费者之间存在如收入等方面的异质性特征,阶梯下的消费者行为选择存在差异。通过条件需求的误差测量的显著性说明,在阶梯定价下,用户消费量在尖点附近聚集,消费者有向尖点处聚集的理性选择行为。

表 2-6 结果表明,除峰时中的第一阶梯外,消费者的异质性误差在总误差中的占比更大。而谷时第一阶梯的随机测量误差不显著,谷时第三阶梯的异质性误差不显著。除峰时第一阶梯外,异质性误差与随机性误差的比例介于 2.4~3.6,这与 Moffitt(1986)、Hewitt 和 Hanemann(1995)、Pint(1999)、Olmstead 等(2007)和 Olmstead(2009)等的测算一致。

表 2-6 条件需求的双误差特征分析表

参数	全样本	杭州样本	峰时 第一阶梯	峰时 第二阶梯	峰时 第三阶梯	谷时 第一阶梯	谷时 第二阶梯	谷时 第三阶梯
$\sigma_\eta / \sigma_\varepsilon$	3.5566	2.8239	−0.0233	3.2405	2.827	—	2.4821	—
σ_η /%	78.05	73.85	2.28	76.42	73.87	—	71.28	—
σ_ε /%	21.95	26.15	97.72	23.58	26.13	—	28.72	—

注:本表对原始数据进行过舍入修约。

第四节 阶梯价格结构与需求弹性特征关系识别:条件需求与无条件需求比较

与现有诸多相关的实证文献一样,本章同样发现,阶梯定价相对于统一定价会增加价格弹性。对其解释存在多种观点:Olmstead(2009)等认为这可能是定价曲线本身改变所产生的结果,即用户对非线性定价下的价格更为敏感;Liebman 和 Zeckhauser(2004)则指出,复杂定价结构常促使用户的行为更谨慎,阶梯电价下的需求价格弹性更有可能是用电行为改变所致。总之,对于阶梯电价下价格弹性增大的原因,现有文献尚未给出令人满意的解答。本节将基于现有理论分析,初步探讨定价结构与需求弹性间的关系,并对阶梯定价的弹性特征进行结构分解,试图识别影响阶梯定价弹性大小的各类因素。

一、定价结构与需求弹性间关系的初步检验

检验定价结构对价格弹性是否存在显著影响的一个理想方式是,如McFadden等(1977)、Terza(1986)、Nieswiadomy和Molina(1989)去估计一个两阶段模型。在这个两阶段估计模型的第一阶段,预测阶梯电价结构参数(包括价格高低、阶梯数量、分割点选择等)受到哪些因素的影响;在第二阶段,依据所预测的价格结构参数确定合适的 IV,进行无偏的价格弹性估计。由此推断定价结构对价格弹性的影响。但可能存在的问题是,理论上而言,在两阶段估计思路的第一阶段,确定所有影响定价结构的因素很困难。鉴于此,本章提出的可行策略为,在保持其他变量不变的前提下,分析定价结构参数变动对价格弹性的影响,这也是因果关系识别中常用的方式。具体做法与Olmstead等(2007)类似,基于杭州居民用电数据,在前面的 DCC 模型中,引入对数(平均)价格乘以阶梯边际价格的交叉项。在其他变量相同的情况下,考察新引入交叉项是否显著影响价格弹性。首先,与统一定价相比,阶梯定价的方式仅在边际价格是否有变化这一特征上存在差异,而交叉项刻画与包含了这一点;其次,通过交叉项可以很好地刻画阶梯定价中价格弹性有多大部分是通过阶梯边际价格差异这个机制来影响价格弹性的(Wooldridge,2001),即阶梯定价的偏效应强度;同时,边际价格并不是消费者在阶梯定价下对需求的直接反应(Ito,2014),所以不宜将阶梯边际价格和对数(平均)价格并列入方程。因此,引入对数(平均)价格乘以阶梯边际价格的交叉项,能够在一定程度上分析定价结构与需求弹性间的关系。对包含杭州和上海居民用电数据的全样本及杭州样本进行分析。具体模拟估计结果如表 2-7 所示。

表 2-7 定价结构与价格弹性关系检验

变量	杭州样本(DCC)	全样本(DCC)
对数(价格)	−1.0486[***]	−0.5423[***]
	(0.1259)	(0.09)
对数(收入)	0.22[***]	0.1535[***]
	(0.0155)	(0.0108)
对数(平均)价格×阶梯边际价格	−0.0561	−0.7815[***]
	(0.1909)	(0.0693)
家庭变量	控制	控制
电器变量	控制	控制
气候变量	控制	控制

续表

变量	杭州样本（DCC）	全样本（DCC）
年份固定效应	控制	控制
σ_η	0.5517***	0.5761***
	(0.0242)	(0.0155)
σ_e	0.1979***	0.1572***
	(0.0581)	(0.0526)

*** 在 1%显著性水平下显著。

表 2-7 结果显示，对于面临三级阶梯电价结构的杭州居民用电样本，带有对数（平均）价格乘以阶梯边际价格交叉项的 DCC 模型，交叉项的估计系数 –0.0561 并不显著。这是由于样本内的所有居民都面临同一个三级阶梯电价结构，引入阶梯边际价格因素并不带来显著影响，也就不能显著改变阶梯电价结构下的价格弹性。但是，对于由杭州与上海样本所组成的全样本，交叉项的估计系数–0.7815 显著为负，也就是说阶梯边际价格显著地负向影响电力消费量。由于价格弹性为负，这意味着阶梯电价的引入显著提高了价格弹性（的数值）；而统一定价下边际价格等于平均价格，并无此效应。无论是表 2-3 的条件需求弹性估计还是表 2-4 的无条件需求弹性模拟均显示，阶梯定价下的价格弹性大于统一定价下的弹性，可以进一步推论，阶梯价格通过递增的阶梯边际价格（即交叉项）提升了价格弹性。因此，将进一步剖析递增阶梯边际价格的特征及其对价格弹性的影响机制。

表 2-7 仅对价格结构与价格弹性间关系做出初步检验与解释。为了增强定价结构与价格弹性间关系检验结果的说服力，基于本章的样本及数据特征，首先可以进一步排除几个可能对价格弹性有影响的非定价结构方面的因素。首先，由于长期价格弹性比短期价格弹性大，如果比较不同时长样本，其价格弹性含义可能不同。但由于本章分析所依据的上海与杭州居民用电样本数据均为三年限期，期限内电器设备等设定保持不变，所比较的都是短期价格弹性。其次，在其他条件相同的情况下，价格弹性高可能是价格水平更高所致，而非定价结构所致。根据表 2-1 所示的描述性统计结果，上海与杭州两地居民用电的价格水平大致相当。价格水平差异所致价格弹性不同的情形同样在这里并不成立。最后，微观经济理论揭示的电费支出占居民可支配的生活支出的比例差异对价格弹性的影响，对于本研究样本而言同样不适用。《杭州统计年鉴 2010》与《上海统计年鉴 2010》，以及对分别实施分时阶梯电价和纯分时电价的杭州和上海居民用电样本数据计算显示，上海和杭州居民的电费支出占生活支出的比例都很小，为生活支出的 1.5%～2.0%，两地的情况不存在显著差异。

需要说明的是，进入 DCC 模型的阶梯电价下的居民收入是虚拟收入，而统一电价下的居民收入为真实收入。阶梯电价下的收入弹性受阶梯定价结构的影响，可能导致分时阶梯电价下的收入弹性与纯分时电价下的收入弹性有所区别。但是，由于电费支出占生活支出的比例较小，且虚拟收入值也很小，本章也尝试使用类似表 2-7 所示方法，使用对数收入与阶梯边际价格的交叉项进入 DCC 模型，分析定价结构与收入弹性间的关系，但模型并不收敛。相关分析显示，虚拟收入值很小导致交叉项与对数收入项高度相关。回归方程不能有效识别并分离出阶梯电价下虚拟收入对收入弹性的影响，需要开发新的检验思路来分析阶梯电价是否对收入弹性有显著影响。

尽管前面已剔除了对表 2-7 结果的几种非价格结构因素的解释，间接保证了阶梯电价结构显著地影响价格弹性结论的稳健性，但是仍然无法排除其他几种可能的解释。例如，本章样本所显示的两种定价下的价格弹性差异，可能是不同定价结构下消费者对价格关注度的差异所致（Saez，2010；Chetty et al.，2011），也可能是消费者在不同定价结构下对不同价格做出的反应所致（Fell et al.，2014）。更有甚者，地域接近的杭州与上海两地，在有关社会公共事业服务的一些政策配套措施方面的差别，也可能导致需求特征的差异，从而致使价格弹性大小出现差异。不管怎样，本章对有关定价结构与需求弹性两者关系间的探索，是对此问题的率先探讨。正如 Wichman（2014）指出的那样，无论是从理论研究还是从政策分析角度，关注内生化的定价结构对需求特征的影响都是极为重要的。

二、需求弹性的结构分解：无条件需求弹性与条件需求弹性的差异比较

本节基于对有关阶梯电价和统一电价与需求价格和收入弹性间关系的初步检验，集中探讨居民在阶梯电价结构下最优用电消费量的跳跃特性，对条件需求与无条件需求特征的影响，并进一步分析阶梯定价下影响条件需求弹性与无条件需求弹性间差异的原因。

比较表 2-3 与表 2-4 可知，分时阶梯电价下的无条件需求价格弹性（数值）比条件需求价格弹性小。参数模拟估计与非参数模拟估计结果显示，无条件需求收入弹性同样比条件需求收入弹性小。与之对应，纯分时电价下的条件需求与无条件需求的价格和收入弹性特征完全相同。类似研究中，Olmstead 等（2007）得出的无条件需求价格弹性比条件需求的价格弹性小 2.5%，无条件需求收入弹性比条件需求收入弹性小 4.7%；而 Hewitt 和 Hanemann（1995）得到的无条件需求价格与收入弹性数值也小于 DCC 模型估计的条件需求价格与收入弹性值。Miyawaki 等（2016）在消费者偏好可积与可分离的假定下用贝叶斯 DCC 模型估计得到，无

条件需求的价格弹性数值同样小于条件需求。以上几位研究者的共同解释是，价格离散变化令消费需求聚集于尖点处。

本章结论和其他相关实证文献表明阶梯电价结构下无条件需求价格弹性比条件需求价格弹性小。比较两类需求特征的定义可知，它们的差异在于当居民用电决策时是否拥有在不同阶梯之间进行选择以进行阶梯转换的可能。事实上，正是两个相邻阶梯间的电量连续但电价递增跳跃，削弱了用电需求对价格变动的敏感性程度。为了更清晰地分析该问题，这里把条件需求的弹性特征与无条件需求的弹性特征间的差异进行结构分解，如式（2-7）所示：

$$\Delta e_p = e_{条件}^p - e_{无条件}^p = f(\text{dampen}, \text{vi}, \text{others})$$
$$\Delta e_i = e_{条件}^i e_{无条件}^i = f(\text{vi}, \text{others})$$
（2-7）

其中，Δe_p 与 Δe_i 为条件需求与无条件需求价格弹性与收入弹性的差异；dampen、vi 及 others 为导致弹性差异的尖点粘贴因素、虚拟收入及其他因素。进一步解释为，在探讨阶梯定价结构下的无条件需求价格弹性时，需要考虑到阶梯定价所带来的粘贴效应和虚拟收入效应这两种影响。以一个二级阶梯定价为例，首先一种影响是尖点粘贴效应，如图 2-1（a）所示，即消费者在尖点处或第二阶梯上位于尖点附近的最优选择点会被第一阶梯上较低的边际价格 P_1 粘住。此时，即使消费点落在第一阶梯的居民的收入由 Y 增至 Y_1，或消费点落在第二阶梯的居民的收入增至 Y_2，最优选择曲线均可能由曲线 b 或 c 移至曲线 a。这样，粘贴效应可能使得价格发生变化而消费量不变的情况发生，这就使无条件需求价格弹性降低了。另外一种影响称为阶梯的虚拟收入效应（virtual income effect），如图 2-1（b）所示。阶梯定价下存在正的补贴导致虚拟收入大于真实收入，此时预算线与更高的效用曲线相切，即图 2-1（b）中由曲线 d 移至曲线 e，再移至曲线 f。此时虽然价格未变化而消费量可能变化，这将增加

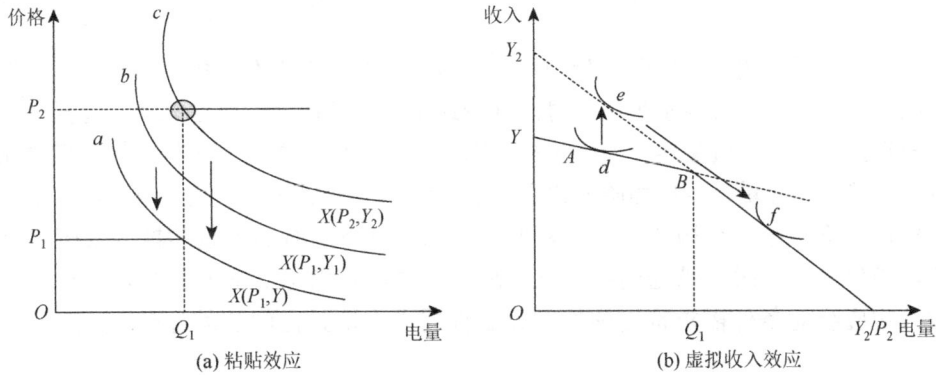

图 2-1 二级递增阶梯定价的粘贴效应和虚拟收入效应

无条件需求的价格弹性。当然，从行为经济学视角来看，虚拟收入虽然能被视为一种"收入"，但其对消费的影响并非通过真实的收入效应来实现，而是消费者价格认知行为的一个体现（Shin，1985）。但虚拟收入无疑会增加消费者的需求。

与此不同的是，探究阶梯定价下的无条件需求收入弹性时，只需要考虑阶梯定价的虚拟收入效应，不需要关注尖点粘贴效应。虚拟收入效应使居民在更高的收入约束下选择了与真实收入下等量的电力消费量，进而可能减小无条件需求的收入弹性。同时，该效应也会影响面临阶梯定价的居民在预算约束下选择消费数量阶梯档和消费量落在尖点处的概率，但此影响较为复杂，对收入弹性影响的方向不定。

更具体地，由图 2-1 可知，阶梯定价下的无条件收入弹性及价格弹性与条件弹性间的关系可以做如下分解：

阶梯定价无条件价格弹性 = $\underbrace{\text{分段线性定价的价格弹性}}_{\text{条件弹性}}$ + $\underbrace{(\text{粘贴效应} + \text{虚拟收入效应})}_{\text{尖点弹性}}$

阶梯定价无条件收入弹性 = $\underbrace{\text{分段线性定价的收入弹性}}_{\text{条件弹性}}$ + $\underbrace{\text{虚拟收入效应}}_{\text{尖点弹性}}$

$$(2-8)$$

比较表 2-3 与表 2-4 可知，杭州居民在三级阶梯电价下的粘贴效应比虚拟收入效应强，这导致无条件需求价格弹性小于条件需求价格弹性。虚拟收入效应较弱[①]的论断与我国电费支出占家庭总生活支出的比例较小的事实相吻合。粘贴效应强度较大的背后原因具体有如下两种可能：第一，用户在尖点处粘住，此处的边际收入与价格效应可能为零（Moffitt，1990）。而尖点处的需求弹性对无条件需求弹性的影响更复杂，因为弹性 $\varepsilon = \dfrac{\Delta Q/Q}{\Delta P/P} = \dfrac{dQ}{dP} \Big/ \left(\dfrac{Q}{P}\right)$，每一个尖点处的左（导数导致的）弹性为 $\varepsilon'_-(w_k) = \dfrac{dQ}{dP_k} \Big/ \left(\dfrac{Q}{P}\right)$，而右（导数导致的）弹性为 $\varepsilon'_+(w_k) = \dfrac{dQ}{dP_{k+1}} \Big/ \left(\dfrac{Q}{P}\right)$，在阶梯定价下，$P_k < P_{k+1}$，导致 $\varepsilon'_-(w_k) > \varepsilon'_+(w_k)$，随着阶梯价差的拉大，这种趋势更为明显。第二，当价格水平下降时，理论最优消费量在增长得足够多的情况下，用户选择将实际消费量落在边际价格更高的数量阶梯档次上。此时面临更高边际价格的消费增加量，相比面临原来不变的边际价格时要低。也就是说，相比于统一电价，阶梯定价结构会在一定程度上抑制价格下降对需求量的推动效应。显然，当价格上升时，结论同样成立。总而言之，阶梯电价下的粘贴效应与虚拟收入效应会对条件需求价格弹性与无条件需求价格弹性间的差异产生完全不同

---

① 但在劳动力市场的累进税制效应分析中，该效应强度很大（Hausman，1981）。

的作用。在阶梯定价下，对式（2-8）阶梯定价下无条件收入与价格弹性分解表如表 2-8 所示。

表 2-8　阶梯定价下无条件收入与价格弹性分解表

指标	全阶梯	阶梯内	尖点处	
	总弹性	分段线性定价弹性	粘贴效应	虚拟收入效应
无条件价格弹性	−	−	+	−
无条件收入弹性	+	+	0	未定

进一步基于前面的理论分析，试图分离出粘贴效应和虚拟收入效应各自对条件需求和无条件需求下价格弹性差异的具体影响。当前，在非线性定价下，对定价结构与需求弹性特征间关系的探讨仍非常粗略，目前仍停留在理论探索阶段，尚未出现统一的实证分解方法（Blomquist，1989；Taylor et al.，2005），实证分析中很有必要深入开发如贝叶斯估计、马尔可夫链蒙特卡罗（Markov chain Monte Carlo，MCMC）方法、半参数估计等计量工具（Miyawaki et al.，2014）或充分统计量模型（Chetty，2009）来测度定价结构对需求特征的影响。另一思路则是，继续沿用 DCC 模型的思路，通过对双误差模型中误差比例的分析，为探究定价结构与价格弹性间的关系提供一定的实证基础。条件需求和无条件需求的异质性和随机性误差项的标准误特征结果如表 2-9 所示。

表 2-9　条件需求与无条件需求双误差特征分析表

参数	条件需求	无条件需求		
		价格变动幅度 1%	价格变动幅度 5%	价格变动幅度 10%
$\sigma_\eta / \sigma_\varepsilon$	3.5566	2.7783	2.8025	2.7898
σ_η /%	78.05	63.01	63.32	64.15
σ_ε /%	21.95	35.99	35.68	35.85

注：本表对原始数据进行过舍入修约。

表 2-9 的条件需求与无条件需求的双误差结果显示，无论在条件需求还是在无条件需求下，异质性误差 σ_η 都比随机性误差 σ_ε 大很多。这就使得消费者的异质性差异占比也很大，既定阶梯下的居民用电消费选择存在差异。同时，相对于条件需求情形，无条件需求时的测量误差占总误差比例更大，相对于条件需求局限于消费者在阶梯内选择，当无条件需求下消费者有权利进行阶梯自由选择时，电力消费量在尖点处聚集的现象更集中和明显，消费者的理性选择行为即向尖点

处聚集，即式（2-8）中的粘贴效应在电力需求的无条件需求分析中起到了比条件需求更强的作用。

最后需要说明的是，对于式（2-8）中影响需求价格弹性的其他因素，也需要加以分析。这些因素包括如各种能源间的替代性、居民对阶梯电价的适应性、电表接入率等。这些因素对条件需求和无条件需求下价格和收入弹性的影响也是值得进一步研究的课题。

第五节　结论与政策建议

基于对阶梯定价下的局部条件需求与全局无条件需求的理论性界定，本章利用上海和杭州居民用电数据估算了条件需求与无条件需求下的价格弹性和收入弹性，并初步探讨了定价结构与需求弹性特征间的关系，以及识别了影响需求弹性的因素。理论模型揭示了阶梯定价下的条件需求和无条件需求的差异，并构建了带有可分性条件的 DCC 模型来直接估计条件需求，并在此基础上估计无条件需求弹性。比照上海的纯分时定价情形，考察杭州的分时阶梯定价，比较了基于 IV 法与 DCC 模型的需求弹性的差异性，以及各阶梯上的条件需求弹性。基于理论与实证分析，本章进一步探索了定价结构与需求特征间的识别关系，分别利用计量模型和理论概念模型检验了阶梯定价结构对需求弹性的影响，分析了局部条件需求弹性与全局无条件需求弹性特征之间差异性的影响。本章的需求响应研究，为电力规制者进行有效的电力供给侧结构性改革与管理提供了理论指导，也有助于对阶梯水价、阶梯气价和将可能要实施的阶梯油价、阶梯煤价和阶梯地价进行需求响应研究和精确化管理。

本章的结论和政策建议主要包括如下几种。

（1）利用 IV 法估计出的阶梯定价无条件需求价格弹性远低于 DCC 模型估计出的结果。电力规制者应重视对阶梯电价结构的阶梯分割电量点进行合理设定，这可以扩展政府规制者电力供给侧结构性改革的政策空间。带有可分性条件的 DCC 模型所得的杭州分时阶梯电价的价格弹性为富有弹性的 –1.0582，而用 IV 法与 Hausman-Taylor 法估计出的杭州居民分时阶梯电价和上海纯分时统一电价的需求价格基本一致且均缺乏弹性，依次为 –0.685 和 –0.688。此时估算出的数值仅为 DCC 模型估计的对应结果的 2/3 左右。导致这种系统性差异的原因在于，IV 法未有效估计阶梯定价中尖点附近的消费量。同时这也说明阶梯档的分割对需求弹性特征的影响是巨大的。因此，规制者为实现合理的政策目标，确定恰当的阶梯数和各阶梯档的分割电量不失为一个可行的工具。

（2）无论是在条件需求下的分时阶梯价格弹性 –1.0582，还是在无条件需求下的分时阶梯价格弹性-1.0511,其绝对数值均大于纯分时定价下的价格弹性-0.688。分时阶梯电价的条件价格弹性与无条件价格弹性存在差异,而统一电价的条件价格弹性与无条件价格弹性相同。同时分时阶梯电价各阶梯上的条件需求的价格弹性差异很大,峰时的波动幅度为-3.93~-0.24,谷时的波动幅度为-1.19~-0.06,两类误差项比例变化的幅度为-0.02~3.24。这意味着阶梯电价为规制者提供了更为灵活的电力供给侧价格管理工具。首先,条件需求与无条件需求弹性的差异可以使得阶梯跳跃作为调节消费电量分布与消费者区隔的有效手段;其次,更有意义的是,分时阶梯的条件需求弹性差异明显,这有助于利用不同阶梯的弹性特征来兼顾实现不同的政策目标。事实上,我国政府倡导实施的三级阶梯电价(以及水价),正是希望这三个消费档依次满足基本需求、正常需求和差异性的高额需求的政策目标。

(3)对定价结构与需求弹性间关系的初步检验显示,与统一定价不变的边际价格相比,变化的阶梯边际价格显著影响需求价格弹性,阶梯边际价格上升提高了阶梯价格的价格弹性数值。因此,即使政府或电力提供商受到收益中性条件的规制,即平均价格保持不变或不能改变[①],政府也可以通过调整阶梯间的价格差异,通过扩大或缩小不同阶梯间的边际价差来实现需求弹性的调整,最终在不同用户间进行需求行为的调整变化,实现效率与公平等多目标间的平衡。

(4)阶梯定价结构下的粘贴效应与虚拟收入效应会同时对无条件需求弹性产生影响,但方向相反。这有利于政府厘清阶梯定价系统设计中的可操作变量(阶梯数、分割点和各阶梯的边际价格)是如何通过中介变量传导并影响最终的消费者需求响应。通过梳理两类变量作为中介影响需求特征的通道,为政府实施电力供给侧价格管理拓宽了思路,并能很好地利用两类效应的相对大小来实现既定目标。粘贴效应可能导致无条件需求弹性减小,而虚拟收入效应可能导致无条件需求弹性增加。对阶梯电价的分析显示,粘贴效应的强度大于虚拟收入效应,导致无条件需求价格弹性在数值上小于条件需求价格弹性,即阶梯电价的尖点发挥了更强作用,而阶梯间的边际价差强度不足。政府可以通过尖点设定或价差调整对两类效应进行强度控制。

囿于数据限制,本章主要对比分析分时阶梯定价与纯分时定价结构下的弹性特征和需求响应程度,并未细化至分析阶梯定价的结构参数调整对需求响应的影响问题。现代阶梯定价研究不应局限于探讨既定阶梯定价结构的需求效应,应深入定价机制内部,研究最优阶梯定价机制的设计与执行问题。另外,在带有(对弱势群体)免费使用量时阶梯定价政策下的各类消费者如何在零边际成本处决策、存在多种替代性资源时的需求响应分析等都是值得学术界和政策界关注的问题。

---

① 对于社会公共事业,普遍的提高价格(即平均价格上升)可能会带来政府的满意度下降及其他社会问题。

随着全国各地陆续实施阶梯电价、水价和气价，更充足的微观数据能更准确地研究特定阶梯定价政策的需求响应程度，为公共事业的供给侧结构性改革提供更坚实的理论基础。以上这些工作不仅有利于判断本章所得结论是否稳健或者说在何种程度上是稳健的，还为将来阶梯电价、水价和气价等政策的系统评估和参数校准做好充足的准备。

第三章 纯分时定价与分时阶梯定价对政策目标实现的对比分析

本章基于双层需求模型,使用居民用电和家电持有等微观家庭数据,对分时阶梯定价与纯分时定价下的居民电力需求行为进行比较。基于杭州与上海居民用电数据,首先利用相对需求方程检验两类定价下的相对需求是否具有非位似偏好性质,然后利用绝对需求方程分析居民在峰谷时的价格自弹性与交叉弹性、收入弹性及峰谷间的替代需求弹性,并对不同类型居民的异质性反应进行分析。研究结论表明,分时阶梯定价下存在收入和电费的非位似偏好性质,而纯分时定价下居民的收入和电费均为同位似偏好性质;居民的价格自弹性与交叉弹性及替代需求弹性存在显著差异,分时阶梯定价下的替代需求弹性更强,而两类定价下的收入弹性均不显著;不同类型的居民在同一定价体系下的电费位似偏好特征保持不变,但收入位似偏好特性发生改变,随着收入的变化,价格弹性与需求弹性存在显著的差异反应,两类定价下可以实现的政策目标也存在明显差异。本章为系统比较非线性定价与线性定价下的需求奠定了基础。

第一节 引　言

电力行业日趋复杂的定价方式的实践及研究是随着20世纪70年代出现的能源危机逐渐兴起的。随着能源紧缺、气候变化等问题的出现,无论是发达国家还是发展中国家,出于对多个政策目标的考量,都逐渐由线性统一定价开始向分时定价、阶梯定价、分时阶梯定价等非线性定价方式转换。纯分时定价是指根据不同时段(如峰、谷、平、尖峰等)确定不同的销售电价,而同一时段内部实行的是统一定价,当前大多数国家实施的电力分时定价为纯分时定价。阶梯定价是指将用电量设置为若干个阶梯分段或分档次定价计算费用,各档间的电价存在差异,而各档内的电价是统一定价。阶梯定价包括递增阶梯定价与递减阶梯定价两种形式,递增阶梯定价得到了广泛的使用(张昕竹和田露露,2014)。而分时阶梯定价是将纯分时定价与纯阶梯定价有效结合的一种定价方式,通过在分时定价各自时段内嵌入阶梯定价,既实现了对不同时段的差异化定价,也实现了对不同电力使用量的差别定价。这种定价方式得到了广泛应用。

加拿大、美国、日本、法国等国家和中国的台湾等地区，在居民生活用电中实行了分时阶梯定价（张昕竹，2011）。目前，我国部分地区在实施分时定价政策时，采取了与阶梯定价相结合的定价方式，如江西、江苏、上海、安徽、浙江、福建、四川、广东、甘肃等省市。

基于规制经济学理论（Boiteux，1960；Laffont and Tirole，1993），峰谷定价会改变电量消费的时间分布，在较高的峰时价格与较低的谷时价格共同的影响下，形成削峰填谷的效果，从而改进电厂设备利用效率，降低容量投资成本；而阶梯定价起到提供正确的边际价格信号，抑制电力过度消费，推动电厂合理回收成本，以及促进公平、间接实现收入再分配效应的多重作用。在理论分析的基础上，本章实证上基于 Hausman 等（1979）提出的双层需求模型，并引入非位似偏好进行检验，利用 2009~2011 年上海与杭州居民用电数据和问卷调查数据，对比分析在我国广泛实施的纯分时定价与分时阶梯定价下的居民电力消费行为特征，以及两种定价方式下的政府政策目标实现。本章的研究结果对于改进现有非线性定价的实施，实现更有效率的电力定价，无疑具有重要意义。

国内外对非线性定价，尤其是分时定价及阶梯定价下的消费特征分析主要从以下几个方面展开：①诸多文献研究了不同场景下的需求价格弹性，主要包括自价格弹性与交叉价格弹性的估计，在分时定价下，Taylor 等（2005）得出英国的分小时定价的价格弹性为-0.26~-0.05，并指出，分时定价后峰时的载荷明显减小。在阶梯定价下，Vaage（2000）计算出挪威居民的能源（以电力为主）需求价格弹性，其中离散时需求价格弹性为-0.43，连续时需求价格弹性为-1.29。Mansur 等（2005）使用类似方法估计出美国六组不同人群的电力消费价格弹性为-1.32~-0.24。但 Bohi 和 Zimmerman（1984）、King 和 Chatterjee（2003）指出，由于时期、费率、样本规模、峰时长度等的差异，不同研究结果差异很大且很难直接比较。②研究者还估计了分时定价下峰谷间的交叉需求弹性，Herriges 和 King（1994）、Choi 等（2011）及 Allcott（2011）利用不同的方法，包括 CES（constant elasticity of substitution）函数、广义 McFadden 成本函数、广义里昂惕夫模型等，估计出峰谷间的交叉需求弹性为-0.18~0.08。③现有文献也研究了电力需求的收入效应。由于电费收入在居民收入占比中较小，大部分研究认为居民电力需求的收入弹性极低，Hausman 等（1979）、Reiss 和 White（2005）、Ito（2014）等研究指出，收入弹性很弱或基本为零，且不同收入人群的反应不存在异质性。国内多位学者对不同定价模式下的政策含义进行了比较。黄海涛等（2012）认为，相对统一定价来讲，阶梯定价有效地协调了福利与节能、公平与效率之间的矛盾，但却难以合理体现公平性。通过纯阶梯定价与分时阶梯定价的对比分析发现，后者更有助于补偿成本。因此，我国更宜采用分时阶梯定价。

通过对国内外研究的梳理可知，国外非线性定价的实际应用与学术研究均早于国内，早期的国外研究较多从消费者整体的角度来分析电力需求与消费的特征。从绝对与相对需求的角度分析消费者的需求行为始于 Hausman 等（1979），但从是否存在位似偏好角度出发，基于消费者异质性的视角对比分析不同类型消费者在非线性定价下的需求行为的研究始于 Hausman 和 Leonard（2003），并仍处于探索之中，包括对位似偏好的检验、居民消费特征的刻画等。同时，国外与国内的非线性定价实践形式存在差异，具体体现在消费者是自愿还是强制选择非线性定价、是否存在固定的接入费、是否嵌入分时定价、计费时段是单月还是双月或是季度等，这导致国外非线性定价的研究结论并不完全适用于我国。因此，需要构建相关理论，并结合我国非线性定价实践进行更有针对性的分析。相比较而言，国内相关研究较为单一，还停留在探讨定价结构设计的原则、标准和影响等方面。尤其缺乏基于国内真实微观数据的非线性定价居民消费行为及政策目标研究。即便国外学者也只是基于国外非线性定价的数据研究了国外非线性定价的居民消费特征，也并未对在同一时期的两类不同非线性定价方式可实现的政策目标进行对比。

当前的国外研究为本章提供了良好的理论框架与研究视角，而国内研究为本章提供了相应的政策背景。在两者的基础上结合我国非线性定价的具体实践，本章研究基于国内代表性城市（杭州与上海）的居民家庭用电数据，从消费者异质性视角，基于相对需求与绝对需求两个层次，对比分析不同非线性定价方式的消费特征，并在此基础上研究两类非线性定价的政策目标实现。

本章余下的内容如下：第二节给出基本模型设定与估计思路；第三节对本章使用的数据进行描述，并对比分析分时阶梯定价与纯分时定价下的电力需求特性；第四节对异质性居民的需求反应进行分析，对不同收入人群的需求特征进行比较；第五节比较两类定价方式下各类政策管理目标实现的差异；第六节总结本章的研究结论，在此基础上提出一些政策建议。

第二节 模 型 设 定

双层需求模型是 Hausman 等（1979）提出的分析分时定价下电力需求的一种方法。双层需求模型分为第一层相对需求估计模型及第二层绝对需求估计模型。其中，第一层相对需求估计模型对不同时段的消费比例特征进行分析，第二层绝对需求估计模型对不同时段的消费额或总消费额的需求特征进行估计。

在分时定价下，一天分为峰时 t_1 和谷时 t_2。t_1 与 t_2 时段消费的电力为 x_1 与 x_2。消费电量向量为 $x=(x_1,x_2)$，其对应的电价向量为 $p=(p_1,p_2)$。居民的效用函数

由 x 和其他商品的数量 x_0 共同决定，p_0 表示其他商品的价格，I 表示消费者的总预算，即收入，有式（3-1）成立：

$$p_0 x_0 + p_1 x_1 + p_2 x_2 = I \tag{3-1}$$

居民的效用函数为 $u = U(x_0, x)$，设定间接效用函数为价格 p_0、p_1、p_2 和收入 I 约束下的函数：

$$v = V\left(\frac{p_0}{I}, \frac{p_1}{I}, \frac{p_2}{I}\right) = \max\left[U(x_0, x) \left| \frac{p_0}{I} x_0 + \frac{p_1}{I} x_1 + \frac{p_2}{I} x_2 = 1\right.\right] \tag{3-2}$$

双层需求模型的预算将电力消费与其他商品的消费分离开，消费者将考虑在电力和其他商品间分配总预算，峰谷不同时段的消费占比仅取决于相对价格。因此，效用函数有以下特殊形式 $U(x_0, x_1, x_2) \equiv W(x_0, f(x_1, x_2))$。

当函数 $f(x_1, x_2)$ 为一阶齐次时，间接效用函数 V 可以写成分离的形式：$r\phi(p_1, p_2)$，$r = p_1 x_1 + p_2 x_2$，其中 r 是总电费，ϕ 可以看成价格指数的倒数。间接效用函数可以写作：

$$\begin{aligned}
&\max_x \{W(x_0, f(x_1, x_2)) \mid p_0 x_0 + p_1 x_1 + p_2 x_2 = I\} \\
&= \max_x \{W(x_0, r\phi(p_1, p_2)) \mid x_0 = (I - r)/p_0\} \\
&= V(p_0/I, 1/\phi(p_1/I, p_2/I))
\end{aligned} \tag{3-3}$$

由罗伊恒等式可从间接效用函数中得到需求为

$$x_n = -\frac{\partial v/\partial p_n}{\partial v/\partial I} = -\frac{v_n}{v_I}, \quad n = 1, 2 \tag{3-4}$$

由线性齐次假设和欧拉定理，可得

$$\frac{\partial \phi(p_1/I, p_2/I)}{\partial I} = -\frac{\partial \phi(p_1/I, p_2/I)}{I} \tag{3-5}$$

由此得需求方程：

$$x_n = -\frac{V_2 \phi_n/\phi^2}{p_0 V_1/I + V_2/\phi}, \quad n = 1, 2 \tag{3-6}$$

得峰谷时消费的相对比例为

$$h = \frac{x_1}{x_2} = \frac{\phi_1(p_1, p_2)}{\phi_2(p_1, p_2)} = \frac{\phi_1(p_1/p_2)}{\phi_2(p_1/p_2)} \tag{3-7}$$

对式（3-7）使用一阶泰勒展开，可得

$$h \approx \theta + \alpha \frac{p_1}{p_2} \tag{3-8}$$

将家用电器、社会经济条件及气候条件等因素整合到参数 θ 中，设定随机性误差项为 ε，式（3-8）可表述为

$$h = \frac{x_{\mathrm{p}}}{x_{\mathrm{o}}} = \sum_{j=1}^{J} \beta_j \mathrm{app}_j + \sum_{k=1}^{K} \gamma_k \mathrm{soc}_k + \sum_{l=1}^{L} \delta_l \mathrm{wea}_l \\ + a\frac{\overline{p}^{\mathrm{p}}}{\overline{p}^{\mathrm{o}}} + \sum_{j=1}^{J} b_j \frac{\overline{p}^{\mathrm{p}}}{\overline{p}^{\mathrm{o}}} \mathrm{app}_j + \sum_{k=1}^{K} c_k \frac{\overline{p}^{\mathrm{p}}}{\overline{p}^{\mathrm{o}}} \mathrm{soc}_k + \sum_{l=1}^{L} d_l \frac{\overline{p}^{\mathrm{p}}}{\overline{p}^{\mathrm{o}}} \mathrm{wea}_l + \varepsilon \tag{3-9}$$

式（3-9）即相对需求方程，可以估计出相对消费和峰谷的电力消费比例。其中，app 是家用电器，soc 是社会经济条件，wea 是气候条件，这些变量前的系数为待估计参数。在相对需求方程中引入家用电器、社会经济条件和气候条件等影响因素及其与峰谷相对价格 $\overline{p}^{\mathrm{p}} / \overline{p}^{\mathrm{o}}$ 的交叉项。为了估计分时绝对消费量及总消费，利用式（3-9）得出平均价格 $\overline{p}$，它是与效用单位成本函数相关的加权平均价格。

$$\overline{p} = \frac{r}{X} = \frac{p_1 x_1 + p_2 x_2}{x_1 + x_2} = \frac{p_1\left(\theta + \alpha \dfrac{p_1}{p_2}\right) + p_2}{\left(\theta + \alpha \dfrac{p_1}{p_2}\right) + 1} \tag{3-10}$$

其中，θ 与 α 是相对需求方程（3-8）估计的系数结果。

结合式（3-6），使用罗伊恒等式，对峰谷总电量 $\overline{X}$ 进行泰勒展开，得到总消费量的绝对需求方程[①]为

$$\overline{X} = x_1 + x_2 = \sum_{j=1}^{J} \beta_j \mathrm{app}_j + \sum_{k=1}^{K} \gamma_k \mathrm{soc}_k + \sum_{l=1}^{L} \delta_l \mathrm{wea}_l \\ + \psi \overline{p} + \sum_{j=1}^{J} b_j \overline{p} \mathrm{app}_j + \sum_{k=1}^{K} c_k \overline{p} \mathrm{soc}_k + \sum_{l=1}^{L} d_l \overline{p} \mathrm{wea}_l + \varepsilon \tag{3-11}$$

需要指出的是，Hausman 等（1979）的模型假定了消费者的消费行为具有同位似偏好，即总消费额或收入并不影响不同时段（或类型）的消费比例，但这一假设未必总是成立，对于不同时段（或类型）的商品而言，需求增加的比例与总消费额或收入增加的比例往往并不一致，即具有非位似偏好。借鉴 Deaton 和 Muellbauer（1980）使用近似理想需求系统（almost ideal demand system，AIDS）分析跨期预算行为的方法，Hausman 等（1994）及 Hausman 和 Leonard（2003）在对美国啤酒市场进行差异化竞争估计时，引入了非位似偏好检验。

从图 3-1 可知，同位似偏好下，随着收入（或消费额）的变化，X 与 Y 两类商品的比例保持不变，而在非位似偏好下，当收入（或消费额）扩展线为凸时，随着收入（或消费额）的增加，将更加偏好 X，X 与 Y 的比例将逐渐变大，反之如扩展线为凹，X 与 Y 的比例则变小。引入电费及收入的相对需求方程式的非位似偏好检验为

---

① 与峰时和谷时的绝对需求方程类似。

$$h = \frac{x_p}{x_o} = \kappa \text{fee} + \omega \text{inc} + \sum_{j=1}^{J} \beta_j \text{app}_j + \sum_{k=1}^{K} \gamma_k \text{soc}_k + \sum_{l=1}^{L} \delta_l \text{wea}_l$$
$$+ a \frac{\overline{p}^p}{\overline{p}^o} + \sum_{j=1}^{J} b_j \frac{\overline{p}^p}{\overline{p}^o} \text{app}_j + \sum_{k=1}^{K} c_k \frac{\overline{p}^p}{\overline{p}^o} \text{soc}_k + \sum_{l=1}^{L} d_l \frac{\overline{p}^p}{\overline{p}^o} \text{wea}_l + \varepsilon \quad (3\text{-}12)$$

其中，$h = \frac{x_p}{x_o}$ 为峰谷两时段内的电力消费量；fee 为电费支出额；inc 为收入水平。与式（3-9）相比，式（3-12）考虑了引入对电费与收入的位似偏好检验。在本章中，首先在相对需求方程中考察非位似偏好因素，在此基础上估计出相对需求方程。之后，将峰时电力与谷时电力视作两类不同的商品，分析居民的绝对需求特征，包括对峰时与谷时不同时段需求的自弹性和交叉弹性进行估计，并估计不同收入人群的需求反应差异。由于本章使用的数据包含了存在阶梯定价与峰时定价结合的杭州样本，以及仅有分时定价的上海样本，为本章对比分析分时阶梯定价与纯分时定价下的居民电力需求特征提供了条件。

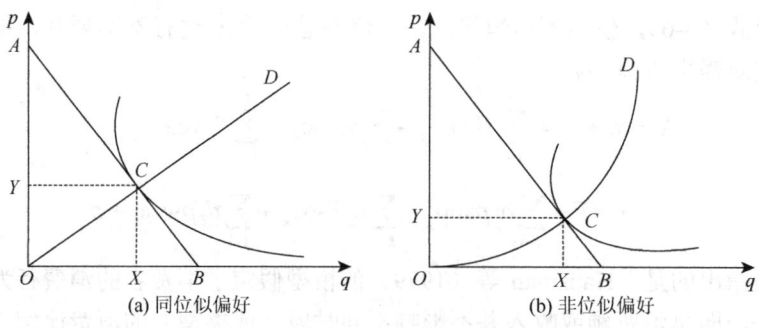

图 3-1　同位似偏好与非位似偏好比较图

第三节　分时定价下的居民电力需求弹性分析

一、相对需求层：非位似偏好检验

本章使用的数据与第二章相同，主要来源于国家电网及杭州、上海地区的抽样调查数据。杭州与上海的电价结构及样本的基本统计量如表 2-1 和表 2-2 所示。

本章利用双层需求模型的第一层：相对需求方程，即式（3-10）。根据 Hausman 等（1994）及 Hausman 和 Leonard（2003）的方法对消费者是否具有电费和收入的位似偏好进行检验。

我们用式（3-12）检验总电费（fee）与家庭月收入（inc）是否具有位似偏好

特征。控制变量包括峰时与谷时的平均价格、住户的家用电器特征、社会经济状况及气候特征。由于控制变量等由一次调查完成,考虑到样本期内用户的社会经济状况、用电模式、电器存量和收入层次等数据均不随时间变化,为弥补固定面板不能估计非时变变量参数的缺陷,本章选择了 Hausman 和 Taylor(1981)所提方法(即 Hausman-Taylor 方法)进行估计,估计结果如表 3-1 所示。

表 3-1 电费与收入的非位似偏好检验①

变量	全样本	杭州样本	上海样本
对数(收入)	−0.195	0.603*	−0.657
	(−0.686)	(1.727)	(−1.446)
对数(电费)	−0.729***	−1.603***	−0.055
	(−6.818)	(−8.418)	(−0.502)
对数(峰时价格)	16.251	17.749	
	(0.777)	(0.562)	
对数(谷时价格)	14.830**	14.020	
	(1.978)	(0.946)	
N	7920	4262	3658

* 在 10%的显著性水平下显著;
** 在 5%的显著性水平下显著;
*** 在 1%的显著性水平下显著。

根据估计结果,从总收入角度,分时阶梯定价下存在非位似偏好性质,而纯分时定价下则为同位似偏好。杭州的峰谷电量比会随着收入的变化而变化,而上海的峰谷电量比并不会随着收入的变化而变化。进一步,相对需求方程中杭州的收入系数显著为正,即在分时阶梯定价下,随着收入的增加,峰时电量相对于谷时电量的比例将逐步增大,高收入人群对阶梯电价的敏感性逐渐下降,阶梯定价"削峰填谷"的功能随着收入增大逐渐减弱。

从总电费角度考虑,分时阶梯定价下存在非位似偏好性质,而纯分时定价下为同位似偏好。相对需求方程中杭州的电费系数显著为负,在分时阶梯定价下,随着总电费的提高,由于峰时的(平均或边际)电价上涨,峰时相对于谷时的用电比例逐渐下降,峰时的用电需求被谷时用电需求替代。但纯分时定价下,由于峰谷内的单位电价不变,电费上升对峰谷的电力消费比没有显著变化,峰谷的用电量比例并不会随着用电总量的增加而改变,纯分时电价缺乏调节峰谷之间电量差异的能力。

---

① 限于篇幅,本章并未在文中列出其余控制变量的估计值。

具有同位似偏好的消费者在个人收入增加时其最优化的产品消费结构不发生改变，即具有同位似偏好的消费者对不同产品的需求收入弹性都是相同的。分时阶梯定价下，收入与电费均存在非位似偏好性质，但收入与电费对峰谷比例的影响方向不一，当收入增加与电费上升时，对峰谷比的影响分别是上升与下降，由此，我们需要进一步在绝对需求方程中分析分时阶梯定价政策对"削峰填谷"政策的影响。而纯分时定价下的收入与电费均具有同位似偏好性质，随着收入与电费的上升，居民无意识去实施电量转移行为，峰谷比例并无显著变化。

二、绝对需求层：弹性分析

利用双层需求模型的第二层：绝对需求方程，即式（3-11），对峰时与谷时的电力需求弹性进行分析，包括峰谷时段平均价格的自弹性与交叉弹性，峰谷时段的需求交叉弹性等。

由表 3-2 可以看出，对于杭州与上海的全样本，峰时电量受到峰时价格与谷时价格的显著影响，且峰时价格自弹性为负，交叉弹性为正；谷时价格显著影响谷时用电量，且谷时价格自弹性为负。而对于分时阶梯定价下的杭州，仅有谷时的价格能够显著调节峰时电量，当谷时价格上升时，峰时用电量上升，而杭州在谷时的电量受峰时和谷时价格的影响均不显著，即峰时价格和谷时价格都不能调节谷时电量。

表 3-2 绝对需求方程估计

变量	峰时			谷时		
	全样本	杭州样本	上海样本	全样本	杭州样本	上海样本
对数（峰时价格）	−1.760***	−1.159		−1.293	2.164	
	(−2.981)	(−1.184)		(−0.759)	(0.944)	
对数（谷时价格）	0.584***	0.935**		−2.623***	0.127	
	(2.766)	(2.041)		(−4.305)	(0.119)	
对数（本月电费）	0.957***	0.929***	0.977***	1.099***	1.106***	1.094***
	(317.231)	(157.401)	(427.491)	(126.299)	(79.958)	(97.172)
对数（收入）	0.010	0.051	−0.007	−0.015	−0.166***	0.061
	(0.387)	(1.024)	(−0.636)	(−0.322)	(−2.595)	(0.975)

** 在5%的显著性水平下显著；
*** 在1%的显著性水平下显著。

由收入弹性的计算可知，仅有分时阶梯定价下谷时电量的收入弹性显著为负，即随着收入的上升，谷时用电量会随之减少。而其他情形下的收入弹性均不显著。

这可能是由现行居民电价远低于供电成本造成的，电费收入占居民总收入的比例有限（城市居民电费占总收入的比例为 0.5%～2.5%），居民长期享受电力补贴，大多数居民对电费变化并不敏感。

同时分析峰时与谷时的交叉需求弹性，以分析峰时电量消费与谷时电量消费之间的关系，并比较峰时阶梯定价与纯分时定价下的弹性大小。

由表 3-3 可知，所有情形下谷时电量的系数均显著为负，这说明峰时与谷时的电力消费量是显著替代的，分时定价起到了显著的替代作用，无论是分时下的统一定价还是分时下的阶梯定价，都起到了削峰填谷的效果。同时，引入阶梯定价后的峰谷电量替代性更大，阶梯定价对分时的峰谷转移有更强的促进作用。

表 3-3　交叉需求弹性分析

电量	全样本	杭州样本	上海样本
对数（谷时电量）	−0.260***	−0.328***	−0.177***
	(−99.706)	(−77.092)	(−105.860)

*** 在 1%的显著性水平下显著。

第四节　稳健性检验：异质性居民的需求反应

为进一步对不同类型人群消费的差异化反应进行分析，我们以收入作为区分消费者类别的分类标准，分析不同收入阶层异质性人群的需求反应差异，通过对不同收入类型的居民分析同时起到了对双层需求模型结论进行稳健性检验的作用。

对不同类型家庭收入的区间划分，首先，在问卷设计时根据国家发改委 2010 年发布的《关于居民生活用电实行阶梯电价的指导意见（征求意见稿）》中各阶梯电量需要实现的目标，将家庭收入划分为高、中、低三种区间类型。其次，根据 2010～2012 年的《杭州统计年鉴》《上海统计年鉴》，借鉴李虹等（2011）、黄海涛（2012）在分析全国居民及上海市电力消费特征时的收入分档。问卷确定以家庭月收入 8000 元以下、8000～15000 元及 15000 元以上三个等级作为问卷中家庭收入的收入区间等级。由于高收入人群比例较小，本部分分别利用杭州与上海样本，根据问卷调查中的家庭收入数据，分析中低收入人群与中高收入人群的电力需求特征。

一、相对需求层的异质性反应

本节通过对不同收入人群的总电费及总收入的非位似偏好检验，以分析相对需求的异质性反应。

由表 3-4 可知，无论在何种人群中，对于总电费，分时阶梯定价下存在非位似偏好，且随着电费的增加，峰电向谷电转移的速度加快，而纯分时定价下为同位似偏好。对于收入，在杭州与上海的中高收入人群中均存在非位似偏好特性，但对峰谷比的影响完全相反。在分时阶梯定价下，随着收入的提高，峰谷比例上升；而在纯分时定价下，峰谷比例下降。

表 3-4 不同收入人群的相对需求方程估计

变量	全样本		杭州样本		上海样本	
	中低收入人群	中高收入人群	中低收入人群	中高收入人群	中低收入人群	中高收入人群
对数（电费）	−0.729***	−0.898***	−1.437***	−2.160***	−0.060	−0.167
	(−6.153)	(−6.897)	(−7.604)	(−8.453)	(−0.425)	(−1.253)
对数（收入）	−0.236	−0.693	0.179	2.802*	−0.612	−2.627**
	(−0.623)	(−0.741)	(0.453)	(1.927)	(−0.924)	(−2.203)
N	6701	4304	3866	1972	2835	2332

* 在 10%的显著性水平下显著；
** 在 5%的显著性水平下显著；
*** 在 1%的显著性水平下显著。

二、绝对需求层的异质性反应

本节通过对不同收入人群的峰时与谷时电量绝对需求方程估计，以分析不同人群的异质性反应。

从表 3-5 中可以看出，与所有收入人群的回归结果类似，对于杭州与上海的全样本，峰时电量受到峰时价格的显著负向影响，谷时价格的显著正向影响；谷时电量仅受到谷时价格的显著负向影响。而随着收入的提高，峰时电量的峰时价格自弹性（绝对值）逐渐变小，峰时电量的价格交叉弹性逐渐变大。而谷时电量的价格自弹性（绝对值）逐渐变小。

表 3-5 不同收入人群的峰时与谷时电量绝对需求方程估计

	峰时				谷时			
变量	全样本		杭州样本		全样本		杭州样本	
	中低收入人群	中高收入人群	中低收入人群	中高收入人群	中低收入人群	中高收入人群	中低收入人群	中高收入人群
对数（峰时价格）	−1.929***	−1.674**	−1.403	−1.079	−2.141	−1.203	1.587	4.790
	(−3.004)	(−2.466)	(−1.339)	(−0.751)	(−1.203)	(−0.567)	(0.676)	(1.272)
对数（谷时价格）	0.611***	0.617***	0.920*	1.165*	−2.669***	−2.569***	−0.125	0.722
	(2.634)	(2.677)	(1.912)	(1.952)	(−4.154)	(−3.557)	(−0.116)	(0.462)

续表

变量	峰时 全样本 中低收入人群	峰时 全样本 中高收入人群	峰时 杭州样本 中低收入人群	峰时 杭州样本 中高收入人群	谷时 全样本 中低收入人群	谷时 全样本 中高收入人群	谷时 杭州样本 中低收入人群	谷时 杭州样本 中高收入人群
对数（本月电费）	0.954*** (276.509)	0.957*** (260.090)	0.933*** (148.336)	0.913*** (113.767)	1.106*** (115.726)	1.098*** (95.344)	1.097*** (77.821)	1.152*** (54.834)
对数（收入）	0.005 (0.151)	0.006 (0.050)	0.020 (0.312)	0.124 (0.443)	−0.020 (−0.335)	0.136 (0.724)	−0.082 (−1.033)	−0.415 (−1.377)

* 在10%的显著性水平下显著；
** 在5%的显著性水平下显著；
*** 在1%的显著性水平下显著。

对于分时阶梯定价下的杭州，峰时电量只受到谷时价格的显著影响，且随着收入的提高，峰时电量的价格交叉弹性逐渐变大，即随着谷时价格的上升，谷时电量不会显著下降，但峰时电量会上升。无论在何种情况下，收入弹性都不显著。

同样分析不同收入人群峰谷电量的交叉需求弹性，以对比研究不同收入人群的异质性反应。

从表 3-5 和表 3-6 可以看出，随着收入的提高，在分时阶梯定价下，谷时对峰时的替代性逐步减小，但在纯分时定价下，随着收入的提高，谷时对峰时的替代性逐渐增大，但两种定价下相比，分时阶梯定价下的替代性更强，即分时阶梯定价比纯分时定价削峰填谷的功能更强。

表 3-6　不同收入人群峰谷电量的交叉需求弹性

变量	全样本（峰时） 中低收入人群	全样本（峰时） 中高收入人群	杭州样本（峰时） 中低收入人群	杭州样本（峰时） 中高收入人群	上海样本（峰时） 中低收入人群	上海样本（峰时） 中高收入人群
对数（谷时电量）	−0.269*** (−90.351)	−0.238*** (−71.793)	−0.346*** (−75.317)	−0.280*** (−46.900)	−0.169*** (−91.568)	−0.185*** (−82.391)

*** 在1%的显著性水平下显著。

第五节　不同定价下的目标实现

分时阶梯定价包含了分时定价与阶梯定价双重元素，因此分时定价的削峰填谷、阶梯定价的节约能源、减少补贴等都被视作分时阶梯定价的目标。我们通过分析杭州与上海的用电数据来比较两类定价方式下的政策目标实现差异。

一、削峰填谷

由于杭州的峰谷时长（14∶10）[①]与上海峰谷时长（16∶8）[②]不一致，我们计算时均峰谷比，即峰时与谷时平均每小时用电量之比，峰谷电量均值差异的 T 检验显示，与纯分时定价相比，分时峰谷定价的月均电量峰谷比显著下降，从 1.66 下降至 1.15。阶梯定价对峰谷定价降低峰谷差起到了显著的促进作用，两个城市不同时段电量的比较见表 3-7。

表 3-7　杭州与上海的月均电量峰谷比 T 检验

地区	观测值	均值	标准误	标准差	[95%置信区间]	
杭州	4262	1.1539	0.0533	3.4776	1.0495	1.2584
上海	3658	1.6635	0.0352	2.1261	1.5946	1.7324
合计	7920	1.3893	0.0331	2.9427	1.3245	1.4541
差值	—	−0.5096	0.0661	—	−0.6391	−0.3800

通过对杭州与上海的月均电量峰谷比的比较可以看到，分时阶梯定价下的峰谷比较之纯分时定价下的峰谷比显著下降，引入阶梯定价强化了分时削峰填谷的作用。

二、节约能源

利用绝对需求方程，我们使用总电量的平均价格，对峰谷总电量的价格弹性和收入弹性进行估计[③]，以分析不同定价方式下，价格变化对资源使用的影响程度。

从表 3-8 中可以看出，在分时阶梯定价下，价格弹性不显著，而纯分时定价下显著为负，且较大。即在分时阶梯定价下，价格对总电量的影响不显著，这可能存在两种原因：一是分时阶梯组合定价的复杂性带来居民决策的困难，居民不知道对何种价格做出反应，以及在复杂定价下的正确性均存在问题，近年来行为经济学对此做了进一步解释（Borenstein, 2009; Ito, 2014），Liebman 和 Zeckhauser

---

① 《浙江省电网销售电价表》将一天 24 小时划分 2 个时间段，把 8:00~22:00 共 14 小时称为峰段，执行峰电价；22:00~次日 8:00 共 10 小时称为谷段，执行谷电价。

② 国网上海市电力公司的资料显示，上海居民峰谷时段划分为：峰时段（6:00~22:00），谷时段（22:00~次日 6:00）。

③ 我们忽略了阶梯定价下的尖点问题，考虑尖点问题的弹性估计见 Hausman (1985)、Moffitt (1986, 1990)、Pint (1999)、Waldman (2000, 2005)、Olmstead 等 (2007)、张昕竹和田露露 (2014)。

(2004)也指出,由于定价结构复杂,用户并不像经典微观经济理论预测的那样,根据边际价格做出最优消费决策,而是基于拇指原则做出大致正确的消费决策。二是峰谷内部阶梯定价的引入导致更强的削峰填谷效应,峰时节约的电量更多在谷时得到消费,导致消费的总电量并未减少。而在纯分时定价下,随着平均价格上升,总电量将显著下降,能起到节约能源的目的。同时,两种场景下的收入弹性均不显著。

表 3-8 总电量的价格和收入弹性估计

变量	全样本	杭州样本	上海样本
对数(价格)	−0.289	−0.157	−1.807***
	(−1.400)	(−0.771)	(−2.584)
对数(收入)	−1.257	0.370	0.036
	(−0.106)	(0.042)	(0.590)

*** 在 1%的显著性水平下显著。

当然,需要注意的是,此时我们根据价格或收入弹性推论出能否节约能源,是估计在既有定价方式下调整价格时的效应,而不是定价方式由线性(或其他)方式向分时阶梯或纯分时定价方式转换时能否起到节约能源的效果。大量的证据已经表明(Bithas,2008;张昕竹,2011),由传统的线性定价方式向分时阶梯或纯分时定价方式转换时,确实能起到节约能源的作用。

三、减少补贴

阶梯定价的引入增加了单位电力的价格,如果总电量的价格弹性大于 1,提高价格将更快地减少电量的使用,总电费将下降,电力公司的居民电费收入将下降。如果总电量的价格弹性小于 1,提高价格将增加总电费,电力公司的居民电费收入将上升。

从表 3-8 中可以看出,上海的价格弹性大于 1,此时电力公司针对居民电力的总收入将下降,而杭州的价格弹性不显著,随着电费的上升,电量使用并不会显著下降,即电力公司总收入将上升。根据《中国能源统计年鉴 2010》,我国居民电力长期边际成本为 1.03 元/(kW·h),而根据《中国物价年鉴 2010》,城镇居民生活用电价格为 0.52 元/(kW·h)。因此,在分时阶梯定价下,国家可以减少电力补贴,同时,由于阶梯定价是递增的,随着电量消费的增加,消费量多的人群获得的补贴也将减少,有利于减少交叉补贴。

汇总分时阶梯定价与纯分时定价两种方式下不同目标的实现情况,见表 3-9。

表 3-9 居民电价制度的效果比对表

项目	纯分时定价	分时阶梯定价
削峰填谷	可以	可以，更强
节约能源	可以	不能
减少补贴	不能	可以

第六节 结论及政策建议

本章利用杭州与上海的居民用电和问卷调查数据，通过对比分析分时阶梯定价与纯分时定价两种定价结构，利用 Hausman 等（1979）提出的相对需求与绝对需求双层分析模型及位似偏好检验，研究了居民的电力需求特征。本章得出的基本结论是，随着电费额的上升，两种定价下的电费位似偏好具有差异，分时阶梯定价下存在电费的非位似偏好，而纯分时定价下为电费的同位似偏好；两种定价下收入位似偏好无差异，无论是在分时阶梯定价下还是在纯分时定价下，均为收入的同位似偏好；两种定价下的居民（平均）价格自弹性与交叉弹性、需求弹性差异较大，分时阶梯定价下的谷时价格能够显著影响峰时电量消费，分时阶梯定价下谷时的收入弹性显著为负；且两种定价下的交叉需求弹性均显著为负，但分时阶梯定价的弹性更大，在分时定价基础上引入阶梯定价后对峰谷转移有更强的促进作用。对于不同的收入人群，所有人群在分时阶梯定价下均存在电费的非位似偏好；而中低收入人群为收入的同位似偏好，但中高收入人群为收入的非位似偏好。随着收入的提高，峰时电量的价格交叉弹性逐渐变大，分时阶梯定价下的替代弹性逐步减小，但纯分时定价下的替代弹性逐渐增大，分时阶梯定价下的替代弹性更强。

两类定价下对政策目标实现的影响也存在显著差异，纯分时定价可以实现削峰填谷、节约能源等目标；而分时阶梯定价对削峰填谷具有更强的影响，还可以实现减少补贴的目标。使用双层需求模型得到不同定价系统下的居民电力消费特征，通过对比两种定价系统下的居民消费行为，本章对于系统评估不同定价方式的政策效果，并为进一步优化纯分时定价与分时阶梯定价的设计提供了重要的支持。基于本章的研究结果，我们提出如下政策建议。

（1）根据消费者的不同特征进行分类管理。相对需求方程估计显示，在分时阶梯定价下，随着电费、电价的增加，消费者的峰谷消费比例呈现出非位似偏好性质，而两类定价下对不同收入消费者的估计也表明，不同收入阶层的价格弹性差异明显，不同收入阶层的峰谷电量转移比例也存在显著差异，用户的价格效应和收入效应存在异质性。而目前的阶梯电价设计主要将用户按照低收入群体、多数用电用户和少数高消费用户划分为三档，分时定价主要考虑发电载荷而分为峰谷两类，但没有很好地考虑用户的异质性特征进行细分管理，所以有必要根据积累的实施经验，以及消费者的异质性特征进行电力消费的差异化分类管理。

（2）探索实施多种定价策略的组合。绝对需求方程估计显示，在分时阶梯定价下，谷时的阶梯价格对峰时的电量消费有显著影响，而无论是峰时的阶梯价格还是谷时的阶梯价格，对谷时的电量消费都没有显著影响，即在分时定价体系内部，阶梯定价在峰谷两个时段起到的作用完全不同。居民的峰时电量消费对阶梯价格的积极反应说明了价格管理的有效性，但谷时的自价格弹性和交叉价格弹性不显著也说明了单一价格手段的不足。因此，在电价体系设计中，可针对峰谷时的不同消费特征，采用几种定价相结合的方式。如日本东京电力公司，其电价结构为白天峰时采用阶梯定价结构，晚上谷时采用统一定价结构，取得了良好成效。

（3）采用分阶段动态调整的方式进行电价管理。不同收入阶层的需求交叉弹性估计结果显示，分时阶梯定价的替代弹性大于纯分时定价的替代弹性，但随着收入的不断提高，纯分时定价下峰谷电量间的替代作用逐渐增大，而分时阶梯定价下峰谷电量间的替代作用逐渐减小，两种定价方式下的替代弹性差异在减小。随着居民收入水平的提高，单纯采用某一种电力定价方式，可以用来调节的政策空间可能越来越小，政策制定者可考虑在经济发展的不同阶段，当经济发展或家庭居民收入达到一定水平后，在不同定价方式间进行调整和转换。同时，中国东中西部不同地区的居民收入差异很大，用电行为也有所不同，在制定电价时也需考虑不同区域的居民消费特征。

（4）根据所需要实现的目标选定相应的定价策略。不同的定价方式导致不同的政策结果，分时阶梯定价与纯分时定价对能源节约、减少补贴等目标的影响作用不同，对削峰填谷目标上的实现强度不同，二者的组合定价在某些目标上可能是促进加强作用（如削峰填谷），在某些目标上可能是冲抵减弱作用（如节约能源）。因此，决策机构需要根据实现的政策目标，制定对应的定价策略。例如，可考虑让用户在分时阶梯定价与纯分时定价之间进行选择，但利用政策调节用户的选择行为。

中国阶梯定价与分时定价政策仍处于全面实施的初期阶段。在多重政策目标下，经济效率、收入再分配、资源节约和环保等目标对效率的影响研究还需继续深化。同时，在家庭收入、家庭规模和构成等信息不对称情况下，如何提升电力定价政策制定和实施的效力也是很值得国内学术界研究的重要课题。受篇幅限制，本书未进一步细分复杂定价下消费者的价格（如边际价格或平均价格）反应类型，以及根据除收入外的其他因素（如家庭规模与结构、受教育程度及家用电器设备等）对异质性居民的需求反应进行分类估算。这些都是将来后续研究的可能方向。

第二篇　政策评估篇

第二篇 政策与法规

第四章 分时阶梯定价下的居民电力需求：基于 DCC 模型的分析

本章使用居民用电和家电持有等微观家庭数据，利用双误差 DCC 模型，对分时阶梯定价下的居民电力需求进行实证研究。基于分时定价与阶梯定价共存的现实场景，本章首先将分时阶梯定价曲线转换为复合阶梯定价曲线；然后基于用户在尖点处的聚集特征，验证使用 DCC 模型的合理性；最后对双误差 DCC 模型进行估计。本章的基本结论是，引入阶梯定价确实增加了用户的价格弹性，并且中低收入人群的价格弹性更大，中高收入人群的收入弹性更高，中高收入人群的异质性误差更大。本章的研究为系统评估阶梯定价的政策效果奠定了基础。

第一节 引　　言

尽管在世界范围内包括公共事业、税收等多个领域，阶梯定价都得到了广泛应用，但这种定价机制的设计和实施效果的评估非常困难，相关问题的研究十分薄弱。理论方面，虽然基于机制设计的非线性定价理论比较成熟（Wilson，1993），但现有文献尚未阐明最优定价与阶梯定价的关系，甚至无法得出最优分档数量、分档电量和分档消费量同时决定的最优阶梯定价的设计；实证方面，阶梯定价带来尖点识别和内生性等问题，目前还没有一个公认较好的分析框架。特别是在实施阶梯电价的同时还实行分时电价时[①]，同时考虑这两种定价的研究还基本属于空白。

毋庸置疑，阶梯定价下的需求分析既是一个非常具有挑战性的研究课题，也是政府规制部门极为关注的重要议题。可靠的需求信息特别是价格弹性信息，不仅有助于准确预测价格变化所导致的利益格局的变动，更重要的是可以验证价格作为需求管理手段的有效性，也就是说，通过估计价格效应，可以评估阶梯电价的实施效果，进而改进未来阶梯电价政策的实施。本章将杭州和上海作为阶梯电价的试点城市和控制城市，利用 2009~2011 年居民用电数据和其他问卷调查数

---

① 根据我们掌握的信息,美国纽约长岛电力公司实施了分季节的分时定价与按照电器分类的阶梯定价相结合的方式。

据，对居民电力需求进行了分析。基于杭州阶梯电价与分时电价并存的现实，本章通过构造一个等价的复合阶梯电价，将阶梯与分时混合定价问题转化为纯阶梯定价问题，巧妙地解决了分时阶梯定价下的估计难题。在此基础上，我们利用双误差 DCC 模型，对不同城市、不同电价机制下居民的价格弹性及收入弹性进行了估计与比较。

本书的贡献主要体现在两个方面：一是在分时定价与阶梯定价同时存在的情况下，通过构造一个等价的复合阶梯电价，将分时阶梯电价转化成纯阶梯电价，这个结果不仅是对现有文献的一个重要贡献，而且为我国阶梯定价的相关实证研究和政策评估提供了一个分析框架；二是利用双误差 DCC 结构计量模型对需求曲线的尖点进行识别，并利用真实的 IV 解决内生性问题，解决了现有文献无法同时解决尖点识别和内生性的问题。

需要特别指出的是，从世界各地和我国阶梯电价的实施情况来看，很多地方在实施阶梯电价的同时，还同时实行分时电价。在分时电价与阶梯电价同时存在时，不仅要考虑不同时段的需求替代，而且要考虑不同阶梯下不同时段间的需求替代，替代关系变得更为复杂（方燕和张昕竹，2011）[①]。实际上，尽管目前有大量分析阶梯定价或分时电价的实证研究文献，但同时考虑分时定价与阶梯定价的研究还很少见。例如，在分析分时定价的电力需求时，Hausman 等（1979）提出了分层模型的思路，通过构造真实的 IV 解决内生性问题，但他们完全忽略了尖点识别问题。

本章余下的内容如下：第二节给出基本模型设定，并推导出与分时阶梯定价等价的复合阶梯定价；第三节介绍本章使用的数据并验证尖点处的集聚行为；第四节给出实证结果及其分析；第五节总结本章的研究结论，在此基础上提出一些政策建议。

第二节 模型设定与估计思路

一、DCC 模型的设定

假定阶梯定价下消费者的用电需求为
$$\ln w = Z\delta + \alpha \ln p + \gamma \ln y + \eta + \varepsilon \tag{4-1}$$

[①] 由于 DCC 模型的复杂性，1963~2004 年的 400 篇用水需求价格弹性的研究中，只有三篇（Hewitt and Hanemann, 1995; Pint, 1999; Rietveld et al., 2000）使用了 DCC 模型。其中的 140 篇文献中，价格不是递增阶梯定价就是递减阶梯定价。即使在 2004 年以后，也主要是 Olmstead 等（2007）、Olmstead（2009）的研究，且大量集中在对用水需求特征的分析。

其中，w 为消费量；Z 为控制变量，包括住户（社会经济、消费等）特征、气候等；p 为价格；y 为收入。

需要指出的是，为了刻画消费者在阶梯上和尖点处不同的选择行为，式（4-1）中包含了两个结构性误差项，其中 η 为未被住户特征 Z 解释的异质性误差项，ε 为未被住户和分析者观察到的随机性误差项，包括计量误差和用户消费选择偏离最优行为所产生的误差等。假设 η 和 ε 相互独立，且分别服从均值为 0、方差为 σ_η^2 与 σ_ε^2 的正态分布。

为了设定联合估计方程，需要定义虚拟收入（Moffitt，1986）。虚拟收入是指，如果采用基于边际价格的统一定价，消费者得到的补贴，即 $\tilde{y}_k = y + d_k$，假定阶梯定价的阶数为 K，则有

$$d_k = \begin{cases} 0, & k=1 \\ \sum_{j=1}^{K-1}(p_{j+1}-p_j)w_k, & k>1 \end{cases} \qquad (4\text{-}2)$$

定义 w 为需求观测值，$w_k^*(Z, p_k, \tilde{y}_k, \delta, \alpha, \gamma)$ 为阶梯 k 上的最优用电量，Z 为控制变量，w_K 为尖点 K 处的用电量，可以得到具有 K 个阶梯和 $K-1$ 个尖点的需求函数为

$$\ln w = \begin{cases} \ln w_1^*(Z, p_1, \tilde{y}_1, \delta, \alpha, \gamma)+\eta+\varepsilon, & \eta \in (-\infty, \ln w_1 - \ln w_1^*(Z, p_1, \tilde{y}_1, \delta, \alpha, \gamma)) \\ \ln w_1 + \varepsilon, & \eta \in (\ln w_1 - \ln w_1^*(Z, p_1, \tilde{y}_1, \delta, \alpha, \gamma), \\ & \quad \ln w_1 - \ln w_2^*(Z, p_2, \tilde{y}_2, \delta, \alpha, \gamma)) \\ \ln w_2^*(Z, p_2, \tilde{y}_2, \delta, \alpha, \gamma)+\eta+\varepsilon, & \eta \in (\ln w_1 - \ln w_2^*(Z, p_2, \tilde{y}_2, \delta, \alpha, \gamma), \\ & \quad \ln w_2 - \ln w_2^*(Z, p_2, \tilde{y}_2, \delta, \alpha, \gamma)) \\ \vdots & \\ \ln w_{K-1} + \varepsilon, & \eta \in (\ln w_{K-1} - \ln w_{K-1}^*(Z, p_{K-1}, \tilde{y}_{K-1}, \delta, \alpha, \gamma), \\ & \quad \ln w_{K-1} - \ln w_K^*(Z, p_K, \tilde{y}_K, \delta, \alpha, \gamma)) \\ \ln w_K^*(Z, p_K, \tilde{y}_K, \delta, \alpha, \gamma)+\eta+\varepsilon, & \eta \in (\ln w_{K-1} - \ln w_K^*(Z, p_K, \tilde{y}_K, \delta, \alpha, \gamma), +\infty) \end{cases}$$

$$(4\text{-}3)$$

假定观测值 w_i 出现的概率为 $\Pr(w_i)$，定义 $v = \eta + \varepsilon$，$\mathrm{corr}(v, \eta) = \rho$，根据 Moffitt（1986），$\rho = \dfrac{\mathrm{cov}(v, \eta)}{\sigma_v + \sigma_\eta} = \dfrac{\sigma_\eta}{\sigma_v}$，有

$$\Pr(w_i) = \sum \begin{cases} \Pr(v = \ln w_i - \ln w_1^*(\cdot), \eta \in (-\infty, \ln w_1 - \ln w_1^*(\cdot))) \\ \Pr(\varepsilon = \ln w_i - \ln w_1, \eta \in (\ln w_1 - \ln w_1^*(\cdot), \ln w_1 - \ln w_2^*(\cdot))) \\ \Pr(v = \ln w_i - \ln w_2^*(\cdot), \eta \in (\ln w_1 - \ln w_1^*(\cdot), \ln w_1 - \ln w_2^*(\cdot))) \\ \vdots \\ \Pr(\varepsilon = \ln w_i - \ln w_{K-1}, \eta \in (\ln w_{K-1} - \ln w_{K-1}^*(\cdot), \ln w_{K-1} - \ln w_K^*(\cdot))) \\ \Pr(v = \ln w_i - \ln w_K^*(\cdot), \eta \in (\ln w_{K-1} - \ln w_K^*(\cdot), +\infty)) \end{cases}$$

(4-4)

$\Phi(\cdot)$ 为标准正态分布的累积分布函数，由此得极大似然函数（Moffitt，1986；Pint，1999；Waldman，2000，2005；Olmstead et al.，2007）为

$$\ln L = \sum \ln \left\{ \sum_{k=1}^{K} \left\{ \frac{1}{\sqrt{2\pi}} \frac{\exp[-(s_k)^2/2]}{\sigma_v} \right\} [\Phi(r_k) - \Phi(n_k)] \right. \\ \left. + \sum_{k=1}^{K-1} \left\{ \frac{1}{\sqrt{2\pi}} \frac{\exp[-(u_k)^2/2]}{\sigma_\varepsilon} \right\} [\Phi(m_k) - \Phi(t_k)] \right\}$$

(4-5)

式（4-5）右边第一个求和式为 K 个阶梯上的似然函数，第二个求和式为 $K-1$ 个尖点上的似然函数。

二、从分时阶梯定价到纯阶梯定价的转换

前面给出了阶梯定价下 DCC 结构计量模型的设定。但在实际管制环境中，往往同时存在分时电价与阶梯电价，即在峰时和谷时同时实施阶梯定价，因此还需要考虑分时定价对需求的影响。此时的难点在于：首先，用户在峰时和谷时的电力需求是在同一个收入约束下，峰时和谷时一般是对某一天时间的分割（并按照季节分割），而收入一般是按月获取，很难将消费者的收入在峰时和谷时进行分割；其次，峰时和谷时的电力需求存在替代效应，即通过实施分时定价，在一定程度上可以实现"削峰填谷"，从而节约电源投资，因此对峰时和谷时分开估计是不正确的；最后，大部分省（区、市）对峰时和谷时的划分不完全对等①，Martínez-Espiñeira（2003）与 Nauges 和 Thomas（2000）指出，只有对等时间划分下的弹性比较才有意义，这意味着分开估计失去了比较意义。

为了解决统一预算约束下不同时段和不同阶梯的需求替代问题，本章构造一个与分时电价和阶梯电价等价的复合阶梯电价曲线。取决于时段和阶梯档数、不同时段阶梯分档数是否一致等因素，复合阶梯定价可能非常复杂。但幸运的是，在峰谷定价、分档数较小的情况下，可以构造一个可解的复合阶梯定价。附录 B

---

① 9个省（区、市）的峰时和谷时都不相同，且广东被分为了高峰、平时、低谷三段。

给出了将分时阶梯定价转换成复合阶梯定价的技术说明,定义峰谷消费组合和峰谷合并后的阶梯,并计算统一阶梯定价的阶梯价格。

根据浙江省居民电价信息,该省居民阶梯电价设置了 50kW·h 和 200kW·h 两个阶梯,同时将居民生活用电划分为两个时段,其中高峰时段为 8:00~22:00,低谷时段为 22:00~次日 8:00,如表 2-1 所示。

为了构造复合阶梯定价,首先将 3 种峰时不同档用电量与 3 种谷时不同档用电量组合,得到 9 种峰谷用电组合(表 4-1)。例如,在表 4-1 中,峰谷用电组合(2,1)表示峰时用电选择峰时阶梯第二档,谷时用电选择谷时阶梯第一档。

表 4-1 杭州峰谷用电组合

组合名称	1	2	3	4	5	6	7	8	9
峰谷用电组合	(1,1)	(1,2)	(1,3)	(2,1)	(2,2)	(2,3)	(3,1)	(3,2)	(3,3)

其次,构造复合阶梯电价的分档电量。由于峰谷时的分档电量均为(0,50,200),复合阶梯的分档电量为(0,50,100,200,250,400),其中各分档电量由峰谷时分档电量组合而成。例如,复合分档电量 100 等于峰时第一档电量 50 加上谷时第一档电量 50。图 4-1 说明了由峰谷阶梯定价到复合阶梯定价的转化。

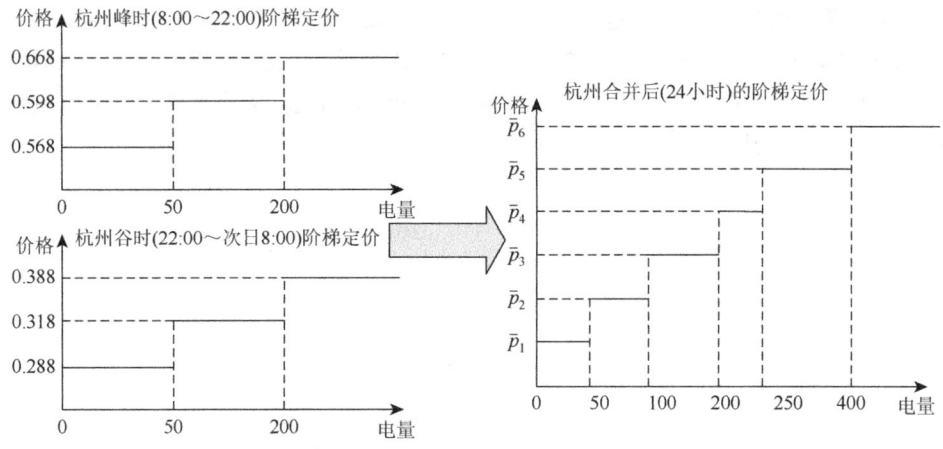

图 4-1 峰谷阶梯定价到复合阶梯定价的转化

需要注意的是,某种类型的峰谷组合可能同时落在不同的复合阶梯中。例如,峰谷用电组合(2,1)对应的峰时与谷时的用电量分别为 50~200kW·h 和 0~50kW·h,因此加总电量可能在复合阶梯 50~100kW·h、100~200kW·h 或 200~250kW·h 三档中。不同用电量组合对应的复合阶梯电价中的电量档次见表 4-2。

表 4-2 杭州复合阶梯电价

阶梯消费量/(kW·h)	[0, 50]	(50, 100]	(100, 200]	(200, 250]	(250, 400]	(400, +∞)
可能组合	1	1, 2, 4	2, 4, 5	2, 3, 4, 5, 7	3, 5, 6, 7, 8	3, 6, 7, 8, 9

最后，计算复合阶梯电价的分档电价。当总用电量为 0~50kW·h 时，根据杭州阶梯电价信息，第一档电价 = 峰时用电比例 × 峰时第一档电价（0.568）+ 谷时用电比例 × 谷时第一档电价（0.288）；当总电量为 50~100kW·h 时，第二档电价 = 峰时用电比例 × $\left(\dfrac{N_1}{N_1+N_2+N_4} \times 0.568^{①} + \dfrac{N_2}{N_1+N_2+N_4} \times 0.568 + \dfrac{N_4}{N_1+N_2+N_4} \times 0.598 \right)$ + 谷时用电比例 × $\left(\dfrac{N_1}{N_1+N_2+N_4} \times 0.288 + \dfrac{N_2}{N_1+N_2+N_4} \times 0.318 + \dfrac{N_4}{N_1+N_2+N_4} \times 0.288 \right)$，其中 N_i 为表 4-1 中用户组合 i 的用户数。其他阶梯的价格计算类似。

第三节 数据说明

本章使用的数据与第二章相同，主要来源于国家电网及杭州、上海地区的抽样调查数据。杭州与上海的电价结构及样本的基本统计量如表 2-1 和表 2-2 所示。杭州和上海是阶梯定价的一个显著特征是在尖点处聚集，这是影响实证模型选择的关键因素，也是构造双误差结构计量模型的主要原因。由图 4-2 及表 4-3 可看出，按照电量平均分布来看，尖点的 10% 左右应该只分布 7.8% 的峰时电量与 7.14% 的谷时电量，但实际分布达到了 13.14% 与 12.69%，由此说明确实存在用电量在尖点处聚集的情况。

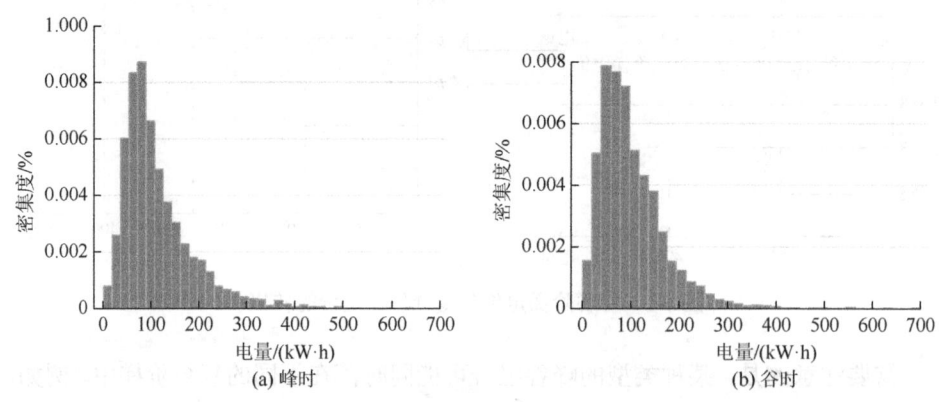

图 4-2 杭州峰时及谷时的电量分布图

---

① 很明显，当计算第二档电价时，某类组合只有第一档电价，可以视为第一档电价和第二档电价一致。

第四章　分时阶梯定价下的居民电力需求：基于 DCC 模型的分析

再看杭州的总电量，按照所有的电量平均分布来看，尖点的 10%左右应该只分布 16.03%的电量，但实际分布达到 41.93%，说明聚集情况更为明显（图 4-3 和表 4-4）。而表 4-4 还显示，在新的复合阶梯电价下，聚集情况不但出现在峰谷阶梯的尖点如 50、200 处，在峰谷电量加总后形成的新聚集点 100 和 250 处更为明显。

表 4-3　杭州峰时与谷时的尖点聚集情况　　　（单位：%）

尖点	峰时电量			谷时电量		
	50kW·h	200kW·h	总聚集度	50kW·h	200kW·h	总聚集度
10	6.41	6.73	13.14	7.56	5.14	12.69
5	2.96	3.59	6.55	3.73	2.72	6.45
1	0.66	0.63	1.29	0.75	0.49	1.24

资料来源：课题组根据计算结果整理。

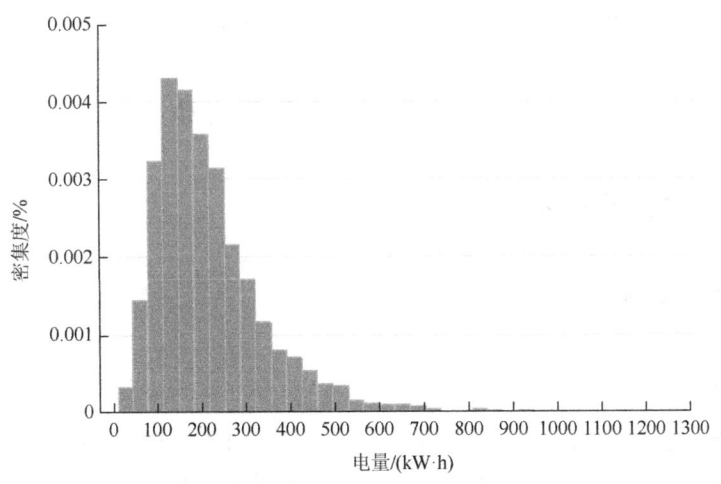

图 4-3　杭州总电量分布图

表 4-4　杭州总电量的尖点聚集情况　　　（单位：%）

尖点	50kW·h	100kW·h	200kW·h	250kW·h	400kW·h	总聚集度
10	0.96	7.34	14.57	13.23	5.82	41.93
5	0.52	3.92	7.46	6.15	5.75	23.79
1	0.14	0.84	1.64	1.03	0.73	4.39

资料来源：课题组根据计算结果整理。

最后，将分时阶梯定价转换成纯阶梯定价后，可以得到杭州用户用电量在 6

个阶梯上的分布，大量用户的用电量集中在新的 3、4、5 阶梯，约占总用户的 80%，用户分布如表 4-5 所示。

表 4-5　杭州样本在 6 个阶梯的分布

阶梯	频数	用户占比/%
1	76	1.78
2	463	10.86
3	1728	40.54
4	700	16.42
5	919	21.56
6	376	8.82
合计	4262	100

资料来源：课题组根据计算结果整理。
注：小计数字的和可能不等于合计数字，是因为有些数据进行过舍入修约。

第四节　实证结果与分析

一、居民电力消费行为

（一）消费者需求响应

1. 总体情况

基于杭州及上海的用户信息和电价信息，使用 DCC 模型（4-1）分析杭州居民的用电需求。但由于阶梯选择（阶梯价格）和用电量同时被决定，模型（4-1）的估计存在内生性问题。因此，我们采用 IV 来解决这个问题。本章的估计策略是：首先，假设用户可以在高峰和低谷同时选择，共有 9 种峰时和谷时组合电量选择方式，利用 Multinomial Logit 模型，可以估计用户选择每种组合的概率，由此得出峰时和谷时的平均价格；其次，利用 Hausman 等（1979）提出的分层模型估计相对需求，由此得出峰时和谷时的用电比例；最后，利用峰时和谷时的用电比例以每种组合的选择概率，计算每个用户面临的复合阶梯定价各档电价，以此作为复合阶梯定价中每档价格的 IV[①]。由于每个用户的峰谷用电比例不同，这种方法实际上为每个用户构造了一个阶梯定价系统。需要指出的是，除了能够解决内生

---

① 因为篇幅所限，略去估计 IV 的过程和结果，详细过程见附录 C。

性以外，这种估计方法的另一个好处在于可以在规制价格保持不变的情况下增加价格的变动。

基于杭州及上海的用户信息以及 IV，可以使用 DCC 模型分析杭州居民的用电需求。由于上海只实行线性定价，本章将上海的定价处理为只有一个阶梯的特殊阶梯定价形式，这样可以使用 DCC 模型分析杭州和上海总样本的需求行为特征。根据前面 DCC 模型（4-1）的设定，对于杭州样本，似然函数式（4-5）取 $k=6$，对于上海样本，似然函数式（4-5）取 $k=1$。对于上海样本，我们除了采用 OLS 方法外，考虑到样本期内用户的社会经济状况、用电模式、电器存量和收入层次等数据均不随时间变化，为弥补固定面板不能估计时不变参数的缺陷，本章还选择了 Hausman-Taylor 方法进行估计。

表 4-6 给出不同定价机制下的需求函数估计结果。其需求特征显示，无论是在杭州的阶梯定价下，还是在上海的线性定价下，价格弹性都显著为负，这与经济学理论相符。但容易看出，阶梯定价与线性定价下的价格弹性差异较大，其中阶梯定价下杭州的价格弹性远大于线性定价下上海的价格弹性，也就是说，前者的价格效应更显著。尽管上述价格弹性对应的是不同城市，但考虑到上海和杭州两地相距很近，生活水平和生活方式接近，并且方程的设定在很大程度上控制了各种异质性因素，因此在一定程度上，可以将杭州和上海价格效应的差异视为阶梯电价和线性定价所导致的差异，更确切地讲，就是阶梯电价提高了用户的价格效应。这个结论与主流阶梯电价文献的结论一致，由此验证了用阶梯定价管理用电需求的有效性，同时也说明了政府监管部门将节能环保、节约用电作为阶梯定价的政策目标的合理性。

表 4-6 需求函数估计结果

变量	全样本（DCC）	杭州样本（DCC）	上海样本（OLS）	上海样本（Hausman-Taylor）
对数（价格）	-0.8611^{***}	-1.2949^{***}	-0.165	-0.688^{***}
	(-10.377)	(-11.851)	(-1.019)	(-3.481)
对数（收入）	0.2683^{***}	0.2511^{***}	0.070^{***}	0.047
	(29.006)	(18.153)	(4.011)	(0.751)
家庭总人口	-0.0091	-0.0139	-0.027	-0.049
	(-0.609)	(-0.579)	(-1.326)	(-0.650)
65 岁及以上人口	0.051^{***}	0.0295	0.045^{**}	0.088
	(3.237)	(1.204)	(2.158)	(1.099)
65 岁以下成年人口	0.0236	0.0703^{***}	-0.009	0.041
	(1.461)	(2.764)	(-0.403)	(0.512)
住房建筑面积	0.0013^{***}	-0.0028^{***}	0.002^{***}	0.002
	(4.101)	(-4.635)	(3.995)	(1.435)

续表

变量	全样本（DCC）	杭州样本（DCC）	上海样本（OLS）	上海样本（Hausman-Taylor）
卧室数量	0.0544***	0.2275***	−0.006	−0.016
	(4.06)	(10.921)	(−0.347)	(−0.247)
计算机数量	0.0325***	−0.0512***	0.046***	0.051
	(3.519)	(−3.771)	(3.654)	(1.108)
电视数量	0.0331***	0.1064***	−0.048***	−0.071
	(3.343)	(7.291)	(−3.757)	(−1.558)
空调数量	0.0153*	−0.0261*	0.086***	0.096**
	(1.664)	(−1.795)	(6.978)	(2.221)
冰箱及冰柜数量	0.1884***	0.1756***	0.002	0.103
	(9.305)	(6.061)	(0.059)	(0.867)
是否有微波炉	0.0066	−0.0497**	0.252***	−0.003
	(0.343)	(−2.271)	−9.23	(−0.024)
冬天是否取暖	0.1057***	0.0512**	−0.008	0.225**
	(5.83)	(2.113)	(−0.371)	(2.254)
是否用电煮饭	−0.0529***	0.0324	0.135***	0.038
	(−3.543)	(1.416)	(5.561)	(0.487)
是否用电洗澡	−0.0004	−0.0272	0.106***	0.137
	(−0.023)	(−1.237)	(3.467)	(1.568)
月最高气温	−0.0001	0.0013***	−0.003***	−0.002***
	(−0.282)	(4.55)	(−7.778)	(−7.919)
月平均气温	0.0001	−0.0006**	0.001***	0.001***
	(0.656)	(−2.459)	−3.633	−3.252
月平均湿度	0.0227***	0.0158***	0.038***	0.039***
	(21.105)	(11.008)	(10.901)	(12.685)
月平均日照数	0.0001***	0.00001***	0.012***	0.013***
	(7.76)	(4.793)	(7.894)	(9.117)
常数项	0.0352***	−0.0054	1.440***	1.106*
	(3.356)	(−0.399)	(4.299)	(1.751)
σ_η	0.5943***	0.5551***		
	(46.245)	(21.627)		
σ_ε	0.1671***	0.2141***		
	(4.15)	(3.845)		
N	7920	4262	3658	3658

* 在10%的显著性水平下显著；
** 在5%的显著性水平下显著；
*** 在1%的显著性水平下显著。

需要说明的是，对于实行线性定价的上海（峰谷分时定价），本章得到了与其他文献相似的估计结果，如 Vaage（2000）、Mansur 等（2005）。例如，使用 OLS 方法估计得到的价格弹性为-0.165，而基于 Hausman-Taylor 法得到的价格弹性为-0.688，都处于相对非弹性的区间。但对于实行阶梯定价的杭州，本章得出的价格弹性相对较高，估计出的价格弹性为-1.2949。考虑到我国仍属于中低收入国家，我们的估计与很多文献的估计结果基本一致，这也说明了本章估计结果的可靠性。当然，我们也不排除用户样本较少所产生的估计偏误。

虽然引入阶梯定价会增加价格弹性，并由此说明用阶梯定价管理用电需求的有效性，但对于阶梯定价导致价格弹性增加的原因，现有文献尚没有给出令人满意的解释。例如，Olmstead（2009）认为这可能是定价曲线本身改变所导致的结果，即用户对非线性定价下的价格更为敏感。对此，Liebman 和 Zeckhauser（2004）给出了一个行为经济学解释，他们认为在复杂定价下，用户的行为更为谨慎；也有可能是电价水平上涨的结果，因为阶梯定价往往伴随着平均电价水平的上涨，由此导致价格弹性增加。

需要指出的是，本章估计的仅仅是条件需求（即给定某个阶梯）的价格弹性，而不是无条件需求的价格弹性。在阶梯定价下，可以产生三种价格效应：一是零价格效应，即在相邻两个阶梯的断点处，不同的边际替代率对应同样的需求，导致在尖点处存在集聚效应；二是在给定阶梯上，价格变化导致某个阶梯的条件需求的变动；三是相对于给定阶梯的价格变动，无条件需求的变动[①]。计算条件需求的价格弹性只需要估计式（4-1）的系数 α，但计算无条件需求的价格弹性必须考虑所有条件需求的价格效应，通常可以利用蒙特卡罗方法来实现（Olmstead，2009）。

表 3-6 还给出了收入弹性。需要指出的是，在阶梯定价下，出现在设定方程中的收入为虚拟收入，而不是直接收入。基于问卷调查数据，本章通过简单的数据近似，把月家庭收入为 0～8000 元、8000～15000 元及 15000 元以上的低、中、高三类群体的收入近似为月收入 4000 元、11500 元和 17500 元。在此设定下，分别计算不同阶梯下的虚拟收入，并得到相应的收入弹性。由表 4-6 可知，杭州样本、上海样本及全样本的收入弹性都为正，这与经济学理论一致，并且阶梯定价下杭州的收入弹性大于线性定价下上海的收入弹性。基于前面的类似解释，同样说明，阶梯定价下的收入效应更为显著。我们知道，作为规制定价，规制机构在制定阶梯定价时，除了考虑效率目标外，另一个政策目标是在满足规制企业预算约束的条件下改进收入分配，但改善收入分配的前提是，不存在收入越低的用户用电越多的问题，否则阶梯定价所隐含的累进加价特征将会恶化收入分配。我们的估计

[①] 但根据 Slutsky 等式容易验证，价格效应非正。

结果说明，阶梯定价不但可以作为收入分配的工具，而且验证了相对于线性定价而言，阶梯定价对于改善收入分配具有更好的效果。

2. 不同收入群体的需求响应

为进一步分析平均弹性下不同类型人群消费的差异化反应，以收入变量作为区分消费者类别的变量，分析不同收入阶层异质性人群的弹性差异。分别利用杭州样本与上海样本，将其分为三种组合，即高收入人群、中收入人群及低收入人群，得到表4-7。

表4-7 样本收入分层表

收入	杭州样本		上海样本	
	频率	人数占比/%	频率	人数占比/%
低	2290	53.73	1326	36.25
中	1576	36.98	1509	41.25
高	396	9.29	823	22.50
合计	4262	100	3658	100

利用DCC模型与Hausman-Taylor模型，我们得到杭州与上海中低收入人群与中高收入人群类组合的消费行为特征结果，如表4-8所示。

表4-8 异质性人群的需求响应

变量	杭州样本（DCC）		上海样本（Hausman-Taylor）	
	中低收入人群	中高收入人群	中低收入人群	中高收入人群
对数（价格）	−1.3235***	−0.6468***	−0.950***	−0.361
	(−10.947)	(−3.253)	(−4.239)	(−1.427)
对数（收入）	0.2207***	0.4156***	0.120	−0.061
	(13.235)	(18.601)	(1.464)	(−0.266)
σ_η	0.5545***	0.5281***		
	(21.078)	(47.876)		
σ_ε	0.2213***	0.082***		
	(4.032)	(2.82)		
N	3866	1972	2385	2322

*** 在1%的显著性水平上显著。

由表 4-8 可知，杭州与上海相比，无论在哪种收入下，阶梯定价下的价格弹性都比统一定价下的价格弹性大，即消费者对阶梯定价的价格反应更为灵敏，并且阶梯定价下的收入弹性也比统一定价下高。

针对不同的收入人群，无论在哪种定价模式下，中低收入人群相对于中高收入人群而言，其价格反应都更为敏感。在阶梯定价下，中低收入人群的价格弹性处于高弹性区间，而中高收入人群的价格弹性处于低弹性区间。实际上，与前面总弹性估计相比，该结果进一步给出了价格弹性的异质性解释，不同收入人群间的弹性比统一定价下差异更大。而在统一定价下，所有收入人群的价格弹性都处于低弹性区间。在阶梯定价下，随着用户收入的增加，其收入弹性相应提高，因此将增大其电力消费倾向，而在统一定价下收入弹性不明显，不同收入人群的用电倾向并无显著差异，从这个意义上讲，阶梯定价不但可以作为改善收入分配的工具，而且具有可以根据不同收入人群进行管理和调节的优势。

（二）控制变量

根据表 4-6 与表 4-8 分析其他控制变量，包括家庭信息、电器信息、气候信息等对电力消费的影响。

1. 家庭信息

从家庭的社会经济状况看，家庭总人口并未对用电量有显著影响。但 65 岁及以上人口对用电量存在显著正向影响，尤其是对阶梯定价下的中高收入人群，这说明年龄较大的用户可能存在更强的节约意识，尤其是对于居住在城市的居民，由于身体等条件的约束，更有可能存在强烈的对居住舒适（如气温调节）的需求，从而带来更强烈的电力需求。此外，65 岁以下成年人口也大多对用电量存在显著正向影响。

住房建筑面积对不同收入人群的用电量产生了不同影响，对于中低收入人群，存在负向影响，而对于中高收入人群，存在正向影响，这与电力消费占居民总消费的比例有关系。中低收入人群的住房消费如果占据自身收入的比例较大，在收入效应的影响下，他们会有意识地减少自己的其他支出，而中高收入人群则不会很在意。卧室数量对用电量有显著正向影响。

2. 电器信息

根据电力需求理论，电力需求是派生需求，因此最终电力需求取决于电器设施。估计结果显示，电器设备对用电量的影响不一，但都与直觉一致。冰箱及冰柜数量对用电量有显著的正向影响，原因在于冰箱或冰柜一旦购买，基本处于开启状态，因此，冰箱及冰柜数量越多，用电量就越大。冬天是否取暖也对用电量有显著影响，对于上海与杭州这样位于南方的城市，一般没有集中供暖设施，如果自行采暖，最常用的取暖方式就是开启空调或电暖气，由此增加电力需求。

而计算机数量、电视数量及空调数量对用电量在不同的情境下影响不一，一般来说，这些电器数量越多，用电量越大。但在某些情境下，这些电器数量对用电量产生负向影响。这可能是由以下原因造成的。首先，这些电器的拥有数量不一定与（同时）使用数量一致，对于某些中低收入人群，可能一家人同时使用或共享一台计算机、电视或空调；其次，这些电器设备存在替代产品，如计算机对电视的替代，对中低收入人群来说，电扇对空调的替代，对于中高收入人群来说，也有可能是中央空调对空调的替代；再次，这可能是由家庭娱乐或休闲方式的差异化造成的，例如，如果不使用计算机，可能使用更为耗电的其他方式；最后，电器设备的数量和质量之间也存在替代，越是新的电器设备其节能功效越好，这也是造成电器数量和电量消费之间关系复杂的原因。

3. 气候信息

气候信息是影响电力需求的重要外部条件。虽然上海和杭州地域相近，但是气候仍有差异。估计结果显示，月平均湿度和月平均日照数对电量使用有正向影响，原因是住户需要使用电器设备对（冬天的）湿度和（夏天的）强日照进行处理。而在杭州与上海的数据中，月最高气温与月平均气温对用电量的影响不一，可能与不同季节的气温特征有关系：冬季用电量可能随着气温的上升而减少，夏季用电量可能随着气温的上升而上升。气温和用电量之间可能呈非线性关系。

二、阶梯定价下的双误差特征分析

本章结合双误差模型，利用杭州或杭州与上海的数据得到关于价格与收入弹性的估计。估计结果显示异质性误差和测量误差都是显著的，证明了本章选择 DCC 模型的正确性。异质性误差的显著性说明，考虑消费者的异质性选择特征非常重要，由于消费者的异质性差异，阶梯下的消费者行为选择存在差异。而测量误差的显著性说明，阶梯定价下消费量聚集在尖点附近，消费者有向尖点处聚集的理性选择行为。

如表 4-9 所示，利用 DCC 模型得到的异质性误差与随机性误差的比例为 2.5～6.5。与此相对照的是，Moffitt（1986）归纳了人们使用双误差模型得到的异质性误差（σ_η）与随机性误差（σ_ε）之间的比例。15 个使用双误差的模型中，异质性误差与随机性误差的比例差异很大，其中有 5 个模型的异质性误差与随机性误差的比例大于 10。除一个比例接近 0 外，其他的误差比例集中于 1.2～9.6。另外，

Pint（1999）、Hewitt 和 Hanemann（1995）、Olmstead 等（2007）、Olmstead（2009）等，使用 DCC 模型的实证研究，两个误差项的比例为 1.2～3.5。

表 4-9　双误差特征分析表

模型	全样本	杭州样本	杭州中低收入样本	杭州中高收入样本
$\sigma_\eta/\sigma_\varepsilon$	3.5566	2.5927	2.50564	6.4402

表 4-9 结果说明，消费者的异质性误差在总误差中占比更大。通过对比不同收入人群的误差比例可以看出，中高收入人群的异质性误差所占比例更大，即中高收入人群内部的电力需求特征差异更大，同时，测量误差占比更小。

第五节　结论及政策建议

利用杭州与上海的居民用电和问卷调查数据，通过将分时阶梯定价转化为纯阶梯定价，本章使用 DCC 模型分析了杭州和上海居民电力消费的需求特征。我们得出的基本结论是，阶梯定价的引入确实会提高价格弹性和收入弹性，说明了价格作为需求管理手段的有效性，同时也在一定程度上验证了将促进节能环保和改善收入分配作为政策目标的合理性。本章为系统评估阶梯定价的实施效果，并为进一步改进阶梯定价的设计与实施提供了有力的支撑。

基于本章的研究结果，提出如下政策建议：

（1）进一步优化阶梯档数和分档电量。本章使用 DCC 模型验证了消费者确实对阶梯的分档有显著反应，并且证明了用户的价格效应和收入效应存在异质性。目前的阶梯电价设计主要将用户按照低收入群体、多数用电用户和少数高消费用户进行划分，尽管这样的设计相对比较简单，但忽略了其他政策目标的考虑，并且没有很好地考虑用户细分的问题，所以有必要根据积累的实施经验，适当增加阶梯档数，优化分档电量。

（2）进一步优化分档电价。本章得出的主要结果是阶梯定价显著增加价格弹性与收入弹性。在目前的阶梯定价设计中，与分档数和分档电量相对应，其三档电价设计主要体现的思想是，最高档电价提供边际价格信号，即等于长期边际成本，最低档电价满足特殊群体基本用电需求，中间档电价满足预算平衡。对于现有的分档电量，我们认为有进一步优化的必要，但与现有文献不同的是，我们认为由于阶梯定价显著增加价格弹性，没必要对价差做太大的调整。

（3）进一步细化分时定价。在很多省（区、市），在实施阶梯定价的同时，还实施了分时定价，但分时定价主要是峰谷定价；而在 2012 年阶梯定价全面实施后，仍有很多省（区、市）没有实施分时阶梯定价。现有文献（张昕竹，2013）和本章的研究都表明，分时定价对于需求管理，特别是削峰填谷具有重要作用，而这种功能无法仅靠阶梯定价来解决，所以有必要在峰谷定价的基础上，进一步细分时段，实行更细分的分时定价。

（4）进一步研究阶梯定价下的需求响应。本章的研究及以往的文献表明，在阶梯定价下，由于非线性定价以及同时实施分时定价的影响，需求分析非常复杂，为此需要深化微观计量分析以及基于加总数据的实证分析，以得到更为可靠的价格效应和收入弹性等实证结果。

第五章 递增阶梯定价政策评价与优化设计：基于充分统计量方法

对阶梯定价进行政策评价与优化设计是规制机构和学术界急需解决的一个重要问题。本章通过求解阶梯定价下福利损失与再分配效应的充分统计量，构建评估与优化阶梯定价的半结构式充分统计量模型。利用从国家电网随机抽取的 2003～2011 年杭州市 5000 户居民的月度电量消费数据，评估样本期内实施与调整阶梯定价的政策效果；在此基础上对最优阶梯定价机制进行优化设计，进一步评价杭州市 2012 年最新阶梯定价调整政策。研究发现：①2004 年与 2006 年杭州市实施与调整阶梯定价的福利损失分配效应转化率由 69.52% 上升到 73.30%，阶梯定价再分配的边际福利损失由 0.44 元下降到 0.36 元，与初次分配的税收边际福利损失相当，阶梯定价的有效期为 2～3 年，说明实施阶梯定价是有效的，且其调整方向正确；②分时阶梯定价分配效应转化率比纯阶梯定价低，嵌入分时定价的阶梯定价不能有效地实现阶梯定价目标，政府应谨慎使用分时阶梯定价方式；③与最优阶梯定价机制相比，2012 年的最新阶梯定价调整方向正确，但第一阶梯长度扩展过多，第二阶梯长度扩展不足，而阶梯加价太小；④较之结构与缩减式模型，充分统计量方法极大节约数据信息量并能进行福利分析，可以广泛应用到政府公共事业的政策评估中。本章的研究为可靠评估与优化我国各类政府公共事业开拓了一条新思路。

第一节 引　言

为了促进节能环保和改善收入分配，许多国家在资源和能源定价领域引入了阶梯定价，这些国家的政策效果表明，设计合理的阶梯定价能够在有效提高资源和能源利用效率的同时，改善社会福利的分配格局，有助于多元政策目标的协调。

尽管阶梯定价政策应用领域不断扩大，但针对定价政策的评价与设计研究仍落后于政策实践的现实需求，特别是阶梯定价固有的定价目标多元性直接影响着定价方式的设计与实施，因而成为这一领域研究的前沿和挑战。大量经典非线性定价文献主要从效率角度对最优（或次优）定价政策进行探讨，却忽略了分配效应或公正性议题（Brown and Sibley，1986；Wilson，1993）。正如 Atkinson 和 Stiglitz（1976）所指出，价格是且仅是资源配置的信号，若用价格手段调节收入分配，必然要付出资源配置效率损失的代价，产生无谓的福利损失。但正如 Cremer 和 Gahvari（2002）所言，与税收相比，如果收入特征信息不完美，某种具有倾向性的定价手段则可揭示某些收入税所不能揭示的额外信息，而比税收手段做得更公正。Hindriks 和 Myles（2006）指出，商品税中的无谓损失就是减少的福利超过筹集到的收入的程度。对应地，阶梯定价的无谓损失即减少的福利超过筹集到的进行收入再分配额度的程度。

国内的阶梯电价研究首先从探讨电价结构设计的原则、标准和影响等方面展开。刘树杰和杨娟（2010）指出电价结构设计遵循的基本原则是"预算平衡约束下的社会福利最大化"。随着阶梯定价数据的逐步丰富，国内阶梯定价政策的评价研究逐步展开。冯永晟（2014）估计了非线性电价组合的价格弹性。马训舟和张世秋（2014）利用成都城市居民的微观数据，分析了累进阶梯式水价结构与政策效果。张昕竹和刘自敏（2015）基于微观家户数据，使用标准的 DCC 模型估计了阶梯电价价格弹性。刘自敏等（2015b）分析了传统的基于家庭收入等级制定阶梯定价的再分配效果，并进一步分析了嵌入分时定价的影响。孙传旺（2014）分析了阶梯定价对效率与公平双重目标实现的影响。伍亚和张立（2015）分析了阶梯定价对居民节能意愿与效果的影响。冯永晟和王俊杰（2016）则直接针对是否应在阶梯电价之后引入分时电价的问题给出了否定的答案。

Chetty（2009）指出，政策评估的第三条道路是使用充分统计量，Fisher（1922）首先在数理统计学领域提出此概念，它是对原样本的简化且同时包含了样本关于参数进行统计推断的所有信息。充分统计量是一种将理论与数据结合起来的现代方法，可以很好地将结构模型与缩减模型联系起来，结构模型经常用来做福利分析，但对其估计需要诸多高维的参数，而这些参数在最后的分析中并不会对福利产生影响。使用充分统计量，福利分析就演变为一组高维的充分统计量的估计，而无须研究者去识别结构模型中的暗含参数，这就极大地节约了数据信息并成为（部分）数据缺失下政策评价的可行途径。对充分统计量进行识别时，采用缩减模型则显得非常有意义，因为它的假设设定很少、极具透明性，但纯粹的缩减模型无法进行福利分析。所以充分统计量实际是带有福利分析的缩减式估计，并且，Chetty 和 Finkelstein（2013）指出，充分统计量可用于某项政策的最优设计中。

越来越多的研究逐步使用充分统计量方法来寻求最优政策及进行政策评价（Chetty et al.，2013）。充分统计量已经广泛应用到公共经济学与福利经济学这些政策性较强的研究中，主要包括收入税（Feldstein，1999；Saez，2001）、社会保险（Shimer and Werning，2007；Einav and Finkelstein，2011；赵绍阳等，2015）、行为模型（Liebman and Zeckhauser，2004；Dellavigna，2009）等，并逐步拓展到宏观经济学（Shimer，2009）、劳动经济学（Lee and Saez，2007）、发展经济学（Chetty and Looney，2006）以及产业组织（Weyl，2016）领域。

当前充分统计量在阶梯定价领域的应用尚未出现，但 Borenstein（2009）认为，消费者在阶梯定价下的最优选择问题与劳动力市场中递增边际税率下最优劳动供给选择是类似的（Hausman，1981，1983；Saez，2010）。Klaiber 和 Smith（2009）指出，基于缩减式的充分统计量可以为衡量本地公共品的价值提供良好的福利测量工具。张昕竹等（2016）通过构建一个基于宏观数据的加总 DCC 模型，分析了阶梯定价下的消费价格弹性，其中隐含使用了充分统计量的方法。

本章旨在基于我国实施的阶梯电价结构求解出阶梯定价政策评估的充分统计量。利用 2003~2011 年杭州市 5000 份居民家庭用电的大样本微观数据，实证评估杭州市两次阶梯定价调整的政策效果，并在此基础上基于充分统计量对最优阶梯定价机制进行设计。

本章后续内容安排如下：第二节从理论角度给出阶梯定价下阶梯定价政策评价的充分统计量；第三节对本章数据期内的定价场景与数据进行描述；第四节基于本章使用的微观数据，实证估计充分统计量的数值，并对不同定价场景间转换的政策效果进行评价；第五节对最优阶梯定价进行机制设计；第六节总结研究结论，并提出政策建议。

第二节　理论分析：阶梯定价政策评价的充分统计量

阶梯定价设计中，一共有五类参数需要确定，包括阶梯数量、阶梯长度、阶梯价格、接入费及免费用量。根据国家发改委 2011 年发布的《关于居民生活用电试行阶梯电价的指导意见》，当前我国现实的阶梯定价机制设计为，阶梯数既定为 3 个阶梯，固定接入费为 0，免费电量为 0[①]。在补偿成本与公平负担结合的原则下，以各地的统一定价为基准，一档电价维持为原有统一定价，而二、三档电价在此基础上进行加成[②]。因此，本节将基于此现实场景，推导出阶梯定价为实现收入再分配而需要付出的福利损失，并确定阶梯定价评价的充分统计量。

[①] 对于某类特殊人群，如城乡"低保户"和农村"五保户"，各省设置了 10 度或者 15 度的免费用电基数，但此类人群占总人数比例极小。

[②]《关于居民生活用电试行阶梯电价的指导意见》的电价设计原则为一档维持较低水平，二档弥补电力成本，三档补偿环境成本且控制在二档电价的 1.5 倍左右。但同时也提出了起步阶段的指导性方案，即一档维持较低水平，二档加价不低于 0.05 元，三档加价不低于 0.3 元。从我国各省（区、市）的实践来看，基本均是遵循的最低加价。

一、福利损失的充分统计量

借鉴 Harberger(1964)、Feldstein(1999)、Feldstein 和 Feenberg(1996)、Chetty(2009),我们可将二、三阶梯上的价格加成视作在原统一定价基础上的一种"税收"[①]。公共经济学研究表明,消费税会减少个体对商品的需求,还可能会扭曲个体的消费行为。我们将分析在统一定价基础上通过对不同消费数量的"征税"加价后,阶梯定价将会导致的福利损失将如何测度。

不失一般性,我们首先集中考察一个有两个阶梯的两级阶梯定价。假定电力消费者面对某个两级阶梯定价 $(p,t;q_1)$[②],其定价结构为

$$P_I = \begin{cases} p, & q \leq q_1 \\ p+t, & q > q_1 \end{cases}, t > 0 \tag{5-1}$$

其中,$q_1 \geq 0$,$p \geq c$,c 为边际供给成本。一个代表性消费者的资源禀赋为 Z,设定消费者消费的总电量为 x,其中位于第二阶梯上的电量为 $x_1 = x - q_1$;同时消费者消费的其他商品集为 y,其价格已经标准化为 1。对于生产者而言,生产 x 单位电量要求投入 $c(x)$ 单位的成本,$c(x)$ 是一个弱凸函数。第二阶梯的价格加价为 t。原统一定价即第一阶梯电价为 p,统一价格可由政府设定或由市场均衡内生决定。这与我国的实际情况相符合,各地的第一阶梯价格(原统一定价)存在差异,与各地的经济生活水平相关,但各地的阶梯加价却几乎完全一致。阶梯电价下的定价结构与消费者电量选择如图 5-1 所示。

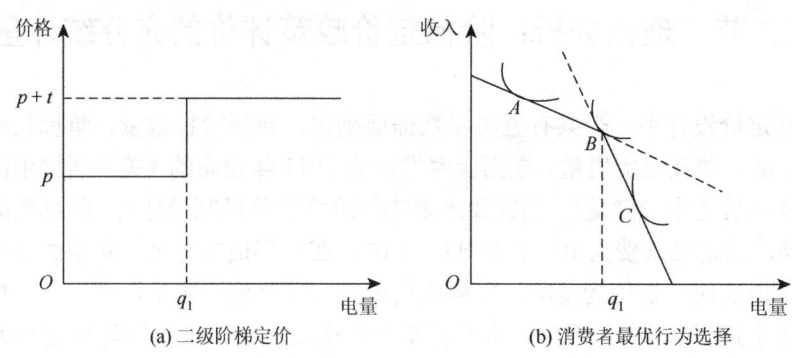

图 5-1 阶梯定价结构与消费者电量选择

图 5-1(a)为一个典型的二级阶梯定价,第一阶梯价格为 p,阶梯长度为 q_1;

[①] 事实上,即使第一阶梯上的价格不等于原统一定价,此假设依然成立。极端地,即使阶梯定价下的第一阶梯价格低于原统一定价,仍然可视作一种负的税收(即补贴)。在经济生活中,大量的额外征收(或馈赠)均可被视作征税(或补贴),如 Huang 和 Zhou(2015)将计划生育的超生罚款视作一种征税。

[②] 这是一种最简单的阶梯定价设定,可以使用更多阶梯的形式,但并不影响研究结论。

阶梯加价为 t，由此第二阶梯价格为 $p+t$。图 5-1（b）为阶梯定价结构下消费者的最优行为选择，无差异曲线与消费者的预算约束线（折线 ABC）相切的点，即消费者的选择点，它可能在第一阶梯内部（点 A）、第二阶梯内部（点 C），也可能在阶梯跳跃处（点 B）。

为了简化表达，我们设定效用函数是拟线性的，消费者在资源禀赋约束 $px+tx_1+y=Z$ 下最大化其总体效用 $u(x)+y$，其中 $u(x)$ 是拟凹的。同样，阶梯定价下的生产者利润可以表示为原统一定价下生产者在新消费量处的利润与阶梯加价带来的新增收入总和。生产者利润为 $px-c(x)+tx_1$。设定 $p(t)$ 代表市场均衡价格的向量，它是阶梯价格 t 的函数。由 Chetty（2009）的分析，社会福利可以写作消费者效用、原统一定价下生产者在新消费量处利润以及阶梯加价新增收入的加总，具体如式（5-2）所示：

$$W(t)=\max_x[u(x)+Z-tx_1-p(t)x]+\max_x[p(t)x-c(x)]+tx_1 \\ =\max_x[u(x)+Z-tx_1-c(x)]+tx_1 \tag{5-2}$$

设 $V(t)=\max_x[u(x)+Z-tx_1-c(x)]$ 为最大值函数，目标函数为 $f(x,t)=u(x)+Z-tx_1-c(x)$，直接由包络定理，可得

$$\frac{dW(t)}{dt}=\frac{dV(t)}{dt}+d(tx_1)=\frac{df}{dt}\Big|_{x=x^*}+d(tx_1) \\ =-x_1+x_1+t\frac{dx_1}{dt}=t\frac{dx_1}{dt} \tag{5-3}$$

其中，x^* 为目标函数取最大值时 x 的取值，$x^*=x^*(t)$，即阶梯加价 t 对最大值函数 $V(t)$ 的影响，等于直接对目标函数 $f(x,t)$ 求偏导，并在最优解 x^* 处取值。式（5-3）表明，无须求解阶梯定价下的供给与需求曲线以及均衡解的特征，阶梯加价 t 对均衡状态下第二阶梯消费数量 x_1 的影响 dx_1/dt 就是衡量阶梯价格改变导致效率成本的充分统计量。由此，$N(N>1)$ 个阶梯下 $dW(t)/dt$ 的一般表达为

$$\frac{dW(t)}{dt}=\begin{cases}\dfrac{dW(t_1)}{dt_1}=t_1\dfrac{dx_1}{dt_1}, & x_1\in[q_1,q_2] \\[2mm] \dfrac{dW(t_1+t_2)}{d(t_1+t_2)}=(t_1+t_2)\dfrac{dx_2}{d(t_1+t_2)}, & x_2\in(q_2,q_3] \\[2mm] \vdots \\[2mm] \dfrac{dW\left(\sum_{i=1}^{N-1}t_i\right)}{d\left(\sum_{i=1}^{N-1}t_i\right)}=\left(\sum_{i=1}^{N-1}t_i\right)\dfrac{dx_{N-1}}{d\left(\sum_{i=1}^{N-1}t_i\right)}, & x_{N-1}\in(q_{N-1},q_N]\end{cases} \tag{5-4}$$

其中，点 q_{N-1} 与 q_N 是第 $N-1$ 级阶梯的左右断点；x_N 是最高阶梯 N 上的电量，$t = \{t_1, t_2, \cdots, t_{N-1}\}$ 为 N 级阶梯定价中每级阶梯上的阶梯加价集。通过估计不同 t 值下的 $\mathrm{d}x(t)/\mathrm{d}t$，我们可以计算出任何可能的阶梯加价改变下的福利后果，通过积分式（5-4），可得 N 级阶梯下价格变化导致的福利变化为

$$\Delta W = W(b) - W(a) = \begin{cases} \int_{a_1}^{b_1} t_1 \dfrac{\mathrm{d}x_1}{\mathrm{d}t_1} \mathrm{d}t_1, & x_1 \in [q_1, q_2] \\ \int_{a_1+a_2}^{b_1+b_2} (t_1+t_2) \dfrac{\mathrm{d}x_2}{\mathrm{d}(t_1+t_2)} \mathrm{d}(t_1+t_2), & x_2 \in (q_2, q_3] \\ \vdots \\ \int_{\sum_{i=1}^{N-1} a_i}^{\sum_{i=1}^{N-1} b_i} \left(\sum_{i=1}^{N-1} t_i\right) \dfrac{\mathrm{d}x_{N-1}}{\mathrm{d}\left(\sum_{i=1}^{N-1} t_i\right)} \mathrm{d}\left(\sum_{i=1}^{N-1} t_i\right), & x_{N-1} \in (q_{N-1}, q_N] \end{cases} \quad (5\text{-}5)$$

其中，$a = \{a_1, a_2, \cdots, a_{N-1}\}$，$b = \{b_1, b_2, \cdots, b_{N-1}\}$，为两个 N 级阶梯定价中（自第二阶梯起）每级阶梯上的阶梯加价集。与 Deaton 和 Muellbauer（1980）、Hausman 和 Newey（1995）等使用结构计量模型估计福利变化的方法相比，式（5-5）所使用充分统计量的优势在于，无须识别与估计供给与需求曲线系统，即可直接估计福利变化 ΔW。并且，在多级阶梯定价下，福利损失充分统计量方法的另一优势是，它甚至无须知道每级阶梯的阶梯加价 t_i，而只需知道最高阶梯相对于第一阶梯的总阶梯加价 $\sum_{i=1}^{N} t_i$。这使得我们在数据或信息不足导致供给与需求系统难以估计的情况下进行政策评价成为可能；进一步地，为规制者提供了一个在信息不对称（缺失或获取成本高）条件下进行最优机制设计的途径，而这样的信息结构是现实中经常遇到的。Chetty 和 Saez（2010）、Just（2011）及 Chetty 和 Finkelstein（2013）对充分统计量模型的稳健性进行了检验。

二、从福利损失到再分配效应：阶梯定价的政策评价

一般来说，在税收中，税率更大的累进性意味着更多的无谓损失。张昕竹（2011）指出，阶梯定价实质上是一种累进税。在阶梯定价下，更高的阶梯加价也意味着更多的福利损失。因此，单纯通过福利损失的绝对量大小来评价阶梯定价政策并无实际意义，与评价非线性税收结构类似（Stiglitz，2000），应结合阶梯定价的其他政策目标来对其进行分析。

我们对我国实施的三级阶梯定价导致的福利变化进行分析，图 5-2 给出了典

型的三级阶梯定价结构，其中图 5-2（a）是位于第二阶梯上的消费者的福利变化图；图 5-2（b）是位于第三阶梯上的消费者的福利变化图。其中 AB 是补偿需求曲线，p 是第一阶梯上的价格，t_1 与 t_2 分别是第二、三阶梯上相对于第一阶梯的加价。图 5-2 给出了式（5-4）与式（5-5）的直观解释，例如，当消费者处于第一阶梯时，福利变化为 0；当消费者处于第二阶梯时，由阶梯价格上升 t_1 导致的用电量变化是 $\dfrac{\mathrm{d}x_1}{\mathrm{d}t_1}$，由 Harberger（1964）的分析可知，此时的无谓损失（即哈伯格三角形面积）为 $S_{ABC}=\int_0^{t_1} t_1 \dfrac{\mathrm{d}x_1}{\mathrm{d}t_1}\mathrm{d}t_1$，而当消费者处于第三阶梯时，此时的无谓损失是 $S_{ACE}=\int_0^{t_2} t_2 \dfrac{\mathrm{d}x_2}{\mathrm{d}t_2}\mathrm{d}t_2$。

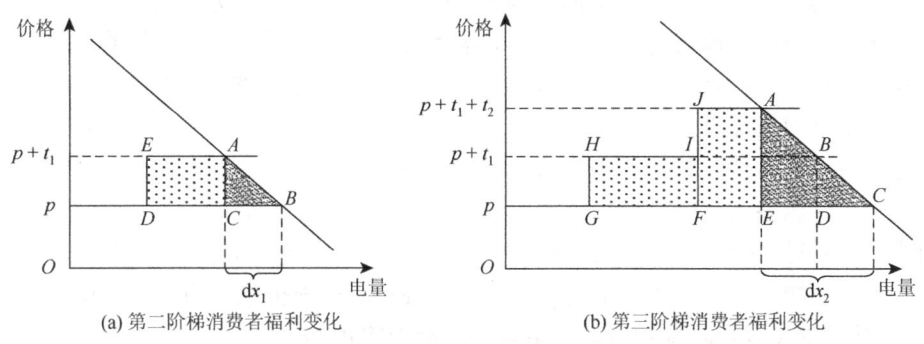

(a) 第二阶梯消费者福利变化　　(b) 第三阶梯消费者福利变化

图 5-2　阶梯定价导致的无谓损失与分配效应

那么，既然阶梯定价进行阶梯加价会带来福利损失，那么为何基于福利最大化的政策制定者还要采用此种定价策略呢？由阶梯定价的政策目标可知，采用阶梯定价是为了同时实现效率、公平及节能等多个目标。因此，相对于统一定价，阶梯定价的效率损失在某种程度上是为了实现公平的一种选择，即福利损失是为了实现阶梯电费在不同收入（或不同电量用户）间的再分配，实现收入的二次分配；并伴随着阶梯定价，实现能源节约。我们可以通过衡量阶梯定价引致的福利损失转化为的收入分配效应额，来对阶梯定价进行政策评价[①]。

因为我们假设阶梯定价的第一阶梯与原统一定价相同，所以消费者位于第一

---

① 类似的思路如在税收政策中，Ray（1986a，1986b）用商品税与支出之比评价了税收制度，并探索了具备最优再分配特征的税收结构。通过充分统计量分析政府补贴的最优持续期问题，补贴带来道德风险成本与消费下降两个问题，利用消费者剩余与道德风险成本之比来评估政府补贴的最优性。具体到能源政策评价领域，Freund 和 Wallich（1997）将福利损失率表示为消费者剩余在居民消费性支出中所占的比例，林伯强和蒋竺均（2012）通过衡量无谓损失在总电费支出中的比例来评价电价补贴政策的效果。

阶梯时无无谓损失，此时也不存在再分配效应。图 5-2（a）中，消费者处于第二阶梯，无谓损失为 S_{ABC}，而再分配效应为 S_{ACDE}。图 5-2（b）中，消费者处于第三阶梯，无谓损失为 S_{ACE}，而再分配效应为 $S_{FGHI}+S_{AEFJ}$。

一般化地，基于充分统计量方法，我们得出 N 级阶梯定价的福利损失分配效应转化率 R_N 为

$$R_N = \frac{\Delta F_N}{\Delta F_N + \Delta W_N} = \frac{\sum_{i=1}^{N-1}(b_i - a_i)x_i}{\sum_{i=1}^{N-1}(b_i - a_i)x_i + \int_{\sum_{i=1}^{N-1}a_i}^{\sum_{i=1}^{N-1}b_i}\left(\sum_{i=1}^{N-1}t_i\right)\frac{\mathrm{d}x_{N-1}}{\mathrm{d}\left(\sum_{i=1}^{N-1}t_i\right)}\mathrm{d}\left(\sum_{i=1}^{N-1}t_i\right)} \quad (5\text{-}6)$$

式（5-6）测度了阶梯定价引致的总福利变化中有效转化为再分配目标的程度。其中，ΔF_N 是不同阶梯定价下的收入再分配效应额，它等于第 $i(i>1)$ 级阶梯上的消费者由单位电价的增加（即存在阶梯加价）而导致的电费增加总额[①]。而 ΔW_N 即阶梯加价导致的无谓损失。$a=\{a_1,a_2,\cdots,a_{N-1}\}$，$b=\{b_1,b_2,\cdots,b_{N-1}\}$，为阶梯定价变化前后两个 N 级阶梯定价中每级阶梯上的阶梯加价集，如图 5-2（b）所示，当由统一定价调整为三级阶梯定价时，$a=\{0,0\}$，$b=\{t_1,t_2\}$。因此，由式（5-6），当我们需要对由统一定价转向阶梯定价[②]或不同阶梯定价间进行政策评价时，我们甚至不需要知道原来的统一定价 p，只需要使用三个充分统计量参数，即阶梯加价 t、用电量 x 以及阶梯加价对用电量的边际影响 $\mathrm{d}x/\mathrm{d}t$[③]。

类似地，我们还提出阶梯定价政策的另一种充分统计量评估的表达，如式（5-7）所示，具体分析见附录 D。

$$R_N = \frac{\Delta F_N}{\Delta F_N + \Delta W_N} = \frac{\sum_{i=1}^{N-1}(b_i - a_i)x_i}{\sum_{i=1}^{N-1}(b_i - a_i)x_i + x_{N-1}\int_{\sum_{i=1}^{N-1}a_i}^{\sum_{i=1}^{N-1}b_i}\varepsilon_{N-1}\mathrm{d}\left(\sum_{i=1}^{N-1}t_i\right)} \quad (5\text{-}7)$$

式（5-7）给出了利用弹性刻画的阶梯定价福利损失分配效应转化率。此时，阶梯加价 t、用电量 x 及最高阶梯用电量 x_{N-1} 对阶梯总加价 $\sum_{i=1}^{N-1}t_i$ 的弹性 ε_{N-1} 作为充分统

---

① 若第一阶梯的价格也有变化，此时的再分配效应额为 $\sum(\Delta F_2 - \Delta F_1)+\cdots+(\Delta F_N - \Delta F_1)$。
② 统一定价可以视作阶梯加价为 0 的阶梯定价形式。
③ 类似地，我们还可以得出阶梯定价政策的另一种充分统计量评估的表达，阶梯加价 t、用电量 x 以及阶梯内用电量对阶梯加价的弹性 ε_i 作为充分统计量来对阶梯定价政策进行评价。

计量来对阶梯定价政策进行评价。注意此时 $\varepsilon_{N-1} = \dfrac{\mathrm{d}x_{N-1}/x_{N-1}}{\mathrm{d}\left(\sum_{i=1}^{N-1}t_i\right)/\left(\sum_{i=1}^{N-1}t_i\right)}$ 是最高阶梯上的用电量对阶梯总加价的弹性，与用电量对价格的弹性 $\varepsilon(p) = \dfrac{\mathrm{d}q/q}{\mathrm{d}p/p}$ 有区别，但可以转换：$\varepsilon_{N-1} = \varepsilon(p)\dfrac{q\left(\sum_{i=1}^{N-1}t_i\right)}{px_{N-1}}$。因此，更一般的价格弹性也可以作为阶梯定价政策评估的充分统计量。

基于对阶梯定价下福利变化的充分统计量的理论求解，结合我国阶梯定价的实践，以下部分我们将使用家庭用电的月度微观数据，从社会总福利的视角，分析不同定价形式及水平下的福利变化，并对我国最优阶梯定价设计进行积极的探索。

第三节 数据来源与定价场景说明

我国从 2004 年 8 月开始试点居民用电阶梯定价，到 2012 年 7 月全国推广实施的 8 年间，各级相关部门对边际价格、阶梯长度、阶梯数等结构参数进行了多次调整。同时，考虑到供给侧"削峰填谷"、提高机组利用效率等目标，不少省（区、市）探索实施了阶梯电价和分时电价的混合形式。实际上，从 1980 年开始，我国电力行业就开始了试点分时电价，到 2002 年已经在全国实行分时电价。

浙江省是我国最早嵌套使用阶梯电价和峰谷电价的省份。浙江省于 2001 年开始试点居民峰谷电价，在 2004 年又开始参与试点阶梯电价。在试点方案中提出提供纯粹的三级阶梯定价与三级阶梯加分时定价供居民选择。本章所用的微观数据及其所处的微观电价定价场景，如表 5-1 所示。

表 5-1 杭州居民用电阶梯价格表

杭州场景	时间	定价方式	第一档	第二档	第三档
场景一	2001 年 9 月～2004 年 7 月	纯统一定价/元	0.53		
		分时统一定价/元	0.56/0.28		
场景二	2004 年 8 月～2006 年 6 月	电量/(kW·h)	[0, 50]	(50, 200]	(200, +∞)
		高峰/低谷分时阶梯定价/元	0.56/0.28	0.59/0.31	0.66/0.38
		纯阶梯定价/元	0.53	0.56	0.63
场景三	2006 年 7 月～2012 年 6 月	电量/(kW·h)	[0, 50]	(50, 200]	(200, +∞)
		高峰/低谷分时阶梯定价/元	0.568/0.288	0.598/0.318	0.668/0.388
		纯阶梯定价/元	0.538	0.568	0.638

注：①分时定价中峰时为 8：00～20：00，谷时为 20：00～次日 8：00；②阶梯电量是指峰谷合计的总电量。

从表 5-1 中可以看出，数据期内杭州市进行的两次电价结构调整中，均包含纯阶梯定价与分时阶梯定价两种定价方式，并在 2004 年实现了从统一定价向阶梯定价的转化，定价规则为第一档价格保持不变，第二、三档分别增加 0.03 元、0.1 元，2006 年只进行了简单的价格水平调整，即每一档单价加价 0.008 元，阶梯长度保持不变[①]。

本章使用的数据来源于国家电网及项目组的联合抽样调查，微观数据的调查与获取流程如下：首先国家电网从阶梯电价试点城市中选择了杭州市，在此基础上在国家电网用户数据库中随机抽取杭州市 5000 户用电家庭样本，家庭用电信息为 2003~2011 年的月度数据。相对于其他微观调查数据，本调查的电力消费量数据直接来源于国家电网数据库，电力消费数据的真实性与可靠性更高。同时严格遵循随机抽样，选出的抽样家庭样本量大且具有代表性，同时是国内目前最为完整的相关数据，且与国外同类研究相比达到甚至超过类似研究的样本量（Hausman et al.，1979；Hajispyrou et al.，2002；Olmstead et al.，2007；You and Lim，2013）。

但同时，该样本数据也存在家庭经济社会特征缺失，导致难以寻找有效控制变量进行家庭特征刻画等问题，此时我们无论是使用结构模型还是缩减模型，均会因为无控制变量而无法开展相应的需求与供给曲线的估计。这使得传统回归分析方法在进行阶梯定价政策评价时遇到困难。一方面，我们将匹配对应的城市统计年鉴来进行补充分析；另一方面，本章理论部分引入的充分统计量方法极大地规避了家庭特征缺失等问题，使用充分统计量模型则无须知道这些控制变量的信息（这些控制变量可能会影响总福利在生产者与消费者之间的分配，但不影响福利的总额）。三种场景下居民用电的描述性分析如表 5-2 所示。

表 5-2 三种场景下居民用电的描述性分析

场景 1	指标	无阶梯
所有	用户数	5000
	平均电量/(kW·h)	152.082
	平均电价/元	0.499
其中：峰谷定价	平均峰时电量/(kW·h)	92.003
	平均谷时电量/(kW·h)	77.687
	平均峰时电价/元	0.56
	平均谷时电价/元	0.28

① 2012 年同时调整了价格与阶梯长度：第一、二、三档价格增加额依次为 0、0.02 元和 0.2 元，计量时长由月度改为年度，且显著增加第一、二、三阶梯数量档（折算成月电量第一、二档分别为 230kW·h 与 400kW·h）。但本章的数据期未到 2012 年。

续表

场景2	指标	阶梯1	阶梯2	阶梯3
所有	用户数占比/%	8.26	44.17	47.57
	平均电量/(kW·h)	28.334	129.006	430.748
	平均电价/元	0.523	0.514	0.55
其中：峰谷定价	平均峰时电量/(kW·h)	16.758	72.042	186.681
	平均谷时电量/(kW·h)	11.439	70.64	163.185
	平均峰时电价/元	0.56	0.579	0.599
	平均谷时电价/元	0.28	0.299	0.32
场景3	指标	阶梯1	阶梯2	阶梯3
所有	用户数占比/%	5.72	36.97	57.31
	平均电量/(kW·h)	24.980	134.104	428.466
	平均电价/元	0.529	0.506	0.538
其中：峰谷定价	平均峰时电量/(kW·h)	16.075	74.323	196.785
	平均谷时电量/(kW·h)	10.513	70.942	170.069
	平均峰时电价/元	0.568	0.587	0.609
	平均谷时电价/元	0.288	0.307	0.330

由表 5-2 的描述性统计分析可知，在不同定价场景下，居民电力消费差距巨大。从场景 1 到场景 2，平均电价上升，但居民的电力消费量反而增加，这可能是由价格因素与非价格因素（如收入增加、家庭电器设备调整等）共同影响的结果，同时，谷时电量较峰时电量有更大增加。从场景 2 到场景 3，虽然阶梯定价的边际价格有所上升，但由于消费者在峰谷间电量消费比例的变化，即使电力消费量逐步上升，平均电价也反而有所下降，阶梯定价下的电力使用量与分时定价下的峰谷用量比共同影响了消费者的电力使用选择。

第四节 实证分析：不同定价场景的政策评价

基于式（5-6），本节将对评估杭州市阶梯定价政策的充分统计量值进行实证估计。由式（5-6）或式（5-7）可知，基于表 5-1 公开的阶梯定价政策与国家电网数据，阶梯加价 t、用电量 x 已知，当前实证的关键是估计阶梯加价对用电量的边际影响 $\mathrm{d}x/\mathrm{d}t$ 或用电量对阶梯加价的弹性 ε。

根据杭州市的定价结构变化，我们将可以从以下几个方面来分析阶梯定价的变化对福利的影响，并比较不同场景下的阶梯定价优劣：①分析由统一定价向阶梯定价转换时的福利变化与再分配效应，并由此评估 2004 年 7 月的阶梯定价实施政策；②分析不同阶梯定价间的福利变化与再分配效应，并由此评估 2006 年 6 月的阶梯定价调整政策；③比较纯阶梯定价与分时阶梯定价两类阶梯定价政策的福利变化与再分配效应，并评估比较其政策效果。

一、充分统计量的估计

由表 5-2 可知，随着价格的增加，居民用电量并未按照传统的需求法则逐步下降，这是由于居民用电受到包括气候、收入、电器等诸多非价格因素及电价的综合影响。在阶梯定价下，无论是哪种因素，由于加价的影响，均会由用电量的变化而引起电费增加，从而带来收入再分配效应。

正如图 5-3 中分析所示，由电价调整带来的收入再分配效应而引致的福利损失即哈伯格三角形面积。同样，由气候、收入等非价格因素引致的再分配效应同样需要付出一定的福利损失代价，比如由气温上升导致用电增加而产生的温室效应，由电器使用量增加而导致的环境破坏（如氟利昂对臭氧层的破坏等）。限于本章的数据及篇幅，一方面我们无法分析由非价格因素而带来的福利损失代价；另一方面，我们需要分离出由电价调整所带来的再分配效应额，由此我们需要分离出仅由电价调整所带来的电量变化，如图 5-3 所示。

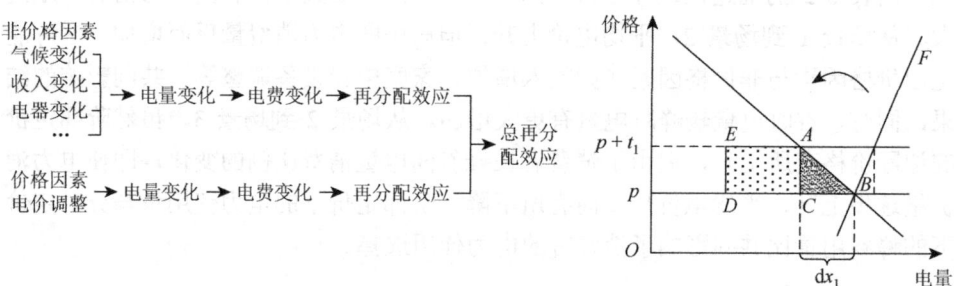

图 5-3　由价格调整引致的再分配效应测算图

有多种方式可以分析仅由电价调整而导致的电量变化。一是进行反事实分析，利用结构模型进行分析，模拟出消费者在仅进行价格调整后的新居民用电量，从而准确估计出价格引致的电量变化；或是借用已有中国居民用电研究中的价格弹性，利用价格弹性估计出社会经济特征不变时消费者在新价格下的用电量。二是基于缩减式的（准）实验政策评估方法，利用随机分组方法比较社会经济特征类似的消费者在不同定价政策下的消费量。另外，可以利用不同场景下的数据，在控制其他社会经济变量（气候、收入、电器等）的情况下，分离出价格变化对消费量变化的影响，我国大多数省（区、市）的阶梯定价是在原有统一定价下的加价，q_1 与 p_1 都没有变化，因此对于边际价格 p，有 $\dfrac{\mathrm{d}q}{\mathrm{d}p} = \dfrac{\mathrm{d}(q_1+x)}{\mathrm{d}(p_1+t)} = \dfrac{\mathrm{d}x}{\mathrm{d}t}$。在此基础上，我们就可以利用充分统计量方法估计出阶梯定价的政策效果。

本章的基础数据仅有杭州市 5000 户居民的准确用电信息，因此无法分离估计价格对电量的影响 $\mathrm{d}x/\mathrm{d}t$，但同时，由于数据样本量较大且采用随机抽取的获取方法，样本数据分布特征与总体数据分布特征具有一致性。OECD（2010）对 12 个国家 45 个城市的问卷研究表明，人均能源消费与收入等级基本一致，电力消费量随着收入的增加而增加。林伯强和蒋竺均（2012）的研究也表明，我国居民生活人均用电和人均收入成正比，因此可以将居民收入作为衡量居民价格承受能力的标准。因此，我们基于公开的《杭州统计年鉴》（2004~2012 年）、《中国气象年鉴》（2004~2012 年），获取不同收入等级（共 7 级）的居民收入、分月气候变量以及不同收入等级下的家庭人口特征、电器设备拥有量等特征。将不同等级下的收入、人口及家电持有数据与不同等级下的电量相匹配，构造缩减式方程以估计 $\mathrm{d}x/\mathrm{d}t$，估计式如式（5-8）所示：

$$q_{it} = \alpha p_{it} + \gamma y_{it} + Z_{it}\delta + \eta_t + \varepsilon_{it} \qquad (5\text{-}8)$$

其中，q_{it} 为居民 i 在时间（一个月内）t 所消费的电量；p_{it} 为居民 i 在时间 t 消费电量的平均价格；y_{it} 为居民 i 在时间 t 的收入；Z_{it} 为其他控制变量（包括家庭人口、电器数量、气候信息等）；η_t 为时间固定效应，由于数据缺乏地理位置信息，未能控制区域固定效应；ε_{it} 为残差项。

将杭州市居民 2003~2011 年数据按收入分组为 7 个等级家庭，并对社会经济特征及气候变量做描述性统计分析，如表 5-3 所示。

表 5-3　杭州市居民社会经济特征的描述性分析

	变量	平均值	标准差	最小值	最大值
家庭信息	家庭总人口/人	2.76	0.20	2.43	3.14
收入信息	可支配收入/元	23433.46	17037.68	4689.00	77981.00
电器信息	洗衣机数量/个	92.69	7.13	73.77	104.80
	电冰箱数量/个	98.95	4.51	84.91	106.76
	彩色电视机数量/个	178.51	21.60	132.81	213.89
	家用计算机数量/个	75.10	27.21	15.53	125.16
	组合音响数量/个	33.50	11.72	13.38	58.48
	空调器数量/个	164.01	54.11	48.25	261.79
	淋浴热水器数量/个	94.52	15.89	49.07	123.02

续表

变量		平均值	标准差	最小值	最大值
气候信息	平均气压/hPa	1010.94	8.39	988.20	1024.00
	平均气温/℃	17.88	8.63	3.10	30.90
	最高气温/℃	29.85	7.63	12.20	39.70
	最低气温/℃	8.91	9.49	−5.70	23.90
	总降水量/mm	103.30	66.53	2.00	361.00
	总日照数/h	137.28	49.41	56.30	286.40
	相对湿度/%	70.46	5.53	59.00	81.00

注：1hPa = 100Pa。

Liebman 和 Zeckhauser（2004）指出，在复杂定价下，消费者一般对平均价格做出反应，Ito（2014）的实证检验支持了这一结论，Fell 等（2014）直接基于消费者对平均价格做出反应的假设，使用广义矩估计法对弹性进行估计。因此在式（5-9）中我们将平均价格引入回归方程，一方面可以烫平消费者价格的突变，从而绕开阶梯定价中复杂的尖点识别问题，避免出现尖点附近消费点边际价格的错误设定；另一方面基于消费者真实感知与反应的价格变量，政策评估效果更接近现实，而直接估计边际价格对消费量影响的分析将可能与实际不符（Allcott and Kessler, 2015）。因此，对于式（5-9）的分析，我们引入的消费者价格反应变量是平均价格，当然，平均价格的变化也是由阶梯定价边际价格的变化而引致的变化。

由式（5-1）可知，在阶梯定价下，阶梯选择（阶梯价格）和用电量同时被决定，因此可知，模型（5-9）的估计存在内生性问题。为此，我们用 IV 法估计阶梯电价下的需求特征。针对该问题有两种解决思路，在第一章第四节中详细介绍过，本章采用第二种思路，即像 Olmstead（2009）那样，将各个阶梯上的边际价格作为观测到的边际（或平均）价格的 IV。

因此，我们将平均价格 $\bar{p}$ 用于式（5-9）的回归方程，并使用阶梯边际价格作为实际平均价格的 IV。一方面，平均价格由边际价格和消费者决定，具有相关性；另一方面，对用户而言，阶梯定价近乎外生，居民几乎无法确定阶梯定价的规则，全国所有省（区、市）的阶梯定价均是参照国家发改委的指导意见，国家发改委在全国层面上给出一个具体的阶梯加价的指导价格，同时各省（区、市）将此价格作为本省（区、市）制定阶梯价格的重要依据。因此，虽然国家的加价肯定是考虑了全国层面上居民的经济状况与电器拥有情况等因素，但具体到杭州这一市级层面，两者之间的关联性已经很弱了，全国或省级等更高层的政策或决定对于基层某一区域居民 d 的影响可以视作相对外生。边际价格只能通过平均价格这一通道去影响消费量，满足外生性。

需要注意的是，在平均价格下，此时的 $\dfrac{dq}{d\bar{p}}$ 与 $\dfrac{dq}{dp}$ 及 $\dfrac{dx}{dt}$ 之间的关系需要转换。$\dfrac{dq}{d\bar{p}}$ 与 $\dfrac{dx}{dt}$ 的关系为 $\dfrac{dq}{d\bar{p}} = \dfrac{dq}{d\left(p_1 + \dfrac{\sum_{i=1}^{n} t_{i-1}(q_{i+1}-q_i) + t_i(q-q_i)}{q}\right)} = \dfrac{q}{q-q_i}\dfrac{dx}{dt_i}$，$q \in (q_i, q_{i+1})$。

附录 E 给出了两者之间关系分析的简要说明。

由此，得

$$\frac{dx}{dt_i} = \left(1 - \frac{q_i}{q}\right)\frac{dq}{d\bar{p}}, \quad q \in (q_i, q_{i+1}] \tag{5-9}$$

式（5-9）刻画了阶梯加价对电量的反应与平均价格对电量的反应之间的关系。同时可以看出，式（5-9）的另一优势在于可以计算每一个消费者的 $\dfrac{dx}{dt}$ 充分统计量，而直接利用边际价格求出 $\dfrac{dq}{dp}$ 只能得到代表性消费者的 $\dfrac{dx}{dt}$ 充分统计量。

二、不同定价场景的政策评价

（一）实施阶梯定价的政策评价

在数据期内，杭州市的阶梯定价政策进行了两次调整。2004 年 7 月杭州市实施了阶梯定价政策，居民用电由统一定价转向阶梯定价，同时引入分时定价，居民自由选择使用纯阶梯定价或分时阶梯定价；2006 年 6 月杭州市对阶梯定价进行了调整，主要体现在阶梯价格上，而阶梯长度未做变化。采用 IV 法，对 2004 年 7 月杭州市由统一定价改为实施阶梯定价的定价政策改变进行评估。基于前后 1 年（2003 年 7 月~2005 年 6 月）的数据，估计的式（5-8）结果如表 5-4 所示。

表 5-4 杭州市 2004 年实施阶梯定价下的 $\dfrac{dx}{dt}$ 估计

变量	OLS-纯阶梯	面板-纯阶梯	面板-分时阶梯-峰时	面板-分时阶梯-谷时	面板 IV-纯阶梯	面板 IV-分时阶梯-峰时	面板 IV-分时阶梯-谷时
对应方程	（1）	（2）	（3）	（4）	（5）	（6）	（7）
价格	436.735***	490.419***			-5833.067***		
	(10.226)	(13.497)			(850.287)		

续表

变量	OLS-纯阶梯	面板-纯阶梯	面板-分时阶梯-峰时	面板-分时阶梯-谷时	面板 IV-纯阶梯	面板 IV-分时阶梯-峰时	面板 IV-分时阶梯-谷时
峰时价格			−1748.228***			−3666.314***	
			(34.990)			(694.551)	
谷时价格				1442.417***			−10223.655***
				(26.576)			(2369.701)
收入	0.027***	0.022***	0.007***	0.005***	0.045***	0.015***	0.020***
	(0.000)	(0.000)	(0.000)	(0.000)	(0.004)	(0.001)	(0.003)
人口	11.339	4.997	9.326	−26.288***	176.651**	108.363***	189.843***
	(12.526)	(12.789)	(12.371)	(8.757)	(86.808)	(20.414)	(46.731)
电器变量	控制	控制	控制	控制	控制	控制	控制
气候变量	控制	控制	控制	控制	控制	控制	控制
时间固定效应		控制	控制	控制	控制	控制	控制
N	70212	70212	46322	46298	70212	46322	46298
R^2-A	0.643	0.525	0.500	0.588	0.294	0.012	−2.081
F 统计量					941.000	155.954	32.318
$\dfrac{dx}{dt}$					−1458.003	−840.136	−2555.452

**在 5%的显著性水平上显著；
***在 1%的显著性水平上显著。
注：R^2-A 表示调整的 R^2。

由表 5-4 可知，根据弱 IV 的检验结果，一阶段回归的 F 统计量远大于 10 的临界经验值，即拒绝弱 IV 的假设。基于式（5-6）计算出 2004 年实施阶梯定价下的分配效应转化率，如表 5-5 所示。

表 5-5　2004 年实施阶梯定价下的分配效应转化率　　　（单位：%）

样本	类型	分配效应转化率			
		阶梯 1	阶梯 2	阶梯 3	合计
全体	分时阶梯	—	52.42	67.50	61.27
	纯阶梯	—	72.80	75.58	74.13
	合计	—	66.52	72.30	69.52
其中：分时样本	峰时	—	67.09	79.69	74.48
	谷时	—	41.97	57.41	51.02

由表 5-5 可知，纯阶梯定价与分时阶梯定价相比，纯阶梯定价分配效应转化率更高，引入分时定价可以有效实现新增的"削峰填谷"目标，但削弱了纯阶梯定价的再分配目标。具体地讲，峰时阶梯定价的分配效应转化率影响不大，但谷时阶梯定价的分配效应转化率较低。同时，随着阶梯的上升，转化率逐步上升，但幅度不大。

总体上，阶梯定价的分配效应转化率为 69.52%，即每进行 1 元的再分配会产生 0.44 元左右的福利损失，利用阶梯定价实现收入再分配目标付出了一定的无谓福利损失代价。从理论分析来讲，我们将阶梯加价视作一种类似于"从量税"的方式，阶梯定价的分配效应转换导致的福利损失与税收中讨论的公共资金使用的边际成本一致，可以简单比较两种收入分配方式的成本差异。Håkonsen 和 Mathiesen（1997）、Dahlby（2008）指出，发展中国家的资金边际成本一般较大。根据 Zhang（1997）、刘明（2009）的估算，我国税收平均边际成本为 1.208～1.451 元，其中建筑业营业税的边际成本达到 1.888 元。税收的资金边际成本是指单位税收加上征收额外单位税收造成的福利损失，即征收 1 元税收将导致 0.208～0.451 元的福利损失。因此，阶梯定价的福利损失与初次分配的税收类似。

（二）调整阶梯定价的政策评价

我们对 2006 年 7 月杭州市由进行阶梯定价调整的定价政策改变进行评估，基于前后 1 年（2005 年 7 月～2007 年 6 月）的数据，式（5-8）的估计结果如表 5-6 所示。

表 5-6 杭州市 2006 年调整阶梯定价下的 $\dfrac{dx}{dt}$ 估计

变量	OLS	面板-纯阶梯	面板-分时阶梯-峰时	面板-分时阶梯-谷时	面板 IV-纯阶梯	面板 IV-分时阶梯-峰时	面板 IV-分时阶梯-谷时
对应方程	(8)	(9)	(10)	(11)	(12)	(13)	(14)
价格	509.748***	633.272***			−2826.674***		
	(7.791)	(10.005)			(489.325)		
峰时价格			3107.125***			−718.914***	
			(20.771)			(322.289)	
谷时价格				2456.660***			−10808.695***
				(17.321)			(390.700)
收入	0.008***	0.009***	0.003***	0.001***	0.014***	0.007***	0.006***
	(0.000)	(0.000)	(0.000)	(0.000)	(0.004)	(0.002)	(0.002)

续表

变量	OLS	面板-纯阶梯	面板-分时阶梯-峰时	面板-分时阶梯-谷时	面板IV-纯阶梯	面板IV-分时阶梯-峰时	面板IV-分时阶梯-谷时
人口	233.241***	158.721***	29.911***	−6.949*	281.310	354.576***	435.282***
	(7.651)	(7.607)	(4.389)	(3.576)	(255.724)	(86.154)	(86.110)
电器变量	控制	控制	控制	控制	控制	控制	控制
气候变量	控制	控制	控制	控制	控制	控制	控制
时间固定效应		控制	控制	控制	控制	控制	控制
N	54896	54896	61596	46452	54896	61596	46452
R^2-A	0.644	0.536	0.643	0.607	0.181	0.260	0.156
F统计量					1361.539	718.369	329.977
$\dfrac{\mathrm{d}x}{\mathrm{d}t}$					−975.173	−526.108	−3308.220

*在10%的显著性水平上显著；
***在1%的显著性水平上显著。

基于表 5-6 估计出的 $\mathrm{d}x/\mathrm{d}t$ 值，利用式（5-6）计算出 2006 年调整阶梯定价下的分配效应转化率，如表 5-7 所示。

表 5-7　2006 年调整阶梯定价下的分配效应转化率　　　（单位：%）

样本	类型	分配效应转化率			
		阶梯1	阶梯2	阶梯3	平均
全样本	分时阶梯	29.75	49.40	66.40	60.18
	纯阶梯	59.60	81.45	85.22	81.37
	平均	58.03	69.96	77.11	73.30
其中：分时样本	峰时	52.73	77.70	87.64	83.83
	谷时	15.56	35.37	52.53	46.26

比较表 5-5 与表 5-7 可知，两次调整中，纯阶梯定价较之分时阶梯定价的分配效应转化率更高。在 2006 年调整后，纯阶梯定价的分配效应转化率上升，而分时阶梯定价的分配效应转化率则出现了下降。具体分峰谷来看，峰时的阶梯定价分配效应转化率上升，但谷时的阶梯定价分配效应转化率进一步下降。这再次说明分时定价对阶梯定价的政策目标有不利影响，与冯永晟（2014）、刘自敏等（2015c）的研究结论一致，表明阶梯定价制定者应谨慎使用两种定价政策

的组合方式。同时，随着阶梯的上升，转化率呈现出逐步上升的趋势，在更高阶梯上进行收入再分配的福利损失逐步变小。除第一阶梯外，两种定价下的峰谷比差异不大。此时阶梯定价的分配效应转化率为 56.63%，即进行 1 元的再分配会导致 0.36 元左右的福利损失，阶梯定价实施收入再分配的边际成本在逐步下降。

基于阶梯定价实施以来各年的平均电量，计算阶梯定价实施以来分年的分配效应转换率，以了解阶梯定价再分配效应转化率的动态变化。

由表 5-8 在时间序列上动态分配效应转化率的比较发现：①与实施阶梯定价相比，阶梯调整初期的分配效应转化率更高，杭州市进行 2006 年的阶梯定价调整政策方向正确。②对比不同年份的转化率可以看出，随着消费者逐步熟悉阶梯定价，阶梯定价的转化率在 2～3 年内保持在一个相对高的水平，但随着时间的增加，消费者对价格调整不再敏感，转化率逐步下降。因此，阶梯定价应每隔一段时间（如 3 年左右）做一次调整。③相较于 2009 年和 2010 年，2011 年的转化率有所上升，这可能是因为 2011 年国家公布了 2012 年 7 月要再一次进行阶梯定价调整，阶梯定价调整政策的颁布对消费者产生了提醒的"轻推效应"（Allcott and Kessler, 2015）。

表 5-8　2004～2011 年分年的动态分配效应转化率　　　（单位：%）

样本	类型	2004 年下半年	2005 年	2006 年上半年	2006 年下半年	2007 年	2008 年	2009 年	2010 年	2011 年
全体	分时阶梯	60.52	63.44	65.26	60.44	60.18	61.72	47.28	47.18	53.62
	纯阶梯	72.39	73.45	78.98	84.94	82.63	80.49	73.79	74.35	76.17
	平均	68.00	69.90	70.59	75.12	74.08	73.11	63.18	63.51	65.96
其中：分时样本	峰时	73.97	75.78	76.73	83.83	83.83	84.61	75.64	74.68	78.03
	谷时	50.11	53.62	56.14	46.26	46.26	47.82	33.19	34.89	39.75

（三）稳健性分析

由于研究假设及关键参数的设定不同等，充分统计量公式的多样性是充分统计量方法的一般特性（Chetty，2009）。在第二部分的分析中，式（5-6）与式（5-7）均可以作为评估阶梯定价政策的充分统计量。

需求估计的弹性结果差异很大，从缺乏弹性到富有弹性的估计结果均存在，如 Filippin 等（2011）估计出的短期价格自弹性和交叉弹性均小于 1，而长期价格自弹性与交叉弹性均大于 1。Boland 和 Whittington（2000）指出，不同国家的能源供给条件、收入水平、社会发展阶段等多种因素共同决定了居民资源使用的价格弹性。因此，基于中国数据的实证分析结果对本章才更有借鉴价值。现有研究中，利用微观数据对中国居民用电行为的价格弹性估计并不多见，张昕竹和刘自敏（2015）利用 2009~2011 年的微观调查样本数据估计了中国居民的需求弹性，其估计结果为低、中、高收入组的价格弹性分别为 -1.3235、-1.2949 与 -0.6468[①]。刘自敏等（2015b）估计出峰时与谷时的价格弹性为 -1.760 与 -2.623。冯永晟（2014）虽然估计了中国情境下非线性定价组合及在峰时段各自的价格弹性，但其所估计出的峰时价格弹性为正且值很大（5.645~5.949），这是由于其设定将峰时需求作为总量需求的控制条件，其分段需求下的价格含义并不遵循传统价格法则。

因此利用前述研究对阶梯定价下弹性的估计方法，使用式（5-7）对阶梯定价政策进行评估，并对充分统计量方法进行稳健性检验。估计结果如表 5-9 所示。

表 5-9 阶梯定价政策评估的稳健性分析 （单位：%）

2004 年	类型	分配效应转化率			
		阶梯 1	阶梯 2	阶梯 3	平均
全体	分时阶梯	—	47.81	55.49	52.31
	纯阶梯	—	60.27	62.30	61.25
	平均	—	49.67	60.12	56.67
其中：分时样本	峰时	—	53.19	60.49	57.47
	谷时	—	43.26	50.35	47.42

2006 年	类型	分配效应转化率			
		阶梯 1	阶梯 2	阶梯 3	平均
全体	分时阶梯	49.43	47.84	53.64	51.59
	纯阶梯	60.18	60.18	62.74	61.52
	平均	59.61	55.75	58.82	57.73
其中：分时样本	峰时	53.19	53.19	58.76	56.77
	谷时	43.26	43.26	48.54	46.66

① 对照张昕竹和刘自敏（2015）问卷调查中对收入高中低的划分标准与《杭州统计年鉴》对收入 7 个等级的标准，我们将收入等级为最低、低与中等偏下类归为低收入，中等、中等偏上与高归为中等收入，最高类归为高收入。

比较表 5-5、表 5-7 与表 5-9，可以看出，表 5-9 中的分析结论与表 5-5 和表 5-7 的结论基本一致。同样得出纯阶梯定价的再分配效应转化率比分时阶梯定价的再分配效应转化率高的结论。峰谷相比较发现，峰时的转化率高于谷时。同时，更高阶梯上的转化率更高，福利损失更小。阶梯定价实现 1 元收入再分配的边际成本由 0.76 元下降到 0.73 元。同时，需要说明的是，张昕竹和刘自敏（2015）所使用的弹性值数据期是 2009~2011 年，与两次阶梯定价调整的时间有所差异，这也是分配效应转化率有所差异的原因。

进一步，我们在不同样本范围内也进行了稳健性检验，包括在 2004 年与 2006 年两次阶梯定价变化时点的前后 3 个月、前后 6 个月、前后 9 个月，其结果显示，对充分统计量的估计与再分配效应转化率的计算有所波动，但结果符号正确，数值变化不大，在合理的范围之内。

第五节　最优阶梯定价机制设计

在使用充分统计量对我国现行的阶梯定价政策进行评价后，基于式（5-6），我们尝试对最优阶梯定价机制进行设计。在阶梯定价机制设计的五类参数同时优化的条件下，我们无法得出更有意义的解析解。因此，如果利用式（5-6）的标准，希望对阶梯定价政策改革有所指导，求出阶梯定价最优机制可能的显示解，那么我们就必须在式（5-6）的基础上附加一些现实与合理的约束，以缩小可行解的范围。

一、现实的最优阶梯定价设计机制

我们可以尝试探索同时兼顾效率、公平及节能目标的最优阶梯定价形式，借鉴刘树杰和杨娟（2010），在理论上，它应该是在满足资源提供商一定预算平衡（budget balance，BB）约束下的最大化福利损失分配效应转化率 R_N，即

$$\text{Max} \quad R_N = \frac{\Delta F_N}{\Delta F_N + \Delta W_N} = \frac{\sum_{i=1}^{N-1}(b_i - a_i)x_i}{\sum_{i=1}^{N-1}(b_i - a_i)x_i + \int_{\sum_{i=1}^{N-1}a_i}^{\sum_{i=1}^{N-1}b_i}\left(\sum_{i=1}^{N-1}t_i\right)\frac{dx_{N-1}}{d\left(\sum_{i=1}^{N-1}t_i\right)}d\left(\sum_{i=1}^{N-1}t_i\right)} \quad (5\text{-}10)$$

s.t. $BB \geq 0$

在我国当前的现实背景下，五类参数中，阶梯数量是既定的。在阶梯电价中，在不同省（区、市）尝试试行过二、三或四级阶梯，但在 2012 年全国范围实施阶

梯电价后，统一实行三级阶梯定价。另外，我国的阶梯电价政策中不存在接入费和免费电量（给五保户的免费电量只针对极少数特殊人群）。同时，我国在设计阶梯定价时，均为在原统一定价的基础上分阶梯进行加价。因此，我们在进行最优阶梯定价机制设计时，需要重点关注最优阶梯长度与阶梯加价。

针对不同的用电家庭，由于其家庭特征的差异，阶梯定价政策评价的充分统计量即式（5-7）存在差异。因此，如果追求满足每个家庭的最优定价机制，那么就会为 N 个家庭设计 N 套阶梯定价机制，最终会因为其机制执行成本过高而导致机制实施失败（赫维茨等，2009）。因此本节将基于代表性的消费者（如平均消费量家庭或者中位数消费者家庭）进行分析，而这也是政府规制者政策制定的基础（Boland and Whittington，2000）。

更进一步，为结合第四部分估计出的式（5-7）中的参数值进行分析，并求出实际可操作的最优阶梯定价机制，我们具体分析以下两种情形：①阶梯加价一定下的最优阶梯长度；②阶梯长度一定下的最优阶梯加价。在经济政策制定中，政府一般也只在一次政策调整中调整一个参数，因此我们的情形设定也与现实契合，两种情形如图5-4所示。

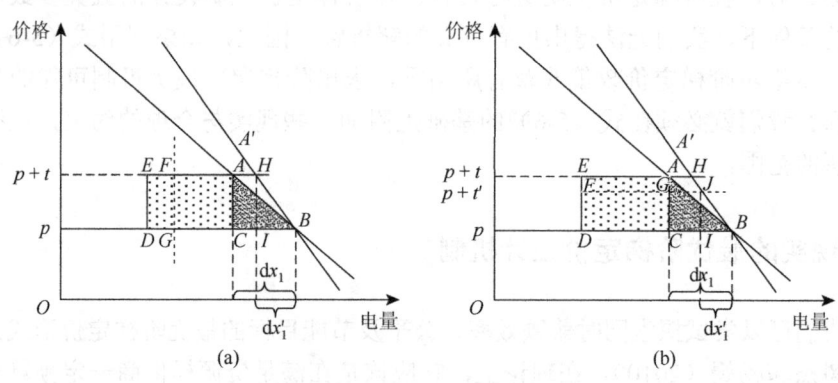

图 5-4　最优阶梯定价机制设计图

图 5-4（a）中，当第二阶梯电量分割线由 DE 变为 FG 时，在预算平衡约束下，消费者在新的阶梯定价机制下的需求曲线由 AB 变为 $A'B$，由统一定价转换为阶梯定价下的电量变化由 dx_1 变为 dx_1'。此时 ΔF 由 S_{ACDE} 变为 S_{FGIH}，而 ΔW 由 S_{ABC} 转变为 S_{BHI}。类似地，图 5-4（b）中，当第二阶梯电价分割线由 AE 变为 FG 时，在预算平衡约束下，消费者在新的阶梯定价机制下的需求曲线由 AB 变为 $A'B$，此时由统一定价转换为阶梯定价下的电量变化由 dx_1 变为 dx_1'。此时 ΔF 由 S_{ACDE} 变为 S_{DFJI}，而 ΔW 由 S_{ABC} 转变为 S_{BIJ}。

二、基于不同定价场景的最优阶梯定价设计

基于图 5-4 的分析，我们可以分别在两种场景下，根据式（5-6）计算得出在新阶梯定价下的福利损失分配效应转化率 R_N，并求解出相应的最优阶梯定价机制的参数值。首先，代表性消费者的消费特征如表 5-10 所示。

表 5-10　代表性消费者的消费特征

杭州	第二阶梯电量/(kW·h)	第二阶梯电费/元	第三阶梯电量/(kW·h)	第三阶梯电费/元
场景一	128.340	74.221	430.748	268.794
场景二	133.479	78.320	428.466	270.715

基于代表性消费者的消费数量特征，我们分别计算两类场景下的最优阶梯长度与最优阶梯加价，并与杭州市 2012 年进行的最新一次真实阶梯定价机制调整进行比较。两类场景下的最优阶梯定价机制参数如表 5-11 所示。

表 5-11　不同场景下的最优阶梯定价机制设计

杭州	最优阶梯长度/(kW·h) 第一阶梯	第二阶梯	最优阶梯加价/元 第二阶梯	第三阶梯
场景一	115.253	461.550	0.060	0.172
	149.748*	545.732*		
场景二	127.919	485.332	0.113	0.312
	147.872*	531.272*		
2012 年调整	230	400	0.05	0.25

*表示最优解。

由表 5-11 的最优阶梯定价机制设计参数与 2012 年真实调整参数比较可知，与最优阶梯长度相比，2004 年与 2006 年的两次阶梯定价的第一阶梯太短，均为 50kW·h，而 2012 年的政策正确地扩大了第一阶梯长度，但扩大幅度过大；同时，第二阶梯长度由 150kW·h 扩大到 170kW·h，与最优阶梯长度相比，扩大幅度不够。而相对于 2004 年与 2006 年的二、三阶梯分别有 0.03 元与 0.10 元的阶梯加价，2012 年的政策正确加大了阶梯加价力度，但与场景二的最优第二、三阶梯的加价相比，均显得加价力度不足。

需要说明的是，随着阶梯定价的逐渐深入与居民生活水平的逐步提高，表 5-10 中的代表性消费者消费特征将可能出现调整。因此，对于阶梯定价制定者而言，

最优阶梯定价机制要根据代表性消费者的消费电量在一定时间内做出动态调整，美国加利福尼亚州的电力定价实践也佐证了这一点。同时，代表性家庭仅考虑了该地区所有家庭的平均特征，不能捕捉不同家庭间的差异性。近年来，在美国尤其是加利福尼亚州对于水资源利用，提出了一种基于异质性家庭特征的阶梯定价方式：基于预算的递增阶梯定价（budget-based increasing block pricing），并由此提出优化配置递增阶梯定价（allocation-based increasing block pricing），这种定价方式较之固定阶梯的阶梯定价来讲，因为包含了更多公平因素，在政治上更容易被接受（Baerenklau et al., 2014）。

第六节 结论与政策建议

基于对阶梯定价下的福利损失与再分配效应的充分统计量求解，本章利用2003~2011年杭州市5000户居民的用电数据对2004年杭州市实施阶梯定价以及2006年杭州市调整阶梯定价的政策进行了评估。利用统计年鉴的宏观数据对充分统计量进行了估计，并进行了政策评估的稳健性分析，在此基础上对不同场景下的最优阶梯定价机制进行了设计，进一步比较分析了杭州市2012年的阶梯定价调整政策。

本章利用充分统计量对阶梯定价评估的研究，为电力规制者在居民家庭特征缺失的条件下，如何充分使用自身掌握的数据信息制定有效的电力价格提供了理论指导，也有助于对其他资源类产品实施阶梯定价，如阶梯水价和阶梯气价，以及将可能要实施的阶梯油价、阶梯煤价和阶梯地价进行分析。同时，本章的分析思路对于其他政府规制者也具有较强的借鉴意义，在大量的公共事业监管中，政府规制者掌握消费量信息却缺失消费者个体特征，充分统计量方法在这类问题的处理中具有一般性。

本章的结论和政策建议主要包括：

（1）充分统计量方法可以广泛应用到各类政府公共事业的政策评估中。相对于结构模型需要大量数据进行识别估计、缩减式模型不能进行福利分析，充分统计量方法在进行政策评估时可以极大地节约信息量。阶梯定价评估中，政策评估者只需要掌握阶梯加价 t、用电量 x 以及阶梯加价对用电量的边际影响 dx/dt（或阶梯加价对用电量的弹性 ε_i）这三个指标的数据，即可完整地对阶梯定价政策进行评估。同时，充分统计量方法对数据的要求也恰好契合政府规制者所掌握的数据特征，即大量精确的消费量数据但缺失消费者的社会经济特征。由此可以节约大量的微观调查成本，从而节约政府政策制定的成本，为机制设计提供了可行的路径。

（2）利用充分统计量方法评估得出的阶梯定价福利损失分配效应转化率为69.52%~73.30%，和其他收入调整与分配方式（如税收）的效率一致，因此，阶梯定价是一种有效的收入再分配方式。由2004年实施阶梯定价到2006年调整阶梯定价的两次价格变化中，分配效应的转化率在上升，说明阶梯价格调整政策是正确的，促进了分配效应的转换与福利损失的减小。同时计算出的阶梯定价的资金边际成本由0.44元下降到0.36元，成本逐步下降，用阶梯定价进行收入再分配在经济上是可取的。同时，2004~2011年的分配率动态变化分析显示，阶梯定价政策的有效性一般为2~3年，规制者应考虑每隔一段时间（如3年左右）做一次定价调整，并加强对阶梯定价政策与规则的宣传，以强化阶梯定价的效果。

（3）通过对比纯阶梯定价与分时阶梯定价的分配效应转化率可知，嵌入分时定价的阶梯定价不能有效地实现收入再分配效应，政府应谨慎使用分时阶梯定价方式。分时定价的"削峰填谷"目标与阶梯定价政策目标存在冲突，无论是峰时还是谷时，分配效应的转化率均低于纯阶梯定价时，尤其是谷时内的阶梯定价转化率较低，福利损失较大。当然，为实现更多政策目标，在电价机制设计中，可针对峰谷时状态的消费特征，分别采用电价组合的方式。例如，日本东京电力公司采取峰时（白天）和谷时（晚上）分别用阶梯电价和统一电价的做法，取得了较好的效果。

（4）可以利用充分统计量方法对最优阶梯定价机制进行设计，当前的阶梯定价系统可以通过进一步优化来提升分配效应转化率，这对于下一次阶梯定价调整具有重要参考价值。比较最优机制与杭州市2012年的阶梯定价调整机制可以发现，扩大第一、第二阶梯长度方向正确，但幅度不一，第一阶梯长度扩展过多、第二阶梯扩展不足；而两个阶梯的阶梯加价则是力度不足。同时，我们也需要清楚地认识到，由于消费者对复杂定价的反应未必像标准模型那样准确，因此需要引入行为经济学与半福利主义的视角进行进一步分析（Chetty，2009；Meran and von Hirschhausen，2009，2014），需要引入新的充分统计量指标，才能更有效地对阶梯定价政策进行准确评估与优化设计。

随着阶梯电价的深入推广及2015年底全国已正式全面实施阶梯水价和气价，并积极探索在其他公共事业部门应用实施阶梯定价。对阶梯定价的政策评估与优化设计将对我国公共事业管理提供有益的理论与政策支持。由于阶梯定价政策在价格、阶梯宽度、阶梯数量等多维参数上均可以进行配置与优化，在理论上对阶梯定价政策的探索将极大地丰富多维机制设计的内容。实际上，通过对各类参数的设定进行组合，不仅可以创新阶梯定价系统，还可以为积极有效地实现政策目标进行政策搭配。因此，政府需要根据不同时期的政策目标动态调整阶梯定价参数，并为进一步修正阶梯定价系统奠定基础。

第六章 递增阶梯定价实施下的收入再分配和效率成本估算

阶梯定价政策的分配效应及其效率后果是价格制定者和学术界评估与完善本轮公共事业阶梯定价政策的重要问题。本章基于理论模型和实证分析，估计了阶梯定价为实现收入再分配的政策目标而导致的效率损失成本。理论模型分析了效率成本的特征与结构，将总效率成本分解为第一类效率成本与第二类效率成本；使用杭州市居民用电和家庭收入等微观数据，通过构建反事实场景，实证估计了阶梯定价下收入再分配效应的家庭效率成本与社会总效率成本。研究结论表明，阶梯定价在不同收入人群间起到了收入再分配作用，低收入家庭户均年福利得益为1.28元，中等、高收入家庭户均年福利损失分别为10.77元与15.54元；随着阶梯定价实施的深入，2009~2011年社会总效率成本下降28.9%；但再分配效应的强度较弱，家庭福利损失占电费总支出的比例为0.18%~0.66%；分时定价阻碍了阶梯定价再分配效应的深化，谷时中等收入家庭的福利损失比高收入家庭要多32.9%。本章为系统评估和完善阶梯电价、水价和气价政策奠定了基础。

第一节 引 言

阶梯电价通过将户均用电量设为若干档次（一般为2~5档），对各档依次征收递增的价格，以期诱导居民节约用电、促进收入公平等目标。一般地，实施阶梯定价旨在权衡实现节约能源、减少补贴、促进公平等多个政策目标。

在改革开放后国内收入初次分配日益扩大的背景下，如何在公共事业（尤其是资源和能源）和税收等领域调整"收费"和"收税"以调节收入再次分配和促进社会公平公正，成为国家政府、老百姓和学术界不断关注的重点和难点。进入21世纪后，这个问题更加迫切。除了科学合理化税收名目和税率，落实"费改税"之外，对公共资源和能源领域的定价体制和机制进行改革，科学合理化"收费"则是另一种可行的手段。公共事业定价问题在公共经济学和规制经济学中已经获得了较为丰硕的成果（Mirrlees，1971，1976；Hausman，1981；Wilson，1993），根据公共经济学中著名的Atkinson-Stiglitz定理，效率和收入再分配往往难以兼顾。单一追求经济效率往往会导致社会再分配失效，不平等和不公正问题凸显；

追求收入再分配就必须付出一定的效率损失或成本。鉴于此，随着阶梯定价在电力领域的应用，如何在追求多元化目标条件下，探究居民电力消费中阶梯电价的再分配效应和效率损失成为一个具体而又重要的课题，这有利于为未来若干年后阶梯电价政策的评估和完善提供理论指导。此外，国家发改委于2013年12月与2014年3月相继宣布将在2015年底全国正式实施居民阶梯水价与阶梯气价。这对阶梯电价收入再分配效应和效率损失的先期研究，也对阶梯水价与阶梯气价的效果研究有很强的借鉴意义。

显然，定价原则的多元性直接影响定价方式。公共事业领域的定价过程涉及各利益相关者之间的利益博弈。各博弈方的利益目标不同，价格主管部门也往往同时追求经济效率、成本补偿、公平公正、收入再分配和资源保护等目标（Arbués et al.，2003）。其中前三个目标最受重视（Boland，1993），而收入再分配和资源保护目标相对受到冷落，近年才开始受到重视。

收入再分配效应及其效率损失问题是理论和经验研究都值得关注的问题。在电力阶梯定价领域，对这个问题的实证研究始于Feldstein（1972）。Feldstein构建了一个规制者兼顾追求效率与公平的模型，并以此用于估计美国马萨诸塞州电力消费的价格与收入弹性。Maddock和Castano（1991）、Whittington（1992）、Rietveld等（2000）、Pashardes和Hajispyrou（2002）、Bar-Shira等（2006）、Olmstead等（2007）研究了阶梯定价与统一定价之间转换时电力需求和电费的变化，并分析了阶梯定价对弱势群体的影响。Faruqui（2008）基于美国经济政策环境模拟推断收入转移支付，确定了阶梯定价的政策效应及其综合最优性，需要特别说明的是，其验证了阶梯定价的公平效应。Dahan和Nisan（2007）指出，实施阶梯电价，首先要保证低收入者基本用电需求得以满足。实现此目标的前提是，低收入用户是低用电量的使用者，否则家庭人口数较多的低收入者比高收入者面临更高的阶梯价格。与Boland和Whittington（2000）、Whittington（1992）不同，Borenstein（2008）发现了阶梯电价对低收入群体的补贴作用，指出对高收入家庭征收的高电价实质上补贴了低收入家庭，并首先采用消费者剩余这个微观经济学基本概念来刻画电力用户状况的变化，在利润中性假设下分析了线性定价转为阶梯定价时消费者剩余的变化量。尽管不少文献关注了阶梯定价对各收入阶层消费者的补贴和生活支出等方面的影响，但是首先采用消费者剩余这个微观经济学基本概念来刻画电力用户状况改变的是Borenstein（2012）。之后，You和Lim（2013）使用等价变化（equivalent variation）方法，衡量了阶梯电价政策的福利影响。他们指出，当社会重视不平等时，三段式、前两段的分段电价较宽且3倍累进费率下的阶梯定价带来的社会福利最大。另外，还有诸多文献对多个领域的阶梯定价分配效应进行了对比研究。同时，我国能源需求的变化也推动了国内阶梯定价的研究，在第一章中对这两部分内容进行了详细介绍。

通过对国内外阶梯定价研究的梳理可知，国外阶梯定价的实际应用与学术研究均早于国内，早期的国外研究较多从规制者的角度来分析引入阶梯定价后对消费者、生产者及内部不同群体的影响。基于消费者的视角并从福利比较角度出发，分析消费者在阶梯定价下消费变化及福利差异的研究在21世纪初才逐步开始，并仍处于探索之中，相关的其他主题还包括福利变化的衡量、家庭福利与社会福利的关系等。同时，国外与国内的阶梯定价实践形式存在差异，包括消费者是自愿还是强制选择阶梯定价，是否存在固定的接入费，是否嵌入分时定价，计费时段是单月、双月还是季度等，这导致国外阶梯定价的研究结论并不完全适用于我国，需要构建相关理论，并结合我国阶梯定价实践进行更有针对性的分析。相比较而言，国内相关研究较为单一，还停留在探讨定价结构设计的原则、标准和影响等方面。尤其缺乏基于国内真实数据的阶梯定价的再分配效应和效率成本研究。即便国外学者也只是基于国外阶梯定价的数据研究了国外阶梯定价再分配效应及为实现该目标所带来的效率成本损失，也未对总效率成本根据其产生的特征进行分类描述及界定，更未基于消费者福利变化视角对中国国内的情况进行研究。

本章的理论框架和研究视角主要来自相关国外研究，而相关的政策背景主要来自国内的研究。在两者的基础上结合我国阶梯定价的具体实践，得到本章的研究主题是，基于国内代表性城市（杭州市）的居民用电家庭数据，从消费者福利变化视角研究阶梯定价的收入再分配效应及其效率损失，并在此基础上分析中国特殊的嵌入阶梯定价中的分时定价对再分配效应及其效率成本的影响。

因此，本章首先构建了一个刻画两级阶梯定价下收入再分配效应和效率成本的理论模型，并将效率成本分解为给定电量下的异质性价格误差成本与实际电量消费偏离最优量所致的电量消费选择误差成本（本章称为第一类和第二类效率损失）。然后，基于2009~2011年杭州市家庭用电的微观数据和问卷调查数据，从静态和动态两个角度定量估算了杭州市居民用电阶梯电价的收入再分配效应及其（家庭和社会）效率成本。最后，利用杭州市阶梯电价与分时电价镶嵌的定价特征和上述数据，估计了实施分时电价对阶梯电价收入再分配效应的影响程度，以回答阶梯电价与分时电价的嵌套式电价在收入再分配意义上是否进一步促进了基本公平的实现。研究发现：第一，随着两级阶梯电价方案实施时间的延长，两类效率成本均在下降，但第一类效率成本下降得更快，第二类效率成本占比由2009年的51.3%升至2011年的57.5%；第二，无论在何种弹性假设下，阶梯定价方案作为一种调节收入分配的手段，均起到了积极作用，但阶梯定价收入再分配的功效不是很大，家庭福利损失占电费总支出的比例为0.18%~0.66%；第三，阶梯分档不合理将严重影响收入再分配效应和效率成本。当前杭州实施的阶梯电量未能有效识别不同收入阶层家庭，绝大多数家庭电量处于第二档，仅有8%的家庭消费电量处于第三档；第四，峰谷分时定价不利于收入再分配，谷时中等收入家庭的电费支出高于高收入家庭[1]，导致中等收入家庭谷时的福利损失比高收入家庭多32.9%。

本章的主要结构如下：第二节构建两级阶梯定价下收入再分配效应和效率成本的模型框架。第三节简要说明待用的微观数据。第四、五节分别从静态和动态两个角度进行实证研究。基于反事实场景，在不同的电力需求弹性假定下，估算阶梯电价的再分配效应及其（家庭和社会）福利损失，并分析阶梯定价嵌入分时定价下效率成本的动态变化。第六节进行总结和提出政策建议。

第二节 理 论 模 型

为了分析和估算阶梯定价的再分配效应和效率损失，必须选择一个合适的参照点。这里选择统一定价作为比较基准。为此，需首先关注某电力消费者面临的定价方式由统一定价转为阶梯定价时所致的社会总福利变化。

不失一般性，这里集中考察有两个阶梯的两级阶梯定价。假定电力消费者面对某个两级阶梯定价 $(p_1, p_2; q_1)$[2]，其定价结构为

$$P_I = \begin{cases} p_1, & q \leq q_1 \\ p_2, & q > q_1 \end{cases}, \quad p_2 > p_1 \tag{6-1}$$

其中，$q_1 \geq 0$，$p_I \geq c$，$I = 1, 2$。为了简化分析，进一步假定消费者和企业均为风险中性，且边际提供成本 $c = 0$。在保持被规制的公共事业中垄断生产企业利润中性的条件下，由统一定价换为两级阶梯定价，企业利润和剩余均不变[3]。此时社会总福利的变化即消费者剩余的变化，即 $\Delta SW = \Delta CS$。我们分析当需求价格弹性 $e = 0$ 与 $e \neq 0$ 时的社会福利变化。

当两级阶梯定价下价格弹性为零时，消费者由统一定价向阶梯定价转换时消费量 Q[4]保持不变。此时，生产者剩余和利润不变意味着总收益也不变，即有

$$P_U Q = p_1 q_1 + p_2 (Q - q_1) \tag{6-2}$$

进而得到与两级阶梯定价机制 $(p_1, p_2; q_1)$ 等价的统一定价机制的价格水平为

---

[1] 数据显示中等收入人群谷时有10.47%的消费者电量进入第三档，而高收入人群只有8.33%。
[2] 这是一种最简单的阶梯定价设定，可以使用更多阶梯的形式，但并不影响研究结论。
[3] 此假设与公共事业部门普遍受到利润及利润率规制的现实相符合（Hausman, 1981; Schmalensee, 1987; Wilson, 1993）；同时，此时的社会福利变化体现在消费者福利变化上，有利于集中分析由统一定价转换为阶梯定价时消费者的收入再分配效应及相应的效率成本（Boland and Whittington, 2000; Borenstein, 2012）；在其他研究中，You 和 Lim（2013）等也有类似的研究假设设定。
[4] 当 $Q < q_1$ 时，消费者仍然面临的是统一定价，此时无论弹性如何，在利润中性的假设下，福利不变；当 $Q > q_1$ 时，消费者面临阶梯定价，下同。

$$P_U = p_2 - \frac{(p_2-p_1)q_1}{Q} \qquad (6\text{-}3)$$

显然,当 $q_1 = 0$ 时,统一定价水平恰好与两级阶梯定价第二档内的边际价格相等;当 $q_1 \to +\infty$ 时,统一定价水平恰好与两级阶梯定价第一档内的边际价格相等,当然此时的两级阶梯定价已经退化为十足的统一定价。在需求价格弹性为零的情况下,由统一定价过渡为阶梯定价所致的社会福利变化 ΔSW,如图 6-1(a)所示。

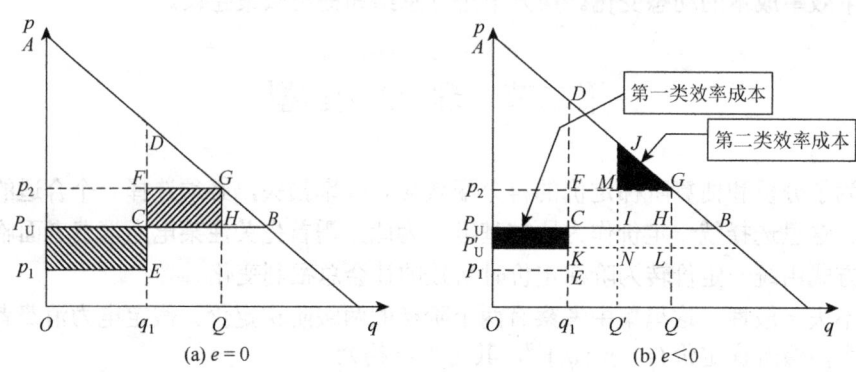

图 6-1 第一类和第二类效率成本:社会福利变化

如图 6-1(a)所示,当该消费者面临统一定价时,消费者剩余为 S_{AP_UHG}。当其改为面临两级阶梯定价的情况时,消费最初的 q_1 时的剩余为 S_{Ap_1ED},而消费其余 $Q-q_1 > 0$ 所带来的消费者剩余为 S_{DFG}。即在两级阶梯定价结构下,消费者剩余总和为 $S_{Ap_1ED} + S_{DFG}$。因此,由统一定价转向两级阶梯定价所致的社会福利变化 $\Delta SW = \Delta CS = S_{Ap_1ED} + S_{DFG} - S_{AP_UHG} = S_{P_Up_1EC} - S_{HCFG}$。根据等量关系式 $S_{P_Up_1EC} = (P_U - p_1)q_1$,$S_{HCFG} = (p_2 - P_U)(Q - q_1)$ 以及式(6-2),即可得

$$S_{P_Up_1EC} = S_{HCFG} \qquad (6\text{-}4)$$

式(6-4)说明,在价格弹性为零的情况下,由统一定价转向两级阶梯定价并不会导致社会福利损失。

类似地,分析两级阶梯定价下价格弹性 $e < 0$ 的更现实情形。此时如果消费者所面临的价格机制由统一定价换为两级阶梯定价,该消费者的电力消费量将由原来的 Q 减至 $Q'(<Q)$。与上述情形分析类似,由生产者总收益不变,即 $P'_U Q = p_1 q_1 + p_2 (Q' - q_1)$,得到与两级阶梯定价机制($p_1, p_2; q_1$)等价的统一定价机制的价格水平为

$$P'_U = \frac{p_2 Q - (p_2 - p_1)q_1}{Q} \qquad (6\text{-}5)$$

两级阶梯定价下弹性为负情形下定价机制变换所致的社会福利变化如图 6-1

(b) 所示。如果消费者在统一价格水平 P'_U 下保持消费 Q 不变,此时消费者剩余为 $S_{AP'_ULG}$。当其改为面临两级阶梯定价时,消费最初的 q_1 时的剩余仍为 S_{AP_1ED},消费其余 $Q'-q_1 > 0$ 所带来的消费者剩余为 S_{DFMJ},即两级阶梯定价下消费者剩余总和为 $S_{AP_1ED} + S_{DFMJ}$。注意此时仍保持生产者剩余不变,即生产者剩余的变化为零。因此,由统一定价转向阶梯定价所致的福利变化等式:

$$\Delta SW = \Delta CS = S_{P'_U P_1 EK} - S_{KFMN} - S_{NJGL}$$
$$= (S_{P_U P_1 EC} - S_{P_U P'_U KC}) - (S_{KFGL} + S_{GMJ}) \quad (6\text{-}6)$$

结合式(6-5),直接可得

$$\Delta SW = \Delta CS = -(S_{P_U P'_U KC} + S_{GMJ})$$
$$= -\left((P_U - P'_U)q_1 + \int_{Q'}^{Q}(P(q) - P_2)\mathrm{d}q\right) \quad (6\text{-}7)$$
$$= -\left(\frac{p_2\Delta Q}{Q} + \int_{Q'}^{Q}(P(q) - P_2)\mathrm{d}q\right)$$

其中,$P(q)$ 为消费者的反需求曲线。式(6-7)刻画了在价格弹性为负的一般情况下,定价方式由统一定价转移为阶梯定价所致的福利损失。这种福利损失来自两部分(Burtless and Hausman,1978;Borenstein,2012):第一部分是在给定总电量的情况下,消费者内部自身的资源误配,这源于消费者在两级阶梯定价下面对的是异质性价格,而非统一定价下不变的边际价格,即由异质性误差带来的福利损失,如图 6-1(b)中的长方形阴影[①]所示,亦称为第一类效率成本;另一部分是电量消费总量的无效率,即消费者并不是在阶梯定价中边际价格等于边际成本处选择最优消费量,这是由于计量误差和用户消费选择偏离最优行为所产生的误差导致的福利损失,如图 6-1(b)中的三角形阴影所示,称为第二类效率成本。实证研究阶梯定价效应的双误差 DCC 模型中的双误差项正是对这两类误差的刻画(Hausman,1985;Hewitt and Hanemann,1995;Waldman,2000,2005)。

较之于统一定价,在阶梯定价机制下,消费者在不同阶梯内消费同样数量的电量所支付的价格存在差异。阶梯定价下消费越多,所需支付的单价越高,而不同收入家庭的电力消费可能存在差异,如低收入家庭的电力消费较少,或低收入家庭由于人口较多反而消费数量更多(Boland and Whittington,2000)。因此,通过对同样单位的资源在不同消费阶段制定累进的价格,政府可以通过对资源采用阶梯定价的方式进行初次分配后的收入再调整,使得高消费量的家庭消费一单位的资源付出更高的(平均或边际)价格,而低消费量的家庭在消费同样一单位资源时付出较低的价格,进而调整不同家庭之间的收入差距,对全社会的收入公平

[①] 在多级($n \geqslant 3$)阶梯定价下,是位于 P_U 下方的(多个)长方形面积与位于 P_U 上方的(多个)长方形面积之差。

产生影响。当电力定价形式由统一定价转换为阶梯定价时，不同收入家庭阶梯定价与统一定价下各自的电费支出额之差即收入再分配效应的数值。一个促进公平、有效的阶梯定价再分配效应表现为，当由统一定价转向阶梯定价后，随着收入的增加，电费支出的增加额（或减少额）随着收入的增加而增加（或减少），或呈现出低（或低与中）等收入家庭的电费支出减少，而中与高（或高）收入家庭的电费支出增加。

式（6-7）及图 6-1（a）表明，相对于统一定价而言，阶梯定价能促进收入再分配，但也损失了统一定价的效率目标（Hausman, 1981；Borenstein, 2012），公平和效率目标难以兼顾（Atkinson and Stiglitz, 1976）。式（6-7）中的两部分社会福利损失值，即阶梯定价政策通过影响价格和电量变化带来的效率成本损失。由统一定价转换为阶梯定价时，在生产者剩余保持不变的情况下，福利损失即效率成本，体现为消费者福利的变化。因此，此时总效率成本体现为不同类型的收入家庭再分配效应的总和，不同收入家庭通过承担不同份额的效率成本来体现阶梯定价对各自初次分配调整的影响，即收入再分配效应。当然，在阶梯定价下，低（甚至中等）收入家庭也可能获取福利得益，而让中与高（或高）收入家庭承担更高的效率成本。也就是说，效率成本关注的是阶梯定价对社会中所有收入家庭带来的福利总损失，而收入再分配效应关注的是福利总损失在不同收入家庭间的分配。

基于本节的理论框架，后文重点依据杭州市的电网及抽样调查数据进行实证分析，对再分配效应及其效率成本进行估算。

第三节 数据说明

为估算阶梯定价下收入再分配效应所致的效率损失成本，后续部分将基于理论模型构建实证估计方程进行分析，本部分首先对将要用到的微观数据进行简要说明。本章使用的数据与第二章相同，主要来源于国家电网及杭州、上海地区的抽样调查数据。杭州与上海的电价结构及样本的基本统计量如表 2-1 和表 2-2 所示。对于每一收入档次内的家庭用电基本情况如表 6-1 所示。

表 6-1 杭州市不同收入居民用电总体特征表

收入区间/元	用户数占比/%	用电量占比/%	峰时用电量/(kW·h)	谷时用电量/(kW·h)	总电量/(kW·h)	电费/元
[0, 8000]	53.70	50.70	109.366	98.355	207.721	94.69
[8000, 15000]	37.00	38.69	120.865	109.506	230.371	105.48
(15000, +∞)	9.30	10.61	144.816	106.535	251.351	119.29

从表 6-1 中可以看出，用户数占比与用电量占比之间的差异为 1.31%～3%，不同收入人群之间的用电量差异明显。随着收入增加，总电量逐渐增加，但高收入人群在谷时的用电量小于中等收入人群。在阶梯定价下，用电更多的高收入人群承担了更多的电力成本，电费随着用电量的上升呈加速上升趋势。总体上，可初步判断阶梯定价起到了调节收入、促进公平的作用。

第四节　效率成本估计：静态分析

应用第二节所构建的理论模型，对不同收入家庭的再分配效应及阶梯定价的效率成本进行估计。具体而言，通过构建由统一定价向阶梯定价转换的场景，基于理论模型分析得出的式（6-7），计算出由统一定价转换到阶梯定价后效率成本的数值，并按照式（6-7）的结构将总效率成本分解为第一类效率成本与第二类效率成本。同时，根据统一定价与阶梯定价两种场景下不同收入家庭的电费支出变化，分析得出阶梯定价对不同收入家庭的再分配效应的数值。

本部分将对效率成本进行静态估计，得出 2009～2011 年三年间的平均效率成本及其结构特征。通过计算出三年间的平均效率成本、分解出的两类效率成本的数值，以及高、中、低三类收入家庭三年间平均的收入再分配效应值，以分析阶梯定价收入再分配效应的绝对强度大小，以及不同收入家庭的福利得益或损失值，并在此基础上估计出整个杭州市的社会总效率成本，以及总效率成本占总电费额与杭州市生产总值的比例，从而估计效率成本与收入再分配效应的相对强度大小。

一、反事实场景的构建

为了分析和估算相对等价规模值及对应的电费补偿率，必须选择一个合适的参照点。这里选择统一定价作为比较基准。浙江省自 2004 年开始进行阶梯定价试点，基于前面所构建的理论模型，要分析在统一定价转换为阶梯定价后，家庭人口特征对电费补偿的影响，需要构建浙江省实施统一定价的反事实场景。

在保持电力公司电费总收入不变的条件下，我们需要根据电力需求弹性测算出统一定价机制的价格水平。我们仍然区分峰时与谷时的分时定价[①]。对于能源价格长期需求价格弹性的计算，由于采用方法与数据的差异，不同学者计算的结果不同。Qi 等（2008）计算出中国居民用电需求价格弹性 e 为 –0.16，而李虹等（2011）

[①] 在不区分峰谷的条件下，电力公司总收入不变的统一定价也可以用类似方法求得。

指出，城镇居民会综合考虑电费与舒适度，具有一定的弹性，将–0.36作为城镇居民生活用电需求价格弹性基准值。

考虑到样本选取杭州市城市居民，根据李虹等（2011）的研究，城市不同收入层次的家庭电力需求弹性存在差异，即不同阶层带来的消费习惯会影响需求价格弹性。城镇居民生活用电需求价格弹性为–0.36～–0.01。总体来说，收入增加，弹性会增加，但当收入较高时，又会对价格变化不太敏感，中等收入价格弹性最大。李虹等（2011）将中国城镇居民收入分为7档，分别设定不同的需求弹性，根据《杭州统计年鉴2012》，2011年杭州市区城镇居民家庭中20%最高收入户的家庭总收入为77257.4元。因此，我们将调查中的3档家庭与7档家庭收入分组对应，取得不同收入人群的弹性，如表6-2所示。

表6-2 不同收入类型家庭需求弹性表

城镇家庭收入分组	困难	低收入	较低收入	中等收入	较高收入	高收入	最高收入
需求弹性	0.06	0.16	0.26	0.36	0.31	0.26	0.21
收入区间/元	[0, 8000)			[8000, 15000]		(15000, +∞)	
需求弹性	0.16			0.335		0.235	

因此，我们取所有人群的需求弹性 $e=0$ 作为分析的基准，并分所有人群弹性相同和不同人群具有不同弹性两种情况进行分析。当所有人群的弹性均相同时，我们设定弹性依次为 $e=0.1$、$e=0.16$、$e=0.26$、$e=0.36$ 等四种场景，当不同人群具有不同弹性时，我们设定收入由低到高的三种人群的弹性分别为0.16、0.335、0.235。由式（6-6）可求出统一定价下的电力价格，在此基础上分析在不同价格弹性下居民的福利变化，即阶梯定价的收入再分配效应。同时，也将分析所有人群由统一定价转向阶梯定价后的社会福利损失，即收入再分配效应的社会总效率成本。

需要说明的是，与大多数研究类似，本章假设消费者对其所处阶梯定价中的最后一个阶梯的边际价格反应（Borenstein，2012；You and Lim，2013）。在复杂定价下，消费者对何种价格反应，是阶梯定价下的研究难点和热点。Taylor（1975）指出消费者在非线性定价下不会只对单一价格（无论是平均的还是边际的）做出响应，消费者究竟是对最高阶梯的边际价格反应，还是对临近阶梯的加权边际价格反应，还是对平均价格反应，Borenstein（2009）和 Ito（2014）做出了不同的回答。但无论如何，消费者面对的最高阶梯边际价格对消费者的决策有极其重要的影响。而表6-3的描述性分析数据也表明，三类人群的峰谷电力消费大部分均处于阶梯价格的第二档，这也降低了不同类型价格反应间的差异。

二、家庭效率成本的估计

利用构建的反事实场景，我们计算出在不同价格弹性下不同收入人群[①]的福利变化，以及所有人群的总福利损失，即收入再分配的效率成本。根据式 (6-7)，将效率成本分解为两类：电量一定下异质性误差带来的效率成本，即第一类效率成本；电量消费选择偏离最优量导致的效率成本，即第二类效率成本，结果如表 6-3 所示。

表 6-3 阶梯定价下收入再分配效率成本表

类别	用户数占比/%	效率成本						
		$e=0$	$e=0.1$	$e=0.16$	$e=0.26$	$e=0.36$	$e=0.16/0.335/0.235$
低收入人群	53.7	0.309	0.134	0.030	−0.143	−0.316	0.030
中等收入人群	37.0	−0.246	−0.440	−0.556	−0.748	−0.939	−0.892
高收入人群	9.3	−0.808	−1.015	−1.139	−1.345	−1.551	−1.294

从表 6-3 可以看到，在不同的弹性下，不同类型用户的家庭福利变化不一致。当弹性较小时，低收入人群的电费支出可能下降，家庭福利好转，而中、高收入人群的电费支出上升，家庭福利损失，阶梯定价方式对不同收入人群的影响产生了不同效果；随着弹性的增大，不同收入人群的电费支出均可能上升，阶梯定价带来的效率损失在所有人群中都体现，但其幅度不一，低收入人群的福利损失下降最小，而高收入人群的福利损失下降最多；且在不同收入人群具有不同弹性的假设（$e=0.16/0.335/0.235$）下，低收入人群的福利好转，中、高收入人群的福利下降，阶梯定价起到明显的收入再分配效应；同时，随着价格弹性的增大，社会总收益的效率损失越多，福利损失总量就越大，资源配置的效率成本在不同人群间进行了再分配。

在收入再分配的效率值基础上，我们用不同人群的福利变化占其总电费支出比表示福利变化的比例。不同弹性假设下各类人群的福利变化比例及两类效率成本在总效率成本中的比例如表 6-4 所示。

表 6-4 阶梯定价下收入再分配效率成本占总电费比例表

类别	用户数占比/%	效率成本占总电费比例						
		$e=0$	$e=0.1$	$e=0.16$	$e=0.26$	$e=0.36$	$e=0.16/0.335/0.235$
低收入人群	53.7	0.33	0.14	0.03	−0.15	−0.33	0.03
中等收入人群	37.0	−0.23	−0.42	−0.53	−0.71	−0.89	−0.85
高收入人群	9.3	−0.68	−0.85	−0.96	−1.13	−1.30	−1.08

---

① 以下将收入区间为[0, 8000)元的人群称为低收入人群；收入区间为[8000, 15000)元的人群称为中等收入人群；收入区间为（15000, +∞)元的人群称为高收入人群。

表 6-4 显示，无论在何种弹性下，低收入人群的福利提升或高收入人群的福利损失占家庭电费的比值均较低，为 0~1.3%。这是由于现行居民电价远低于供电成本，这便造成用电量越多的居民，享受补贴越多，用电量越少的居民，享受补贴越少。随着电力补贴政策长期推行，大多数居民对电价调整并不敏感。随着收入上升，阶梯定价的福利影响逐渐变大，这也符合阶梯定价的制定原则，即通过调节更多高收入人群的电费支出来调节福利变化。同时，随着弹性的变大，福利损失所占比例也呈上升趋势，较强的弹性加大了调节收入再分配的作用。两类效率成本所占的比例差异不大，第二类效率成本所占比例稍高，即消费者在复杂定价下对最优电量的选择存在更大的误差，同时也会导致更大的福利损失。

三、社会总效率成本的估计

根据《杭州统计年鉴》，2009~2011 年杭州市家庭总户数平均为 216.68 万户，在表 6-3 的基础上，我们计算出杭州市实施阶梯定价后的总福利损失，即总效率成本。

表 6-5 显示，在价格弹性不等于 0 的情况下，杭州市每月的总效率成本为 40 万~140 万，在不同收入人群弹性差异估计的基础上，福利损失接近 100 万，每年接近 1200 万，占总电费的比例为 0.18%~0.66%。低收入人群在弹性较低时存在收入转移的福利得益，但这是以其他人群大量的福利损失为代价的。表 6-5 显示，随着弹性的增加，社会总的福利损失与低收入人群的福利得益比迅速扩大，即收入转移的成本快速增长。

表 6-5 杭州市阶梯定价的总效率成本表

类别	用户数占比/%	总效率成本/万元					
		$e=0$	$e=-0.1$	$e=-0.16$	$e=-0.26$	$e=-0.36$	$e=0.16/0.335/0.235$
低收入人群	53.7	35.954	15.650	3.500	-16.674	-36.754	3.500
中等收入人群	37.0	-19.724	-35.250	-44.540	-59.966	-75.320	-71.488
高收入人群	9.3	-16.277	-20.456	-22.958	-27.113	-31.249	-26.076

对应地，不同弹性下杭州市不同收入类别人群的总效率成本占比如表 6-6 所示。不同收入人群的福利损失占比差异巨大。总体上，中、高收入人群的福利损失占比超过其占总人口的比例，而随着弹性的增加，低收入人群由福利得益转为福利损失且损失比例加大，这与低收入人群本身的价格弹性较低且大部分需求是刚性需求的现实一致。

表 6-6　杭州市阶梯定价的总效率成本占比表

类别	总效率成本占比/%					
	$e=0$	$e=-0.1$	$e=-0.16$	$e=-0.26$	$e=-0.36$	$e=0.16/0.335/0.235$
低收入人群	—	−39.07	−5.47	16.07	25.64	−3.72
中等收入人群	—	88.00	69.60	57.80	52.55	76.00
高收入人群	—	51.07	35.87	26.13	21.80	27.72

更进一步，我们将分析分时定价与阶梯定价镶嵌情形下的社会总效率成本。分时定价下的峰谷之间会存在电量的转移，但由于峰时的价格相对较高，故其电量消费的可转移性下降，峰时的价格弹性减弱，而谷时的价格弹性增强。结合不同收入类型的分类和表 6-2，我们估算出峰时低、中、高收入人群的价格弹性分别为 0.06、0.31 和 0.21，谷时低、中、高收入人群的价格弹性为 0.16、0.36 和 0.26 时的户均福利损失[①]。峰谷时段的户均福利损失及其占比如表 6-7 和表 6-8 所示。

表 6-7　峰谷时段的户均福利损失估计表

类别	户均福利损失/元		
	峰时	谷时	总时段
低收入人群	0.121	−0.015	0.106
中等收入人群	−0.328	−0.570	−0.898
高收入人群	−0.913	−0.382	−1.295

表 6-8　峰谷时段的户均福利损失占比表

类别	户均福利损失占比/%		
	峰时	谷时	总时段
低收入人群	−10.84	1.55	−5.10
中等收入人群	29.27	58.96	43.02
高收入人群	81.57	39.49	62.08

表 6-7 显示，峰时的阶梯定价使得低收入人群获得了福利提升，而谷时的阶梯定价并未带给低收入人群福利的改善，总时段内低收入人群的福利得以提升。而在峰时，基于收入再分配公平原则，高收入人群的福利损失最大，其次是中等收入人群；在谷时，中等收入人群的户均福利损失最大。总体上，三类收入人群的福利损

---

① 对于单个或单类消费者，阶梯定价可能带来福利改善，即效率成本为负值，在含义上福利损失与效率成本一致，对于社会总福利损失我们使用效率成本来描述，这更能明确社会总福利损失是由阶梯定价追求再分配功能导致效率下降而带来的。

失占比与其收入较为一致，低收入人群福利提升，中等收入人群的福利损失没有高收入人群的损失大。杭州市低收入家庭每年的福利得益为 1.28 元，中、高收入家庭每年的福利损失分别是 10.77 元、15.54 元。峰谷时段的社会福利损失及其占比如表 6-9 和表 6-10 所示。

表 6-9 峰谷时段的社会福利损失表

类别	用户占比/%	峰时福利损失/元	谷时福利损失/元	总福利损失/元
低收入人群	53.70	14.128	−1.740	12.389
中等收入人群	37.00	−26.282	−45.672	−71.955
高收入人群	9.30	−18.408	−7.689	−26.097

表 6-10 峰谷时段的社会福利损失占比表

类别	用户占比/%	峰时福利损失/元	谷时福利损失/元
低收入人群	−46.23	3.16	−14.46
中等收入人群	85.99	82.89	84.00
高收入人群	60.23	13.95	30.46

由表 6-9 和表 6-10 可以看到，中等收入人群的数量较高收入人群多，因此无论在峰时还是谷时，杭州市中等收入人群的社会福利损失比例及金额均为最多。峰时与谷时相比，由于谷时总体弹性较大，谷时的社会福利损失额更大。谷时的福利损失占总电费的比例也较大，但总体上，福利损失占总电费的比例维持在 0.2%左右的较低水平。另外，在两个时段内，均是第一类效率成本占比小于第二类效率成本占比，但峰时的第一类效率成本占比更小，消费者在峰时电量一定的情况下内部的资源配置更好，但对总电费的最优消费额的误差导致的损失占比更大。虽然单个家庭的年效率成本额并不大，但杭州市所有家庭一年的总效率成本达到 1027.96 万元[①]，占杭州市生产总值的 0.002%[②]。

① 我们计算的社会福利损失是杭州市所有家庭福利损失的简单线性加总，我们也可以使用阿特金森测量（Atkinson measure）来对个体福利加总到社会福利。通过引入不平等厌恶程度系数，社会福利为 $W = \frac{1}{N}\sum_{i=1}^{N} u(y_i)$。其中 $u(y_i)$ 是家庭收入为 y_i 时的效用函数，即个人福利。定义 ρ 为不平等的厌恶系数，个体效用函数为 $u(y_i) = \frac{y_i^{1-\rho}}{1-\rho}$（$\rho \neq 1$），否则 $u(y_i) = \ln(y_i)$，$\frac{\partial W}{\partial y_i} = \frac{y_i^{-\rho}}{N} > 0$ 且 $\frac{\partial^2 W}{\partial y_i^2} = -\rho \frac{y_i^{-\rho-1}}{N} < 0$，即社会福利随着收入的增加而增加，但收入越高，增加速度变慢；一个社会越重视不平等，就越关注改善穷人的福利。简单的个体福利加总为社会福利即 $\rho = 0$ 时的情形，而当 $\rho = \infty$ 时，即为罗尔斯主义最大化社会福利函数。通常 ρ 为 0~2，$\rho \neq 0$ 时的计算也不会影响本章的研究结论，但 $\rho \neq 0$ 时的社会福利不能用货币表示。

② 这是我们仅考虑电力消费所占的比例，如果考虑水、气、供热、垃圾、公交等其他可能实施阶梯定价的公共事业福利效应，占比会持续上升。

第五节 效率成本估计：动态分析

随着阶梯定价方案实施的深入，消费者对阶梯定价这一复杂非线性定价方式的认识将可能发生变化，由此在不同年份呈现出不同的电力消费特征，导致收入再分配效应与效率成本在不同年份间存在差异，并可能呈现出一定的变化趋势。

本部分将对效率成本进行动态估计，得出 2009～2011 年三年间分年的效率成本及其结构特征。通过计算出分年动态变化的效率成本，以及高、中、低三类收入家庭分年的收入再分配效应值，来分析家庭与社会效率成本、不同收入家庭再分配效应在阶梯定价逐步实施过程中的变化趋势，以更好地评估阶梯定价政策的实施效果，并对阶梯定价政策进行修正。同时，针对我国特殊的阶梯定价实践，分析阶梯定价中嵌入分时定价对效率成本的动态影响，能否更好地实现阶梯定价的政策目标。

一、效率成本的动态变化

利用杭州市 2009～2011 年的年度数据，分析随着阶梯电价实施的深入和消费者对阶梯电价的认识和理解的逐步加深，阶梯定价收入再分配效应以及不同收入类型家庭的福利变化情况。2009～2011 年效率成本分年动态变化及其比例如表 6-11 和表 6-12 所示[①]。

表 6-11 杭州市家庭效率成本分年动态变化表

类别		效率成本/元		
		2009 年	2010 年	2011 年
人均	低收入人群	−0.068	−0.009	0.185
	中等收入人群	−0.934	−0.932	−0.711
	高收入人群	−1.186	−0.666	−1.952
总计	低收入人群	−7.924	−1.052	21.663
	中等收入人群	−74.187	−74.633	−57.519
	高收入人群	−23.892	−13.318	−39.490

---

① 限于篇幅，仅在表 6-11 及表 6-13 中列出由表 6-4 中构建的三类人群价格弹性分别为 $e = 0.16/0.335/0.235$ 场景下的效率成本。

表 6-12 杭州市家庭效率成本占比分年动态变化表

类别		效率成本占总电费比例/%		
		2009 年	2010 年	2011 年
人均	低收入人群	3.13	0.56	−7.47
	中等收入人群	42.69	58.01	28.69
	高收入人群	54.18	41.42	78.78
总计	低收入人群	7.48	1.18	−28.75
	中等收入人群	69.99	83.85	76.34
	高收入人群	22.54	14.96	52.41

由表 6-11 和表 6-12 可知，随着用电量的上升，由统一定价转为阶梯定价后，低收入人群逐渐由较小的福利损失转变为福利提升，高收入人群的福利损失更大，且在总福利损失中所占比例上升，而中等收入人群的福利损失变化不大。即随着阶梯定价的深入实施和消费者对复杂定价的理解，阶梯定价的收入再分配效应得到加强。

同时，随着阶梯定价政策的深入实施和用电量的增加，在杭州市家庭总量有所上升的条件下，社会福利损失的总量由 2009 年的 1272 万元下降到 2011 年的 904 万元，占总电费的比例也在下降，这说明随着阶梯定价实施的深入，消费者对于阶梯定价的认知越来越正确，决策得到进一步优化。同时，社会总成本效率值也逐渐由低收入人群和中等收入人群向高收入人群转移，高收入人群承担了更多的效率成本。阶梯定价政策的再分配效应在总量和结构上都得到了优化。

从福利损失占比看，第一类福利损失占比在下降，第二类福利损失占比在上升，说明消费者自身资源内部配置上得到优化，而在复杂定价下的消费总量优化能力需要进一步提升，总体上第二类福利损失占比大于第一类福利损失。

根据 2012 年的《中国能源统计年鉴》与《中国物价年鉴》，我国居民电力长期边际成本为 1.03 元/(kW·h)，而全国城镇居民生活用电平均价格为 0.52 元/(kW·h)，边际成本大大高于电价，电价补贴较多。因此，中、高收入人群对电力的较多消费也是一种转移补贴和隐性收入。由统一定价转移到阶梯电价后对电量的节约也间接起到了收入再分配的作用。根据《杭州统计年鉴》（2009～2011 年），杭州市电量年增长率在实施阶梯定价前保持在 15%以上，而使用后则下降到 6%～12%。同时，递增的阶梯价格也减少了高收入人群的电费补贴额。

二、分时定价对阶梯定价再分配效应效率成本的动态影响

2013 年 12 月底，国家发改委提出 2015 年底前，在原有阶梯定价政策的基础上，在全国范围内推广峰谷电价政策，从而将呈现由分时定价嵌入阶梯定价的混

合定价结构。在对阶梯定价再分配效应的效率成本估计的基础上，考虑到杭州实施的是分时定价与阶梯定价镶嵌的复合定价政策，我们将进一步分析分时定价对效率成本的影响。根据分时定价的理论与政策分析，分时定价具备调节峰谷电量的功能，但并不具备再分配效应的功能，那么嵌入到阶梯定价中的分时定价对再分配效应是阻碍还是促进呢？具体的分析结果如表 6-13 和表 6-14 所示。

表 6-13 杭州市家庭效率成本分时变化表

类别		峰时				谷时			
		2009 年	2010 年	2011 年	平均	2009 年	2010 年	2011 年	平均
电量	低收入人群	101.7	111.7	114.6	109.4	93.2	100.2	101.6	98.4
	中等收入人群	109.3	123.6	129.5	120.9	100.6	110.6	117.3	109.5
	高收入人群	135.0	139.5	160.0	144.8	97.3	102.1	120.2	106.5
人均效率成本	低收入人群	0.0	0.0	0.1	0.0	−0.1	0.0	0.1	0.0
	中等收入人群	−0.4	−0.4	−0.2	−0.3	−0.5	−0.5	−0.5	−0.5
	高收入人群	−0.9	−0.6	−1.3	−0.9	−0.3	−0.1	−0.7	−0.4
总计效率成本	低收入人群	0.3	3.7	12.2	5.2	−8.3	−4.8	9.3	−1.7
	中等收入人群	−31.2	−31.3	−18.4	−28.0	−43.4	−43.4	−38.7	−43.5
	高收入人群	−18.7	−11.9	−25.6	−18.9	−5.3	−1.4	−13.6	−7.2

表 6-14 杭州市家庭效率成本占比分时变化表

类别	峰时				谷时			
	2009 年	2010 年	2011 年	平均	2009 年	2010 年	2011 年	平均
低收入效率成本占比/%	−0.6	−9.4	−38.4	−12.6	14.5	9.6	−21.6	3.3
中等收入效率成本占比/%	62.9	79.2	57.9	67.2	76.2	87.5	89.9	83.0
高收入效率成本占比/%	37.7	30.2	80.4	45.4	9.3	2.8	31.7	13.7

从表 6-13 和表 6-14 中 2009~2011 年峰谷电量的变化可以看出，2009 年及 2010 年，中等收入人群的谷时电量均超过了高收入人群，这就使得高收入人群的福利损失小于中等收入人群，进而导致 2010 年中等收入人群的峰谷福利损失均大于高收入人群，这一结果与收入越高、越应承担更多效率成本的原则不相符。

总效率成本中，谷时的效率成本更大。从比例上看，三年内峰时效率成本占比均小于 50%，且随着分时阶梯定价的深入，峰时的福利损失占比由 2009 年的 46.5%下降到 42.5%。同时，在峰时电量大于谷时的情况下，谷时的福利损失总量也大于峰时，且谷时效率成本占电费的比例也更高。这可能是因为分时定价下峰时的电量转移到了谷时，这同时导致谷时的效率成本加大。

峰谷分时定价阻碍了收入再分配效应的深化。2009年与2010年，中等收入人群的谷时电量均超过了高收入人群，导致中等收入人群在谷时的福利损失最大，甚至出现了在某些场景中高收入人群的福利损失小于低收入人群，福利得益高于低收入人群[1]，这违背了再分配趋于公平的原则，谷时阶梯定价的再分配效果受到严重影响。如果我们考虑不同收入人群在峰谷间差异化的弹性[2]，会发现分时定价下谷时的单个中等收入家庭的福利损失比高收入家庭要多32.9%，这削弱了再分配的公平效应。

同时，峰谷定价下，最高档的谷时阶梯定价价格仍将可能低于纯统一定价的价格，这将可能导致由统一定价转向分时阶梯定价时，谷时的用电量不会下降，反而会上升，这很好地起到了削峰填谷、提高发电利用效率的目的，但在电力价格存在大量补贴的情况下，对促进公平的收入再分配效应起到了阻碍作用。

第六节 结论及政策建议

本章利用2009~2011年杭州的居民用电和问卷调查月度数据，通过理论模型与实证分析，估算了阶梯定价下收入再分配效应的效率成本。我们首先构建理论模型说明当定价方式由统一定价转换为阶梯定价时，为实现阶梯定价的收入再分配功能，调节电费在各收入人群中更公平的分配，面临更高电价的用户消费者剩余将有所损失，而加总的社会福利也将下降，此即收入再分配的效率成本，并将此成本分解为第一类效率成本和第二类效率成本。在基于对电力需求弹性分析的基础上，我们研究了阶梯定价下杭州市单个家庭与社会的效率成本值，对不同收入人群的福利动态变化进行分析，并研究了杭州市镶嵌在阶梯定价中的分时定价对再分配效应的影响。

本章的研究结论和政策建议主要包括以下方面。

（1）第二类效率成本（即电量消费选择偏离最优量导致的效率成本）仍然较大，需加强对消费者使用阶梯定价等复杂定价方式的宣传普及。大量的经验研究表明，在阶梯定价下，由于阶梯跳跃的尖点较难识别，由计量误差和用户消费选

---

[1] 如2010年当$e=0.26$时，高收入人群的谷时福利损失小于低收入人群的谷时福利损失，原因在于虽然高收入人群谷时的电量消费仍然稍高于低收入人群，但高收入人群的谷时电量较低收入人群更为分散，高收入人群谷时电量位于第一阶梯内的占比为17.4%，而低收入人群谷时电量位于第一阶梯内的比例为21.2%，同时其他高收入人群谷时的消费量超过第一阶梯，但由于第二阶梯长度较宽（150kW·h），此时高收入人群超过第一阶梯的消费但没有超过第二阶梯，即高收入人群谷时的低消费电量者享受了更多的低价，而高消费电量者未处于更高的阶梯高价。

[2] 使用表6-5和表6-6中不同收入人群在峰谷间差异化价格弹性（峰时：0.06、0.31和0.21；谷时：0.16、0.36和0.26）所得的研究结论与使用表6-9所得研究结论完全一致。且由于差异化价格弹性中，中等收入人群的弹性更大，差异化价格弹性导致中等收入人群比高收入人群的福利损失更多。

择性地偏离最优行为所产生的误差导致消费者对最优电量的选择存在严重偏误，这需要阶梯定价的执行者采取多种措施对阶梯定价的结构、特征、实施规则等进行普及教育。

（2）阶梯定价的收入再分配效应较弱，需配以其他措施才能促使阶梯定价实现足够强的收入再分配目的。实证结果显示，杭州市电费收入占居民总收入的比例仅为 0.5%～2.5%，而家庭福利损失占电费总支出的比例为 0.18%～0.66%，社会福利损失占国内生产总值的比例也仅为 0.002%，杭州市的三级阶梯电价的收入再分配功效不是很大，可通过加大阶梯间的价差、提升高档阶梯的价格等方式来增强阶梯定价调节收入再分配的功能。

（3）阶梯分档不合理将严重影响收入再分配原则在不同收入档人群中的实施，需根据消费者习惯制定更合理的分档电量。杭州用户电量消费特征显示，当前杭州市三级阶梯定价所设置的第一档太小，第二档太宽，并未对中、高收入人群通过三级阶梯定价进行甄别。尤其在谷时的电量消费中，高收入人群的消费，要么位于第一档内，与低收入人群争享第一阶梯的低价福利，要么处于第二档内，未达到第三档内，使其未受阶梯高价的再分配效应约束。因此，对各阶梯的数量分档应根据消费者家庭的特征制定，使不同类型的消费者进入不同的阶梯范围内，从而实现收入再分配的目的。

（4）峰谷分时定价不利于收入再分配。从促进公平与收入再分配的角度，应慎用峰谷定价。对于不同收入档人群，由于各自的需求弹性存在差异，峰谷间的电量转移不一致。当前杭州市所采用的分时定价，导致中等收入人群谷时的社会福利损失最大，而不是高收入人群。不同定价结构之间功效可能会相会抵消，因此在阶梯定价中嵌入分时定价，可能会削弱公平效应。在电价体系设计中，可针对峰谷时的不同消费特征，采用几种定价组合的方式进行电价设计。例如，法国电力公司，推行"黄色电价""蓝色电价""绿色电价"，针对不同的用户群体，实施不同的电价组合。其中蓝色电价还有简单电价、分时电价以及避峰日电价几种供用户选择；再如日本东京电力公司，其电价结构为白天峰时采用阶梯定价结构，晚上谷时采用统一定价结构，取得了较好的效果。

需要注意的是，由于我国各种行业及资源产品的阶梯定价政策才刚开始实施，目前亟须结合公平性原则，综合协调节能减排、成本补偿以及削峰填谷等多重政策目标，并深入研究其对效率的影响。同时国内相关学者应将如何从整体路径发展及具体措施方面更好地发挥这种机制作为研究主题。受篇幅限制，本书未就复杂定价下的消费者究竟对哪种类型的边际（或平均）价格反应做出进一步的细分，以及根据除收入外的其他因素（如家庭规模与结构、受教育程度、家庭电器设备等）对效率成本进行分类估算。这些都是将来后续研究的可能方向。

第七章 非线性定价实施下的家庭人口特征和收入再分配调整

非线性定价的分配效应是资源定价改革的一个重要政策目标。本章以分时阶梯定价为例,在人口老龄化及生育政策逐渐放宽的背景下,通过建立结构计量模型,实证分析了引入家庭人口特征后,非线性定价对收入再分配效应这一政策目标的影响。基于效用最大化理论分析非线性定价的两阶段决策,本章通过构建引入家庭人口特征的 QUAIDS 函数,基于相对等价补偿方法建立收入再分配效应调整的测度模型。在此基础上估计了分时阶梯定价下,为保持相同效用增加家庭不同类型的人口需要增加的电费补偿率及其金额。研究结论表明,引入家庭人口特征后收入再分配效应得到了强化,其中低收入家庭的电费节约提升 21.5%,而中、高收入家庭的电费支出分别增加 1.05%、9.53%;家庭人口特征对消费者行为选择有显著影响,其中单个家庭成员增加对电价的影响强度为 0.4%~1.2%,增加一名家庭成员将增加电费支出 0.06%~0.46%;不同人口规模家庭的电费补贴结构存在明显差异;动态分析显示,随着预算水平的提高,家庭人口特征对收入再分配效应的影响减小。本章为系统评估和完善阶梯电价、水价和气价奠定了基础。

第一节 引　言

非线性定价具有同时兼顾效率和公平目标的特点,所以从 1980 年开始,我国就开始在电力行业进行电价试点与逐步改革,从分时定价试点到全国普遍实行分时电价,从阶梯电价试点到全国大部分地区内实施阶梯电价,再到全面推行峰谷分时与阶梯定价相结合这一非线性定价方式。峰谷分时与阶梯定价相结合的非线性定价方式在国内外得到了广泛实施,包括加拿大、美国、日本、法国等国家和中国台湾等地区,居民生活用电在执行阶梯电价的同时,也实施峰谷电价。

当前我国人口结构正在发生深刻的变化,不断加速的老龄化以及"单独二孩"生育政策的变化,导致家庭消费出现新特点。本章旨在利用 2009~2011 年杭州居民用电数据和问卷调查数据,分析分时与阶梯结合定价这一典型的非线性定价方式下的居民电力消费行为特征,特别是引入家庭人口特征对收入再分配效应的影响。本章的研究结果对于电力、供水和天然气等领域非线性定价的实施与改进无疑具有重要意义。

在水电气等公共事业领域，采用价格手段以调节收入再分配和促进社会公平，成为一个具有广泛共识的政府干预方式。基于规制经济学理论（Boiteux，1960；Laffont and Tirole，1993），分时定价通过设置峰谷两个时段内的差异性价格，引导不同习惯与收入的人群进行理性选择，通过调节消费时段与支出，起到削峰填谷、促进收入再分配的功效，而阶梯定价则通过对不同电量消费设置累进性的边际价格，用以抑制过度消费，促进公平和收入再分配效应。

非线性定价的收入再分配效应是理论和实证研究广泛关注的问题。大量文献首先研究了分时及阶梯定价下的需求响应问题，主要包括自价格弹性与交叉价格弹性的估计，其中 Feldstein（1972）构建了一个规制者兼顾追求效率与公平的模型，并以此用于估计美国马萨诸塞州的电力消费的价格与收入弹性。Maddock 和 Castano（1991）、Whittington（1992）、Rietveld 等（2000）、Bar-Shira 等（2006），Olmstead 等（2007）研究了阶梯定价与统一定价之间转换时，电力需求和电费的变化，并分析了阶梯定价对弱势群体的影响。Boland 和 Whittington（2000）通过对南亚广泛使用的阶梯定价分析显示，阶梯定价并未完成最初设定的如帮助穷人等目标。但 Borenstein（2008）发现了阶梯定价对低收入群体的补贴作用，指出对高收入家庭征收的高电价实质上补贴了低收入家庭，并首先采用消费者剩余这个微观经济学基本概念来刻画电力用户状况的变化，在利润中性假设下分析了线性定价转为阶梯定价时消费者剩余的变化量。Taylor 等（2005）得出英国分小时定价的价格弹性为–0.26～–0.05，并指出分时定价后峰时的载荷明显减小，并且在分小时的实时定价中，相邻时间的电量消费是相互替代的，但相隔较远时间的消费是互补的。Faruqui 和 Sergici（2010）对 15 个实证研究的宏分析表明，分时定价确实可以减少电量使用，其中峰时电量可减少 3%～–6%。

随着非线性定价研究的深入，政策制定者与研究者均逐渐意识到用电对象的属性特征对定价政策目标的重要影响。国内外学者的相关研究已经在第一章第五节中进行了详细介绍，其中，国内多位学者对不同定价模式下的政策含义进行了比较。国家发改委于 2011 年指出，对于在阶梯定价实施过程中存在的单表对应家庭居民人数较多、不同住房面积差异等问题，可单独制定独立的阶梯价格制度，以保证家庭的基本生活需求，实现阶梯定价的既定目标。这说明我国政策决策层在非线性定价的制定与实施过程中，已经认识到家庭特征对政策目标实现的影响。但当前国内文献尚未对此展开深入研究，尤其缺乏在考虑家庭特征下，基于国内真实数据的非线性定价的再分配效应研究。

鉴于此，本章的研究主题是，基于国内城市（杭州市）居民的家庭用电数据，以分时阶梯定价作为非线性定价的典型代表，研究引入家庭人口特征后，其对非线性定价收入再分配效应的影响。因此，在效用最大化框架下，本章首先基于 QUAIDS 函数和相对等价规模（relative equivalence scale）方法，构建引入家庭人口特征的收入再分配效应调整的理论模型，并将收入再分配调整额分解为需求模式差异、支付价格差异及替代成本节约三部分；其次，基于 2009~2011 年杭州市家庭用电的微观数据和问卷调查数据，构建从统一定价向分时阶梯定价转化的反事实场景，利用 IV 法解决非线性定价下的价格内生性问题，实证测算家庭电力消费的支出与价格弹性；最后，从静态角度和动态角度分别定量估算在杭州市居民用电实行分时阶梯电价时家庭人口特征对收入再分配效应调整的影响。研究发现：第一，家庭规模与结构强化了分时阶梯价格的收入再分配效应，与不考虑家庭人口特征相比，考虑了家庭人口特征后，在由统一定价向分时阶梯定价转换的过程中，中等收入家庭电费支出将增加 1.05%，高收入家庭电费支出将增加 9.53%，相反地，低收入家庭电费支出将节约 21.5%。第二，家庭人口特征对非线性定价下的消费者行为选择有显著影响，峰谷及阶梯价格随着家庭规模的扩大而上升，由于成员结构的不同，影响强度为 0.4%~1.2%；不同类型的家庭成员对电费支出的影响不同，增加一名家庭成员需要增加电费支出 0.06%~0.46%。电力需求属于基本需求，不同收入家庭的支出弹性为 0.69~0.77，价格弹性为-0.62~-0.18。第三，不同人口规模的家庭在电费补贴结构上存在明显差异，随着家庭规模的扩大，需求模式差异所占比例减小，而支付价格差异迅速扩大，替代成本节约逐渐上升，从一对年轻夫妇的两人家庭到一对年轻夫妇、两位老人的四人家庭，三类补贴值的比例由 4：1：0.1 调整为 1：2：1。第四，动态分析显示，随着预算水平的提高，家庭人口特征对不同收入类型家庭的再分配效应影响均在减小，三类不同收入家庭的电费补贴率均呈现出下降的趋势，增加一位家庭成员的电费补贴率由 0.07%~0.55%下降为 0.05%~0.51%。

  本章的主要结构如下：第二节构建考虑家庭人口特征下非线性定价的收入再分配效应调整的模型框架；第三节简要说明实证分析使用的微观数据，并分别从静态和动态角度进行实证研究，通过构建反事实场景，基于非线性定价下价格内生性的事实，引入 IV，利用 QUAIDS 函数及相对等价规模方法，估算分时阶梯定价下的收入再分配效应调整强度，并分析分时阶梯定价下再分配效应调整强度的动态变化；第四节进行总结和提出政策建议。

第二节 理 论 模 型

  本部分应用效用最大化理论与 QUAIDS 模型，研究分时阶梯定价方式下的居民用电行为特征。通过研究家庭阶梯选择及建立居民电力预算份额模型，利用引入家庭人口特征的 QUAIDS 模型分析家庭电力消费弹性，在此基础上引入相对等价规模概念，测算不同家庭规模及家庭成员结构的电费补偿率与补偿额，并对补偿率进行分解。

一、非线性定价下的两阶段决策：价格选择与预算份额

当价格一定时，传统的预算优化方式是在预算约束 $\sum_i p_i q_i = y$ 下最大化（直接）效用函数 $U(q_1,q_2,\cdots,q_I)$。或对偶地，消费者的需求方程为在预算约束下最小化支出成本函数 $C(p_1,p_2,\cdots,p_I,U)$。

因为阶梯定价下预算约束是分段线性的，所以非线性定价中的阶梯定价系统使得上述传统方法无效。Taylor（1975）通过将消费分配到预算约束的线性部分内（此时标准的效用最大化或成本最小化可行）而绕开此难题。假设阶梯定价下最后一个阶梯的价格为 p^*，Taylor 的方法为最小化支出成本函数 $C(p^*,p_2,\cdots,p_I,U)$，得到产品需求 $q_i(p^*,p_2,\cdots,p_I,y)$。Nordin（1976）认为收入 y 必须根据 p^* 进行修正，即根据所在消费阶梯的递增消费金额补偿真实收入，此时得到虚拟收入，$\tilde{y}_k = y + d_k$[①]。图 7-1 给出了二级阶梯定价下消费者的最优选择。

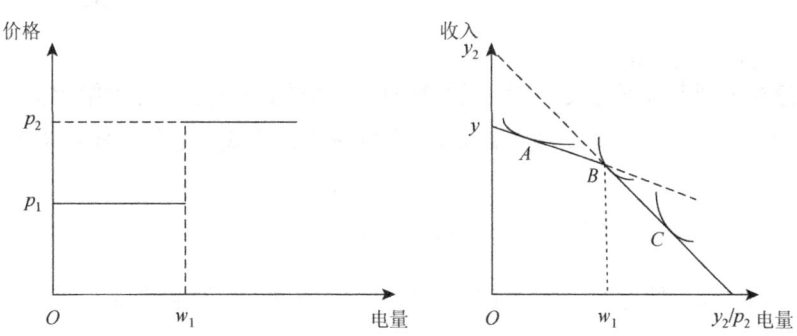

图 7-1 二级阶梯定价下消费者的最优选择

基于 Taylor-Nordin 程序，使用两阶段决策流程来处理价格内生性问题（Hewitt and Hanemann，1995；Pint，1999）。首先，消费者选择他们愿意在哪一个阶梯上进行消费，由此将他们固定在预算约束下某一特定的线性部分；然后，选择在阶梯内的某一点来最大化其效用。在使用两阶段预算时，我们将假设"隐含的可分

---

① $d_k = \begin{cases} 0, & k=1 \\ \sum_{j=1}^{k-1}(p_{j+1}-p_j)w_k, & k>1 \end{cases}$。

离性",即假设进入成本函数的商品可以分为多个种类,每个种类有基于总效用下的子成本函数[①]。

设定其他商品为给定价格 P 下的希克斯补偿商品,我们分析在阶梯定价结构下的某种商品的消费者需求。在"隐含的可分离性"假设下,包含消费者选择偏好的成本函数为

$$C(p,x,P,U) = G[c_1(p_1,P,U),\cdots,c_M(p_M,P,U),x,U] \tag{7-1}$$

其中,$p_m(m=1,2,\cdots,M)$ 是第 m 级阶梯上的价格;$c_M(p_M,P,U)$ 是与第 M 级阶梯价格相对应的单位成本子函数,可被视为预算约束的线性部分;x 是影响阶梯选择的内生变量组成的向量;p 是所有商品价格组成的向量。

对式(7-1)使用谢泼德引理,可得到在第 m 级阶梯价格上的商品需求为

$$q_m(p,x,P,U) = \frac{\partial C(p,x,P,U)}{\partial p_m} = \frac{\partial C(p,x,P,U)}{\partial c_m(p_M,P,U)} \frac{\partial c_m(p_M,P,U)}{\partial p_m} \tag{7-2}$$

其中,$\dfrac{\partial C(p,x,P,U)}{\partial c_m(p_M,P,U)}$ 表示在第 m 级阶梯价格水平下消费者的需求;$\dfrac{\partial c_m(p_M,P,U)}{\partial p_m}$ 是基于阶梯选择后(在阶梯内部)的数量需求。因此,$\dfrac{\partial C(p,x,P,U)}{\partial c_m(p_M,P,U)}$ 代表了预算约束下选择哪一个线性部分(因为预算约束是分段线性的),$\dfrac{\partial c_m(p_M,P,U)}{\partial p_m}$ 是在这一部分选择哪一个点。

在最初的预算阶段设定消费者的单位成本函数 $c_m(p_M,P,U)$ 为给定的,基于可分离性的假设,设定成本函数为柯布-道格拉斯函数形式,由此选择消费水平来最小化成本函数:

$$C(p,x,P,U) = \prod_m c_m(p_M,P,U)^{\theta_m(X)} U \tag{7-3}$$

其中,$\theta_m(X) \geqslant 0$ 且为凹,$\sum_m \theta_m(X) = 1$。由式(7-2)得商品的希克斯需求为

$$q_m(p,x,P,U) = \frac{\theta_m(X) \prod_m c_m(p_M,P,U)^{\theta_m(X)} U}{c_m(p_M,P,U)} \tag{7-4}$$

设定 y 是消费者的支出预算,由式(7-3)得间接效用函数 $U = \dfrac{C(p,x,P,U)}{\prod_m c_m(p_M,P,U)^{\theta_m(X)}}$,用 y 替代支出成本函数 $C(p,x,P,U)$,由此得马歇尔需求方程:

[①] 相比较而言,更为一般的概念是弱(成本)可分离性,即子成本函数是基于子效用函数来定义的,详细见 Deaton 和 Muellbauer(1980),Moffitt(1990)给出了一个预算约束下处理非线性问题较为完整的文献综述。

$$q_m(p_m,x,P,y) = Y\frac{\theta_m(x)}{c_m(p_M,P,U)}\frac{\partial c_m(p_M,P,U)}{\partial p_m} \qquad (7\text{-}5)$$

式（7-5）左右两侧都乘以 p_m，再除以 Y，可得预算份额为

$$w_m(p_m,x,P,y) = \theta_m(x)\frac{\partial \ln c_m(p_M,P,U)}{\partial \ln p_m} \qquad (7\text{-}6)$$

其中，$w_m = \dfrac{p_m q_m}{Y}$ 为电费支出占收入 Y 的份额；$\theta_m(x)$ 是消费选择第 m 个阶梯的概率，当 $\theta_m(x)=1$ 时，选择在第 m 个阶梯消费，否则 $\theta_m(x)=0$。

二、引入家庭人口特征的 QUAIDS 函数构建

采用合理的需求模型来刻画式（7-6）是准确分析消费者行为偏好与福利分析的基础，在非线性定价结构下，只有引入合理的需求函数，才能分析不同因素对居民电力需求的影响，并识别出价格和收入等变量对家庭需求行为的影响。

需求函数模型一般包括线性支出系统（linear expenditure system，LES）需求函数（Stone，1954）、扩展的线性支出系统（extended linear expenditure system，ELES）需求函数模型（Liuch，1973）、Rotterdam 模型（Theil，1965；Barten and Turnovsky，1966）、超越对数系统（transcendental logarithmic system，TLS）需求函数模型（Christenson et al.，1975）、AIDS 模型（Deaton and Muellbauer，1980）及 QUAIDS 模型（Banks et al.，1997）。其中，ELES 和 AIDS 等模型均属于 2 秩模型，2 秩需求系统中的恩格尔曲线是线性的；而 QUAIDS 模型属于 3 秩模型[①]，其需求系统中的恩格尔曲线是非线性的，因此在模拟和预测时比 AIDS 模型具有更大的平滑性，能更好地反映消费需求规律。

QUAIDS 模型满足价格独立一般对数（price independent generalized log，PIGLOG）形式的偏好需求体系（Muellbauer，1976），其用户偏好用二次对数成本函数表示为（Lewbel，1990）

$$\ln C(p,U) = \ln a(p) + \frac{b(p)U}{1-\lambda(p)U} \qquad (7\text{-}7)$$

其中，U 是家庭的效用函数；p 为消费品价格的向量形式；$a(p)$ 为综合价格指数；$b(p)$ 为柯布-道格拉斯型价格集合指数；$\lambda(p)$ 为价格 p 的零阶齐次函数。

$\ln a(p)$、$b(p)$、$\lambda(p)$ 分别表示为

---

① Gorman（1981）证明了任何可精确加总的需求体系最大可能的秩为 3；对秩的详细解释和说明见 Lewbel（1991）、Cranfield 等（2003）、范金等（2011）。

$$\ln a(p) = \alpha_0 + \sum_{i=1}^{s} \alpha_i \ln p_i + \frac{\sum_{i=1}^{s}\sum_{j=1}^{s} \gamma_{ij} \ln p_i \ln p_j}{2}$$

$$b(p) = \prod_{i}^{s} p_i^{\beta_i}$$

$$\lambda(p) = \sum_{i=1}^{s} \lambda_i \ln p_i$$

由罗伊恒等式，QUAIDS 模型可以写作：

$$w_i = \alpha_i + \sum_{j=1}^{s} \gamma_{ij} \ln p_j + \beta_i \ln\left[\frac{m}{a(p)}\right] + \frac{\lambda_i}{b(p)}\left\{\ln\left[\frac{m}{a(p)}\right]\right\}^2 + \varepsilon_i \quad (7\text{-}8)$$

其中，w_i 表示商品 i 占总消费支出的比例，满足 $\sum_i w_i = 1$；p_j 为商品 j 的价格；s 为消费品的种类数量。

Mazzocchi（2003）、Akbay 等（2007）指出，QUAIDS 模型还可以加入一些家庭人口统计特征变量，如家庭人口规模、家庭人口结构、户主受教育水平、家庭所在区域、家庭所处的收入等级等。囿于本章的数据限制，本章所关注的家庭人口统计特征主要包括家庭规模与家庭年龄结构，Ray（1983）、Heien 和 Wessells（1990）构建支出函数的形式为

$$e(p, z, u) = m_0(p, z, u) \cdot e^R(p, u) \quad (7\text{-}9)$$

其中，z 表示家庭人口统计特征向量；$m_0(p,z,u)$ 表示加入家庭人口特征变量的尺度函数（sacling funcation）[①]；$e^R(p,u)$ 表示代表性家庭支出函数，如仅有一个成人的家庭；u 为效用值。进一步对尺度函数分解为

$$m_0(p, z, u) = \bar{m}_0(z) \times \phi(p, z, u) \quad (7\text{-}10)$$

式（7-10）中的第一项在未控制消费模式的任何改变下，以 z 的函数形式测量了家庭的支出增加，如在忽略消费产品构成的条件下，一个四口之家比两口之家有更高的支出额。第二项控制了相对价格和真实产品消费构成，如两个成人和两个儿童的家庭与四个成人的家庭的消费结构肯定会存在差异。

为便于实证估计，根据 Ray（1983），将式（7-10）中的第一项参数化为

$$\bar{m}_0(z) = 1 + \rho' z$$

其中，ρ' 是需要估计的参数向量。

Poi（2002）将式（7-10）中的第二项参数化为

[①] 也可使用人口迁移方法（demographic transition method），详见 Heien 和 Wessells（1990）的研究。

$$\ln\phi(p,z,u) = \frac{\prod_{j=1}^{k} p_j^{\beta_i}\left(\prod_{j=1}^{k} p_j^{\eta_j'z} - 1\right)}{\dfrac{1}{u} - \sum_{j=1}^{k}\lambda_j \ln p_j}$$

式（7-7）可以方便地比较是否具有某项人口统计特征（如人口数量、结构等）家庭的支出预算方程。其中 η_j' 为 $s \times k$ 的矩阵 η 的第 j 列，k 为人口统计特征变量个数。

由此得加入家庭人口统计特征变量的 QUAIDS 模型形式为

$$w_i = \alpha_i + \sum_{j=1}^{k}\gamma_{ij}\ln p_j + (\beta_i + \eta_i'z)\ln\left(\frac{m}{\overline{m}_0(z)a(p)}\right) + \frac{\lambda_i}{b(p)c(p,z)}\left\{\ln\left(\frac{m}{\overline{m}_0(z)a(p)}\right)\right\}^2 \tag{7-11}$$

其中，$c(p,z) = \prod_{i=1}^{k} p_i^{\eta_i'z}$。

根据 QUAIDS 模型各参数的估计结果，可分别测算出家庭各类商品支出弹性（收入弹性）e_i、未补偿的价格弹性（Marshall 价格弹性）e_{ij}^{u}、补偿的价格弹性（Hicks 价格弹性）e_{ij}^{c} [①]，依次为

$$e_i = 1 + \frac{1}{w_i}\left(\beta_i + \eta_i'z + \frac{2\lambda_i}{b(p)c(p,z)}\left\{\ln\left(\frac{m}{\overline{m}_0(z)a(p)}\right)\right\}\right)$$

$$e_{ij}^{u} = -\delta_{ij} + \frac{1}{w_i}\left(\gamma_{ij} - \left(e_i + 1 + \frac{1}{w_i}\left(\beta_i + \eta_i'z + \frac{2\lambda_i}{b(p)c(p,z)}\left\{\ln\left(\frac{m}{\overline{m}_0(z)a(p)}\right)\right\}\right)\right.\right.$$

$$\left.\left.\times\left(\alpha_j + \sum_{l}\gamma_{jl}\ln p_l\right) - \frac{(\beta_i + \eta_i'z)\lambda_i}{b(p)c(p,z)}\left\{\ln\left(\frac{m}{\overline{m}_0(z)a(p)}\right)\right\}^2\right)\right)$$

$$e_{ij}^{c} = e_{ij}^{u} + \mu_i w_j \tag{7-12}$$

与未考虑家庭特征的 QUAIDS 模型类似，加入了家庭人口特征变量的 QUAIDS 模型同样满足可加性 $\left(\sum_{i=1}^{k}\alpha_i = 1\right)$、齐次性 $\left(\sum_{i=1}^{k}\beta_i = 0, \sum_{j=1}^{k}\gamma_{ij} = 0, \sum_{i=1}^{k}\lambda_i = 0\right)$ 和斯勒斯基对称性（$\gamma_{ij} = \gamma_{ji}$）。

[①] Marshall 价格弹性是确保消费者的收入在商品价格变化前后保持不变时，能使消费者实现效用最大化所得的价格弹性。而 Hicks 价格弹性是给定消费者效用和各种商品价格，能使消费者实现支出最小化所得的价格弹性，它剔除了商品价格变化引起的收入效应。对于正常品来说，e_{ij}^{u} 的绝对数值要大于 e_{ij}^{c}（Mas-Colell et al.，1995）。本章为分析统一定价转换为阶梯定价后的消费行为，因此使用 Marshall 价格弹性。

三、基于相对等价规模的收入再分配效应调整

基于第一阶段对阶梯价格选择与第二阶段在家庭特征下对家庭需求函数的分析,我们使用相对等价规模方法(Blundell and Lewbel,1991)来分析价格变化前后,具有不同规模与结构特征的家庭与基准家庭相比,保持相同的福利与效用水平需要增加的支出或补贴变化。它度量了具有某一特征的家庭与基准家庭相比,在价格变化前后,为保持家庭效用水平不变而需要的补偿之比。在非线性定价中引入家庭人口特征进行福利分析,研究家庭人口特征对收入再分配的影响与调整,是对非线性定价实现收入再分配政策目标的细化和深入。

定义在给定效用水平 $\bar{u}_h$ 下家庭 h 的真实生活成本指数[①]为

$$I_h = \frac{c(p_h^*, P, z_h, \bar{u}_h)}{c(p', P, z_h, \bar{u}_h)} = \exp\left\{\left(a_h^* + \frac{b_h^* \bar{u}_h}{1 - \lambda_h^* \bar{u}_h}\right) - \left(a_h' + \frac{b_h' \bar{u}_h}{1 - \lambda_h' \bar{u}_h}\right)\right\} \quad (7\text{-}13)$$

式(7-13)的真实生活成本指数测量了当(事前的)价格水平 p' 变化为(事后的) p_h^* 时,为获得相同的效用水平需要的费用变化。

使用两个不同家庭特征的真实生活成本指数之比来比较补贴或处罚对家庭福利的影响,即相对等价规模方法(Blundell and Lewbel,1991)。以某一基本家庭特征(如单身成年劳动力家庭)作为基准,定义相对等价规模为

$$R_{ho} = \left(\frac{c(p_h^*, P, z_h, \bar{u}_h)}{c(p', P, z_h, \bar{u}_h)}\right) \bigg/ \left(\frac{c(p_o^*, P, z_o, \bar{u}_o)}{c(p', P, z_o, \bar{u}_o)}\right) \quad (7\text{-}14)$$

相对等价规模测量了家庭 h 与参照家庭在事前与事后两类不同的价格下,为获得相同的效用而需要的相对补偿。例如,若家庭有无小孩,价格的变化幅度分别为 t_h 与 t_o,那么 R_{ho} 是有小孩家庭为取得事前效用需要的补偿额与无小孩家庭为取得事前效用需要的补偿额之比。

当价格为外生时,相对等价规模由人口特征对家庭需求的影响强度决定。当 $R_{ho} > 1$ 时,有小孩的家庭比没有小孩的家庭消费的产品价格要高,反则反之。然而,在阶梯定价下,价格是内生的,即相对等价规模也受到小孩(或其他家庭)特征所决定的价格的影响,即小孩数量本身也决定产品价格。$\delta(z_h)$ 是人口特征和其他一些影响消费者需求的家庭特征的函数,由此得

[①] 其中,$\bar{u}_h = \frac{(\ln \bar{y}_h - \bar{a}_h)\bar{b}_h}{(\ln \bar{y}_h - \bar{a}_h) + \bar{\lambda}_h}$,$a_h^* = a(p_h^*, P, z_h)$,$b_h^* = b(p_h^*, P, z_h)$,$a_h' = a(p_h', P, z_h)$,$b_h' = b(p_h', P, z_h)$,$\bar{a}_h$、$\bar{b}_h$、$\bar{g}_h$ 表示当效用水平 $U_h = \bar{u}_h$ 时的 a_h、b_h、g_h 值。

$$\ln R_{ho} = \left(w_h - \frac{\gamma \ln s_h}{2}\right)\ln s_h - \left(w_o - \frac{\gamma \ln s_o}{2}\right)\ln(-s_o) \qquad (7\text{-}15)$$
$$= (w_h - w_o)\ln s_h + (\ln s_h - \ln s_o)w_o - \frac{\gamma[(\ln s_h)^2 - (\ln s_o)^2]}{2}$$

其中，s 为价格变化前后的比例，$s_h = \frac{p_h^*}{p'}$，$s_o = \frac{p_o^*}{p'}$。式（7-15）表明，由于对所消费的商品使用非线性定价，导致家庭中是否有小孩造成的成本差异由三部分构成：第一部分 $(w_h - w_o)\ln s_h$ 反映的是两类家庭需求模式的差异；第二部分 $(\ln s_h - \ln s_o)w_o$ 反映了每单位消费支付价格上的差异；第三部分 $\frac{\gamma[(\ln s_h)^2 - (\ln s_o)^2]}{2}$ 从替代角度反映了随着非线性价格的上升引致的成本节约。

第三节 实证分析

一、数据说明

为估算分时阶梯定价下不同家庭人口特征的相对等价规模值及对应的电费补偿率，本章将基于理论模型构建实证估计方程进行分析，下面首先对将要用到的微观数据进行简要说明。本章使用的是 2009~2011 年课题组与国家电网联合调查数据，在样本期内，作为阶梯电价试点地区，杭州的非线性定价形式为，在实施峰谷分时电价的同时，还在峰谷内部嵌套实施了三级阶梯电价。

本章使用的数据中，杭州市调查家庭样本共计 119 户。家庭用电信息来源于国家电网数据库，其余信息均通过调查问卷方式获得，共计得到 4262 个有效样本。另外需要说明的是，虽然本章所用数据仅有 119 户，但总体有效样本较大，与国外同类研究数据相比，样本量已达到相似水平。样本的电价结构表和基本统计量如表 2-1 和 2-2 所示。对于不同收入层次的家庭，其家庭人口特征也存在差异，具体如表 6-1 所示。从表 6-1 可以看出，低收入人群的家庭规模较小，但其家庭负担 [（老人数 + 未成年人数）/家庭总人口数] 最高，家庭老龄化程度最高，而中等收入家庭的规模最大，但其家庭负担与老龄化程度均为最低，高收入家庭的家庭负担比例较高，其中重要的原因是家庭成员中未成年人数是三类家庭中最多的。

二、反事实场景构建

为了分析和估算相对等价规模值及对应的电费补偿率，必须选择一个合适的参照点。这里选择统一定价作为比较基准。浙江省自 2004 年开始进行阶梯定价试点，基于前面所构建的理论模型，要分析在统一定价转换为阶梯定价后，家庭人口特征对电费补偿的影响，需要构建浙江省实施统一定价的反事实场景。

本章集中分析引入家庭人口特征后，由统一定价转换为分时阶梯定价的家庭收入再分配效应，为此，进一步假定消费者和企业均为风险中性①，且边际提供成本 $c=0$。保持被规制的公共事业中，在垄断生产企业利润中性的条件下，由统一定价转换为分时阶梯定价时，企业利润和生产者剩余均不变，此时社会总福利的变化即消费者剩余的变化。在保持电力公司电费总收入不变的条件下，电费支出在不同收入和家庭人口特征人群间分配，即通过分时阶梯定价进行收入再分配。我们可以由此计算出反事实场景下，区分峰时与谷时的统一定价与包含峰时与谷时的统一定价，峰时统一电价为 0.591 元，谷时统一定价为 0.308 元，分时阶梯定价下的统一价格为 0.459 元。

三、工具变量选择

非线性定价下计量分析的另一个难题在于价格选择的内生性。基于杭州的用户信息和电价信息，我们使用 QUAIDS 模型式（7-11）分析杭州居民的用电需求。但由于阶梯选择（阶梯价格）和用电量同时被决定，模型式（7-11）的估计存在内生性问题。因此，我们采用 IV 来解决这个问题。

本章使用预测的峰时与谷时的相对价格 $\bar{p}^p/\bar{p}^o$ 作为真实分时与阶梯混合定价的 IV。需要注意的是，预测的峰时与谷时的相对价格 $\bar{p}^p/\bar{p}^o$ 中的峰时价格 $\bar{p}^p$ 与谷时价格 $\bar{p}^o$ 不是由真实家庭的消费数据计算所得的，而是通过用多项式 Logit 模型对住户的行为选择过程进行模拟，即利用多值选择模型对影响选择峰谷内各三个阶梯共 9 种组合下的概率进行估计，其解释变量是住户的社会经济因素（家庭规模与结构、居住面积等）、电器因素及气候因素等变量。社会经济因素及气候因素为明显的外生变量，电器调查在本调查中为一次完成，在调查期内保持不变，且在短期内，一般均假定家庭的电器设备保持不变，因此解释变量均为外生变量。这一估计步骤与 Wooldridge（2002）、周亚虹等（2012）使用 Logit 或 Probit 回归的估计拟合值作为 IV 类似；Barkatullah（1996）、Dahan 和 Nisan（2007）也提出利用可观察的住户特征得到预测的价格并作为工具变量，除了解决内生性以外，这种估计方法的另一个好处是可以在规制价格保持不变的情况下增加价格的变动。正如周亚虹等（2012）指出，由于用户选择阶梯和峰谷的影响因素众多，

---

① 引入此假设是为了简化支出与效用之间的对应关系，并方便计算由家庭再分配效应到社会再分配总效应间的转换，如果引入不同的风险偏好属性，并不影响研究结论。

直接使用可能会造成弱 IV 性,如果能够综合成一个指标无疑会对实证研究带来方便。

如果住户的阶梯与峰谷选择属于自身选择的结果,那么在此通过计量模型分析住户的行为选择是具有说服力的。从 IV 的相关性与外生性来看,用多值选择模型对住户的选择行为进行模拟,由此得到的估计拟合值与住户真实的选择结果高度相关,这就满足了 IV 首先必须与内生变量相关的基本要求;另外,IV 要求与扰动项不相关,同样是容易理解的,这是因为多值选择模型的解释变量为社会经济因素、电器因素及气候因素,我们已经说明它们均为外生变量,那么该拟合值是外生变量的函数,因此与扰动项不相关。

表 7-1 给出了 IV 的描述性统计和检验,并对解释变量的内生性进行了检验及弱 IV 检验。

表 7-1　IV 的描述性统计和检验

IV 特征		预测的峰时与谷时的相对价格
IV 的描述性统计	平均值	1.965
	最大值	2.034
	最小值	1.505
	标准差	0.049
弱 IV 检验	F 统计量	67.874
	Cragg-Donald Wald F 统计量	194.578
	Stock-Yogo bias critical 值	16.38(10%)
内生性检验	Durbin-Wu-Hausman 内生性检验	23.669

从弱 IV 检验结果可知,一阶段回归的 F 统计量为 67.874,远大于 10 的临界经验值;弱 IV 检验 Cragg-Donald Wald F 统计量为 194.578,大于 10%偏误下的临界值 16.38,即拒绝弱 IV 的假设。Durbin-Wu-Hausman 内生性检验结果为 23.669,拒绝价格是外生变量的假设,即分时阶梯定价下的价格要用 IV 进行估计。

四、QUAIDS 模型估计

我们首先进行一阶段回归分析,即峰时、谷时及峰谷混合时的(最高)阶梯边际价格与家庭人口特征间的关系,以分析家庭人口特征中不同年龄段人群对阶梯价格选择的影响,回归结果如表 7-2 所示。

表 7-2　一阶段阶梯价格的回归方程[①]

变量	Ln（峰时边际价格）	Ln（谷时边际价格）	Ln（边际价格）
65 岁及以上人数	0.003***	0.002	0.009***
	（0.001）	（0.002）	（0.002）
18～65 岁人数	0.004***	0.008***	0.004***
	（0.001）	（0.001）	（0.002）
18 岁及以下人数	0.005***	0.001	0.012***
	（0.002）	（0.003）	（0.003）
样本数		4262	

***在 1%显著性水平下显著。

表 7-2 分析显示，无论是峰时还是谷时的阶梯边际价格抑或峰谷混合时的边际价格，绝大部分都随着家庭人数的增加而显著增加。这说明家庭规模显著影响阶梯价格的选择及家庭的电力消费行为。同时实证数据显示，不同年龄的家庭成员对边际价格的影响程度不同，在峰时，家庭成员每增加一个 65 岁及以上人口，峰时价格增加 0.3%；每增加一个 18～65 岁劳动力，峰时价格增加 0.4%；每增加一个 18 岁及以下人口，峰时价格增加 0.5%。而谷时仅有 18～65 岁劳动力显著影响价格，每增加一位 18～65 岁劳动力，谷时价格增加 0.8%，谷时的老年人与未成年人系数不显著可能与他们的生活方式与作息习惯有关。而在峰谷混合定价下，家庭成员每增加一个 65 岁及以上人口，峰时价格增加 0.9%；每增加一个 18～65 岁劳动力，峰时价格增加 0.4%；每增加一个 18 岁及以下人口，峰时价格增加 1.2%。

在第一阶段对阶梯价格选择的分析及对工具变量的估计基础上，在第二阶段分析预算份额时使用引入家庭人口特征的 QUAIDS 函数，利用迭代非线性似不相关回归（iterated non-linear seemingly unrelated regression，INSUR）法（Poi，2012），分析分时阶梯定价下的居民消费行为特征，以期更准确地把握定价模式对不同收入家庭的电力消费影响，同时可以分析电力价格变化对各收入等级家庭福利的影响。所有样本的 QUAIDS 模型分析结果如表 7-3 所示。

表 7-3　二阶段 QUAIDS 模型估计结果

参数	系数/T 值	参数	系数/T 值	参数	系数/T 值
α_1	0.431***	α_2	0.890***	α_3	−0.321***
	（0.148）		（0.137）		（0.014）

① 限于篇幅，本章略去了其他控制变量的回归结果。

续表

参数	系数/T值	参数	系数/T值	参数	系数/T值
β_1	0.132***	γ_{31}	−0.050***	λ_2	0.016***
	(0.007)		(0.018)		(0.001)
β_2	0.049***	γ_{22}	0.132***	λ_3	−0.057***
	(0.004)		(0.011)		(0.003)
β_3	−0.181***	γ_{32}	−0.095***	ρ_1	−0.059***
	(0.009)		(0.016)		(0.008)
γ_{11}	0.088***	γ_{33}	0.145***	ρ_2	−0.088***
	(0.029)		(0.003)		(0.006)
γ_{21}	−0.038***	λ_1	0.041***	ρ_3	0.176***
	(0.013)		(0.002)		(0.017)

***在1%显著性水平下显著。

从表7-3的QUAIDS模型参数估计结果可以得到,所有二次设定的参数估计值均显著,这说明了选择使用QUAIDS模型的有效性。进一步地,表7-4为对引入家庭人口特征变量所进行的Wald检验,结果显示三类人口变量均具有统计显著性,这说明估计模型时引入家庭人口特征比不考虑这些特征时有更好的拟合结果。

表7-4　家庭人口特征变量的Wald检验

变量	Chi2	Prob＞Chi2
65岁及以上人数	80.290	0.000
18~65岁人数	665.010	0.000
18岁及以下人数	285.820	0.000

根据不同家庭人口特征下的QUAIDS模型回归结果,可以计算出所有收入组及平均的消费支出弹性、补偿的Hicks价格弹性和未补偿的Marshall价格弹性。具体结果如表7-5所示。

表7-5　分时与阶梯定价下的消费支出弹性与价格弹性

类别	支出弹性	Hicks价格弹性	Marshall价格弹性
低收入人群	0.777	−0.554	−0.622
中等收入人群	0.738	−0.434	−0.482
高收入人群	0.692	−0.148	−0.176
所有人	0.760	−0.498	−0.554

表 7-5 中，支出弹性反映了家庭生活消费总支出每变化 1%所引致的电费支出变化的程度，支出弹性为正且小于 1，即随着家庭支出水平的提高，电费的支出比例将下降。价格弹性为负且为–0.554，表明电价每增长 1%，带来的电量需求下降约为 0.55%，这与 Espey J A 和 Espey M（2004）、Alberini 和 Filippini（2011）、冯永晟（2014）等的研究结论一致，电力需求缺乏弹性，是居民消费的必需品。而对于不同的收入组而言，随着收入的提高，支出弹性逐渐下降，价格弹性数值也逐渐下降，即高收入家庭对电费支出及电价的提升更不敏感。

五、收入再分配效应调整的测算

在基于家庭人口特征的 QUAIDS 模型分析的基础上，使用表 7-3 的分析结果，利用式（7-15）的相对等价规模测度工具，我们计算在考虑了收入及家庭人口的特征因素后，分时阶梯定价的收入再分配效应是得到了加强还是弱化。

我们以家庭成员为单身成年劳动力作为基准，分析在事前的统一定价与事后的分时阶梯定价下，具有其他人数与结构特征的家庭为获得相同的效用而需要进行补偿的相对变化比例，我们用电费补贴率来表示，当电费补贴率为正时说明需要增加电费支出，电费补贴率为负表示电费支出的节约。我国常见家庭人口结构下的电费补贴率测算结果如表 7-6 所示。

表 7-6 常见家庭人口结构下的电费补贴率测算

变量	单人家庭	无儿童无老人夫妇家庭	一个儿童夫妇家庭	一位老人夫妇家庭	两个儿童夫妇家庭	两位老人夫妇家庭
家庭总人数	1	2	3	3	4	4
65 岁及以上人数	0	0	0	1	0	2
18~65 岁人数	0	2	2	2	2	2
18 岁及以下人数	0	0	1	0	2	0
电费补贴率/%	—	0.06	0.50	0.52	0.93	0.98

由表 7-6 可知，以单人家庭为基准，为保证家庭能获得相同的效用水平，增加家庭成员都需要增加相应的电费支出。支出增加的原因来自两个方面：①边际价格的上升。表 7-2 的回归结果显示，在阶梯定价下，随着家庭成员的增加，电力边际价格上升，每增加一位成员边际价格将增加 0.3%~0.5%；②对于相同预算（或收入）约束但成员不同的家庭而言，较多的家庭成员导致电力消费占预算比例上升。并且，与增加成年劳动力相比，在峰谷混合的分时阶梯定价机制下，增加

未成年人或老人需要的电费补贴率均大幅提高,这说明在分时阶梯定价下,家庭人口结构对收入再分配效应的冲击不尽相同。

结合表 6-1 对杭州市不同收入家庭的人口特征描述,我们可以具体比较考虑家庭人口特征与未考虑家庭人口特征(即假定所有家庭拥有相同的人口特征)两种情景下的电费支出额差异。

由表 7-7 可得,与不考虑家庭人口特征相比,在考虑了家庭人口特征后,低收入家庭的月均电费将下降 0.02 元,而中等收入家庭将增加 0.01 元,高收入家庭将上升 0.10 元。很明显,电费金额调整的绝对值较小,但与未考虑家庭人口特征时的收入再分配效应[①]相比,考虑了家庭人口特征后的低收入家庭电费节约可以提升 21.5%,而中等收入家庭的电费支出将增加 1.05%,高收入家庭增加 9.53%。因此,引入家庭人口特征对于低收入家庭加强了其电费节约,对于中等收入家庭稍微提升了电费支出,对于高收入家庭的电费有较大提升,这符合阶梯定价促进公平、进行收入再分配的政策目标,非线性定价下引入家庭人口特征因素强化了收入再分配效应。

表 7-7 不同收入组下家庭特征导致的收入再分配效应调整

类别	再分配效应/元				支出差异/%	月差异/元	平均再分配效应/元	占比/%
	家庭规模	65 岁及以上人数	18~65 岁人数	18 岁及以下人数				
低收入人群	−0.335	0.088	−0.319	−0.104	−0.02	−0.023	−0.106	21.5
中等收入人群	0.399	−0.147	0.430	0.116	0.01	0.009	0.897	1.05
高收入人群	0.351	0.077	0.137	0.137	0.10	0.123	1.295	9.53

注:占比指与未考虑家庭人口特征时的收入再分配效应相比,考虑了家庭人口特征后的收入再分配效应会增加的比例。

需要说明的是,由家庭特征导致的电力分时阶梯定价收入再分配效应调整金额仅为−0.023~0.123 元,数值相对较小,这是因为我们仅考虑公共事业服务中的居民电力服务,而电力消费占家庭总消费支出的比例仅为 6.9%~7.7%。随着我国公共事业的进一步改革与发展,包括居民用水、燃气、公共交通、供暖等都将实施非线性阶梯定价。根据 2009~2011 年的《杭州统计年鉴》,家庭设备用品及服务、交通和通信的支出占总消费支出的 22%~25%。因此,当公共事业领域均实施非线性定价后,家庭人口特征对不同收入家庭消费支出的影响将会放大,低收入家庭的年支出将节约 90.93 万~115.3 万元,而中等收入家庭将多支出 26.01 万~36.98 万元,而高收入家庭多支出 85.3 万~108.17 万元。

---

① 通过比较统一定价与阶梯定价两种场景下的电费支出额可得,详见刘自敏等(2015a)。

进一步地，由式（7-15）的结构对相对等价规模所得的电费补贴率进行分解，分析由家庭成员增加导致的电费支出额增加的百分比构成，结果如表 7-8 所示。

表 7-8　分时阶梯定价下的电费补贴率分解　　　　　　　　（单位：%）

类别	补贴率					
	单人家庭（基准）	无儿童无老人夫妇家庭	一个儿童夫妇家庭	一位老人夫妇家庭	两个儿童夫妇家庭	两位老人夫妇家庭
需求模式差异	0	152.02	80.99	75.95	56.30	50.61
支付价格差异	0	−55.19	21.06	26.95	68.12	105.37
替代成本节约	0	−3.17	2.05	2.91	24.42	55.98

在由统一定价向分时阶梯定价转换时，相对等价规模分析得出的电费补贴率由需求模式差异、支付价格差异及替代成本节约三部分构成。其中，需求模式差异是由家庭人口特征差异导致的用电模式（如峰谷间电力调节）等的差别，支付价格差异是由分时及阶梯定价所导致，替代成本节约是由于在阶梯定价下，随着用电量的上升，边际价格上升，用户采取其他商品替代电力消费（如用煤气灶替代电磁炉）来满足相同效用时导致的电费节约。

分解结果显示，随着家庭规模的扩大，需求模式差异所占比例减小，家庭规模扩大导致用电行为可调整的空间减小；而支付价格差异迅速扩大，家庭成员增多使得用电跨越不同阶梯从而价格上升的概率加大；同时，替代成本节约随着家庭成员增多逐渐上升，居民在面临较高的电价时选择其他非电手段满足其效用需求，以一对年轻夫妇的两人家庭转换到一对年轻夫妇、两位老人的四人家庭为例，三类补贴值的比例由 4∶1∶0.1 调整为 1∶2∶1。而从家庭成员结构来看，增加成年劳动力会使得由需求模式差异导致电费补贴率上升，替代成本无法节约，而支付价格将会下降。增加未成年人和老年人都将使得由需求模式差异导致电费补贴率下降，但支付价格上升，并通过替代成本实现电费支出节约。

六、收入再分配效应调整的动态变化

2009~2011 年，杭州市的分时阶梯价格政策没有发生变化，但居民收入及居民消费支出发生了改变，从而影响 QUAIDS 模型的弹性估计，以及对相对等价规模值的测算，故我们将分析不同年份间收入再分配效应调整的动态变化。

根据 2009~2011 年的《杭州统计年鉴》，杭州市居民的预算水平逐年提高。本章根据统计年鉴中按可支配收入将收入分为 5 组，结合杭州市居民收入状况，

将 20%低收入组与 20%较低收入组的平均消费性支出作为月收入小于 8000 元的居民预算水平，将 20%中间收入组与 20%较高收入组的平均消费性支出作为月收入 8000～15000 元的居民预算水平，将 20%最高收入组的消费性支出作为月收入 15000 元以上的居民预算水平。

2009～2011 年，除低收入家庭的月消费性支出在 2009～2010 年出现下降外，其他收入家庭的支出额均逐渐上升。我们首先利用 QUAIDS 模型测算出 2009～2011 年分时阶梯电价下的支出弹性、Hicks 价格弹性及 Marshall 价格弹性，结果如表 7-9 所示。

表 7-9 2009～2011 年消费支出弹性与价格弹性

年份	支出弹性	Hicks 价格弹性	Marshall 价格弹性
2009	0.740	−0.471	−0.522
2010	0.769	−0.516	−0.576
2011	0.769	−0.504	−0.562

表 7-9 显示，随着三年间平均月消费金额的逐渐上升，支出弹性先是增大，再保持平稳，这说明经过三年的阶梯定价实践，家庭电量的选择基本保持稳定。两类价格弹性数值也呈现出先上升后保持小幅调整的状态，这表明家庭电量的选择是在同一阶梯内部，使得电价保持不变，从而峰谷电量比也变化不大。在此基础上我们进行三年间的电费补贴率测算。

表 7-10 的结果显示，2009～2011 年，随着居民预算水平的提高，大部分家庭类型的电费补贴呈下降趋势，居民家庭用电成本差异随着预算水平的提高而下降，这是由于一方面电费在预算支出中所占比例下降，另一方面居民家庭用电成本差异随着预算水平的提高而降低，由于我国的阶梯定价特征是阶梯间价格差异小（阶梯总价差为 0.1 元）、阶梯电量间距大（第二阶段峰谷间距各为 150kW·h），因此随着收入及预算水平的提高，不同收入家庭的电量消费逐渐进入相同的阶梯区间内，这与 Pashardes 和 Hajispyrou（2002）、曾鸣等（2012）的研究一致。因此，在当前资费设计下，随着收入及预算的提高，家庭特征对不同收入类型家庭收入再分配效应的影响减小。需要说明的是，2010 年低收入家庭的预算支出额下降，使得有一位老人夫妇家庭电费补贴率上升[①]，这也与预算支出提高促使电费补贴率下降相一致。

[①] 一位老人夫妇家庭主要分布于低收入家庭，调查数据显示有 61.7%的一位老人夫妇家庭处于低收入家庭组。《杭州统计年鉴》的数据显示 2009～2011 年中高收入家庭的消费性支出均呈现逐年增长的趋势，但低收入家庭的消费性支出于 2009～2010 年下降，2010～2011 年上升，月消费性支出分别为 1137.47 元、1048.89 元、1089.04 元。

表 7-10　2009～2011 年分年电费补贴率测算　　　　（单位：%）

变量	单人家庭	无儿童无老人夫妇家庭	一个儿童夫妇家庭	一位老人夫妇家庭	两个儿童夫妇家庭	两位老人夫妇家庭
2009 年电费补贴率	—	0.07	0.55	0.51	1.03	0.96
2010 年电费补贴率	—	0.06	0.53	0.55	1.01	1.05
2011 年电费补贴率	—	0.05	0.51	0.50	0.96	0.94

由表 7-11 分析可得，随着居民预算水平的提高，无论是电费节约的低收入人群，还是电费增加的中、高收入人群，三类不同收入人群的电费补贴率均呈现出下降的趋势。引入家庭特征的电费补贴额强化了收入再分配效应的实施并推动了其进一步向公平政策目标的演进。首先，对于 2009 年、2010 年的低收入人群，再分配效应为正，即低收入家庭也未能实现电费节约，但引入家庭特征后其补贴金额仍然为负，此时引入家庭特征将有助于低收入人群降低其电费支出额增加的幅度，并最终于 2011 年实现了低收入人群的电费节约；其次，对于 2010 年的中等收入人群与高收入人群，由于中等收入人群的谷时电量转移比较大（中、高收入人群的峰谷电量比分别为 1.693 和 3.157），中等收入人群的再分配效应强度大于高收入人群，但引入家庭特征的补贴金额仍然与公平原则一致，即中等收入人群小于高收入人群，此时若引入家庭特征高收入人群的再分配效应金额将会增加更多，这将最终引致中等收入人群与高收入人群的关系符合公平原则。而三年的数据分析均显示，低收入人群的家庭特征对其收入再分配的影响最大，而对中等收入人群的影响强度较小，对高收入人群影响较大。另外，低收入人群与中等收入人群的补贴金额随着非线性定价的深入实施逐渐变小，而高收入家庭的电费支出增长较快，导致其电费补贴额有所上升。

表 7-11　2009～2011 年家庭特征导致的收入再分配效应调整

类别	2009 年 补贴率/%	补贴额/元	再分配效应/元	占比/%	2010 年 补贴率/%	补贴额/元	再分配效应/元	占比/%	2011 年 补贴率/%	补贴额/元	再分配效应/元	占比/%
低收入人群	−0.03	−0.03	0.07	−43.49	−0.02	−0.02	0.01	−267.68	−0.02	−0.02	−0.19	12.95
中等收入人群	0.02	0.02	0.93	2.15	0.01	0.01	0.93	0.96	0.01	0.01	0.71	1.39
高收入人群	0.11	0.12	1.19	10.12	0.11	0.13	0.67	18.93	0.10	0.14	1.95	7.16

第四节　结论及政策建议

本章利用 2009～2011 年杭州的居民用电和问卷调查月度数据，通过理论构建与实证分析,评估了在引入家庭人口特征下,分时阶梯定价这一典型的非线性定价方式对收入再分配效应调整的影响。我们首先构建消费模型,分析分时阶梯定价方式下的居民用电行为特征。在效用最大化假设下,通过引入家庭人口特征的 QUAIDS 模型及相对等价规模概念分析家庭电力消费弹性,建立居民电力预算份额模型,测算不同家庭规模及家庭成员结构的电费补偿率与补偿额,并对补偿率进行分解。在理论分析的基础上,通过构建反事实场景,利用 IV 法解决非线性定价下的价格内生性问题,实证测算出家庭电力消费弹性及家庭人口特征引入对收入再分配效应的影响强度,并对不同收入家庭再分配效应的调整变化进行了动态分析。本章的基本结论是,引入家庭人口特征后,收入再分配效应得到了强化,但对不同收入家庭其强度差异巨大,且随着消费预算水平的提高,家庭人口特征对收入再分配效应的影响减小。

本章的研究结论和政策建议主要包括:

(1)家庭规模与结构强化了分时阶梯价格的收入再分配效应,因此在非线性定价的资费设计中可以考虑引入家庭人口特征。本章的实证结果显示,引入家庭人口特征对不同收入组的再分配效应调整方向和额度影响与我国非线性电价政策设计时欲实现的公平目标一致,即低收入家庭得到较大的福利补偿,中等收入家庭几乎无影响,高收入家庭为低收入家庭补贴。因此,为强化非线性定价的收入再分配功能,应该在定价设计时引入和考虑家庭人口特征,具体方法包括直接基于报告的收入与家庭特征定价,如智利某些地区的用水定价;或者资费定价将仅基于报告的收入,但家庭规模通过计量方法估计得出(Meran and von Hirschhausen,2009)。

(2)家庭人口特征对非线性定价下的消费者行为选择有显著影响,政府在进行电力需求管理时,可以引入家庭人口特征作为有效的政策工具。研究结论表明,家庭人口特征对峰谷及阶梯价格的选择有显著影响,峰谷及阶梯价格随着家庭规模的扩大而上升,但成员结构不同,其对峰谷及阶梯价格选择的影响程度不同;需求弹性分析显示,电力需求属于基本需求,随着收入的增加,支出弹性与收入弹性均减小;电费支出随着家庭规模的扩大而增加,不同类型的家庭成员对电费支出的影响不同,增加一名 18~65 岁成年劳动力人口的影响最小,增加 65 岁及以上老人或 18 岁及以下未成年人的影响较大。随着我国老龄化程度的提高,以及生育政策的逐渐放宽,不同收入家庭的家庭规模与结构在未来会发生较大变化,故应引入家庭人口特征作为需求管理的工具。

(3)对电费补贴率的结构性分解显示,不同人口规模家庭的电费补贴结构存在明显差异,政府应根据当前及未来的家庭规模选择合适的政策管理工具。分解结果表明,随着家庭规模的扩大,需求模式差异所占比例减小,而支付价格差异迅速扩大、替代成本节约逐渐上升。当前我国的家庭规模逐渐变小,电费补贴中需求模式导致的差异在变大，非线性定价中峰谷分时与递增阶梯的调节功能得到加强。随着生育政策的变化，家庭规模可能呈现新的变化趋势，这使得管理部门需要根据不同的家庭规模来选择相应的政策工具。

（4）对收入再分配效应调整的动态分析表明，随着收入及预算的提高，家庭人口特征对不同收入类型家庭收入再分配效应的影响减小，如果政府需要加强家庭人口特征的政策强度，需要对非线性定价的资费设计进行有针对性的修订。非线性定价同时承担了经济效率、成本补偿、公平公正、收入再分配和资源保护等多个政策目标，因此在综合权衡非线性定价的其他政策目标时，如果阶梯定价的资费结构有所调整，如阶梯价差增大、阶梯电量间距缩小，都会使得家庭人口特征对收入再分配的冲击增大。

我国非线性定价政策还处于全面实施的初期，对于收入再分配、资源节约和环保等目标的影响研究还需深入，同时在家庭收入、家庭规模和构成等信息不对称下，如何制定非线性定价政策和提升其实施效果，也是值得学术界进一步研究的重要问题。此外，受数据获取限制，本章未能分析人力资本、性别行为差异等因素对收入再分配效应的影响，这些都是后续研究的方向。

第三篇 优化设计篇

第八章 递增阶梯电价的分档电量政策评价及其优化设计：基于 CFPS 数据的分析

本章研究中国各省（区、市）（不包括港澳台）阶梯电价分档电量的制定情况，探讨各省（区、市）阶梯分档电量设置的合理性，进而对不合理之处进行归类，并提出分档电量机制的再设计。本章通过理论模型描述中国各省（区、市）分档电量的构造、特征及成因，并基于中国家庭追踪调查（China family panel studies，CFPS）数据，借助控制变量，通过反事实场景的构建，使用截面门槛模型及 Stone-Geary 函数分别估计全国及各省（区、市）第一、第二阶梯分档电量的理论值。本章主要的研究结论是：所有省（区、市）分档电量的整体结构都需要定期地进行动态调整，其中，大多省（区、市）第一阶梯分档电量均需提升但幅度相对较小，第二阶梯分档电量的设置需要首先分离出与居民生活无关的用电量，再根据本省（区、市）特点谨慎调整。本章为系统评估和完善各省（区、市）具体的阶梯分档电量政策奠定基础。

第一节 引 言

2012 年，基于公平用电、合理用电、节约用电的原则，中国开始在居民用电领域引入阶梯定价政策。现行的阶梯电价主要是以国家发改委在 2010 年发布的《关于居民生活用电实行阶梯电价的指导意见（征求意见稿）》（简称《意见》）为依据。《意见》中指出：第一档电量按覆盖 80%"一户一表"居民用户的月均用电量确定，全国平均为 140 度，起步阶梯电价每千瓦时提高 1 分钱，第二档电量按覆盖 95%居民用户的月均用电量确定，全国平均为 270 度，起步阶梯评价标准不低于 5 分钱，第三档为 270 度以上，起步阶段提价标准不低于每千瓦时 0.2 元。大量文献就此提议进行了深入讨论。

目前为止，国际，甚至国家内部各个地区之间制定阶梯电价分档电量的方式或标准差异极大。Dahan 和 Nisan（2007）认为，由于各地区颁布的政策、面临的环境及经济发展水平等均有差异，除了每阶梯所包含的电量不同以外，分档电量的个数也有所不同。国际上各分档电量个数一般分布在 2~8 个，其中多集中在 2~6 个。具体来看，美国和中国国土面积较大，国内各地区经济发展水平等情况不同，因此在分档电量的制定上实行分地区确定。其中，美国于 20 世纪 70 年代中期开始对居民用电量进行分档，并且分档电量个数大多为 2 个或 3 个。截止到 2008 年，第一阶梯分档电量最低的是宾夕法尼亚州，仅为每月 500kW·h，弗吉尼亚州最高，为每月 800kW·h，并且二者都仅有一个分档电量。由于美国经济较发达，居民家庭平均每月用电为 920kW·h，所以大部分美国居民认为每月基本用电量设置过低；中国于 2012 年开始对除新疆、西藏以外的 29 个省（区、市）进行居民用电量的分档，所有省（区、市）分档电量的个数均为 2 个，并且第一阶梯分档电量的范围为 160kW·h（甘肃）到 260kW·h（上海），第二阶梯分档电量范围为 240kW·h（甘肃）到 500kW·h（广东），呈现出东高西低的趋势。日本与韩国国土面积小、各地差异小，因而二者均实行全国统一的电量分档方式。其中日本于 1974 年开始实行包含 2 个分档电量的阶梯电价，并一直将第一阶梯分档电量控制在每月 120kW·h，第二阶梯分档电量的数值经过多次调整，最终由每月 160kW·h 上升至 300kW·h；韩国于 1979 年将阶梯电价分档电量的个数由 9 个调整为 6 个，并设定每档电量递增 100kW·h，由于韩国居民平均每月电量消耗量为 225kW·h，这也导致了大多韩国居民因分档设置不合理而用不起电（李成仁和余嘉明，2010）。

各地区阶梯电价分档电量的差异巨大，不仅是因为各地执行的政策、面临的环境、经济发展水平以及居民承受能力不同，更因为到目前为止仍没有一个统一的理论或标准来指导。阶梯分档电量的确定，是政府推行阶梯电价制度首先需要解决的问题（付飞翔，2013），通过电量细分不同收入和需求特性的用户群，以实现对不同用户的差别对待。不仅需要保障低收入者的基本用电，还要达到节约资源、公平用电的目的。Loáiciga（2004）认为第一阶梯分档电量的作用是区分居民用电的基本需求与正常合理需求，因此其数量设置应该充分保证低收入人群维持最低生活水平的用电需求。江西省发展和改革委员会课题组（2012）通过研究发现，第一阶梯分档电量的多少与经济发展水平、电力工业发展水平和居民生活的电气化水平有密切的关系，电力工业发展水平高的国家，第一阶梯分档电量定的比较高。第二阶梯分档电量的设置同样重要，不仅是第二阶梯电量的终点，更是第三阶梯用电的起点，作用是区分居民用电的正常合理需求与超额需求，并控制处于第三阶梯电力用户的电量使用。张昕竹和田露露（2014）研究认为各地区第二阶梯分档电量较第一阶梯分档电量的倍数设置相差不大，为 2～3 倍，且发展中国家（地区）每阶梯分档电量对第一阶梯分档电量的倍数相对更高，中国则相对来说增幅不够。Baerenklau（2015）认为，在阶梯电价凸预算约束下，由于非线性不可导，不同档的最优电量难以确定。Henson（1984）最先对阶梯电价的分档电量做了理论研究，并认为每阶梯分档电量的确定需要根据收益率及分档数来决定；Pashardes 和 Hajispyrou（2002）在此基础上，进一步发现了实证中"按户核定"是分档电量设置最科学可行的方法。这两种观点的提出，为之后大量文献对于分档电量的实证分析奠定了基础。随后，经过 Taylor（1975）、Hausman 等（1979）、

Kirschen 等（2000）、刘树杰和杨娟（2010）、朱成章（2011）等关于阶梯分档电量的实证做出的贡献，现在多数文献在对阶梯分档电量进行实证时，都会将各地区的经济发展水平、资源禀赋、气候条件、季节因素、居民收入差距、每户用电器、家庭人口、家庭历史用电数据等因素考虑在内。

不同文献从不同的研究视角、研究方法等对阶梯分档电量进行测量。Gellings（1985）通过研究发现，国际上通用的确定第一阶梯分档电量的方法是先确定满足最低生活用电需求的用电设备，然后根据其功率和每月使用时间测算出第一阶梯电量，或者根据平均电量的一定比例确定第一阶梯电量。部分文献通过选择、计数模型处理了国际上 39 个国家与地区的分档电量数据，发现了分档电量个数与人均用电量、平均温度及电价倍数呈正相关，与经济发展水平、用电价格呈负相关。黄海涛等（2010）最先通过变密度聚类的方法研究了中国阶梯分档电量的设置问题。随后，李媛等（2012）基于居民的需求响应，通过 Stone-Geary 函数的运用优化了上海市阶梯分档电量的水平。刘自敏等（2015a）从收入再分配效应及效率成本的角度出发，通过构建统一定价转化为阶梯定价的反事实场景，得到了杭州第一阶梯分档电量太小、第二阶梯分档电量范围太宽的结论。张昕竹和刘自敏（2015）进一步通过 DCC 模型对比了杭州与上海的阶梯分档电量，提出了应进一步优化阶梯分档电量个数及所包含的电量。Borenstein（2009）研究了阶梯电价下的价格弹性对居民需求弹性的影响。黄海涛（2012）基于消费者需求异质性，通过构造居民用电的分档电量消费细分市场验证了华东某省阶梯分档电量的合理性、有效性。朱柯丁等（2011）利用秩和比法确定地区最适合的阶梯分档次数，并通过计算机循环算法找出居民不满程度最低的分档电量设置方法。

当前的国外研究为本章提供了理论研究框架与视角，国内研究则集中于对某一具体地区第一阶梯电量的理论探讨，或对分档电量的设置提供相应的政策背景。目前为止，国内对于阶梯分档电量的研究还处于起步阶段，大多是理论与政策分析，并没有从实证等方面深入分析分档电量的设置、匹配需求的相关问题，更没有从全国视角具体研究两个阶梯分档电量如何确定。本章不仅在理论上借鉴国内外的相关理论研究，更在实证上结合中国阶梯定价的实施经验；不仅依据数据自身性质更客观地划分居民用电区间，更消除基本需求函数模型中 α 设定的主观性问题。本章的贡献与创新点在于：在研究广度上，将研究视角从单一地区的研究扩展至全国各省（区、市）的共同研究；在研究深度上，将对第一阶梯分档电量的单一研究扩展至对所有阶梯分档电量设置的共同研究。在确定每个省（区、市）居民用电量的基本需求、正常合理需求以及理论上的最优分档电量的同时，甄别出每个省（区、市）的真实值与理想值的差距及其原因，为阶梯电价政策的更好实行提出建议。

第二节 理论模型设定

CFPS 数据是采用内因分层、多阶段、与人口规模成比例的概率抽样方法进行调查,不仅包括收集家庭收入、支出、住房和居住环境等方面信息的家庭问卷,还包括收集家庭成员人口特征等个人信息的家庭成员问卷,即把直接参与家庭内电力消耗的人口计算在内,极大地提升了该调查的有效性及该调查对于本章的适用性。可以将 CFPS 数据视为一个全国代表性样本(米红和任正委,2014),但是,由于 2014 年的 CFPS 数据自身的限制,如部分省(区、市)的样本数量太少等,若直接进行分省的计量分析,不仅误差大、代表性低、说服性低,而且对本章的研究以及结论不能提供任何帮助,所以显然是不可行的。因此,本章在国内外研究的基础上,结合中国阶梯定价的实行经验,通过反事实场景的运用,将截面门槛模型与 Stone-Geary 函数联系起来:首先通过截面门槛模型对全国的 CFPS 数据进行处理,定位全国平均居民基本需求电量(第一阶梯分档电量)与正常合理需求电量(第二阶梯分档电量)的值,进而利用 Stone-Geary 函数求出每个省(区、市)居民独特的电量分配离均系数(α 值)、最优分档电量及其对于全国的各阶梯均值的偏离量,以此来与中国各省(区、市)阶梯分档电量进行对照。这样做不仅能够消除由数据自身原因造成的缺陷,还能在对各个需求层次的电量进行求解时,消除 Stone-Geary 函数中设定 α 时主观因素的影响。

一、门槛模型的设定

由于在不同的阶梯(电量区间)上,居民的消费水平、收入水平及电量消费习惯等都有很大不同,呈现出了一种非线性相关关系,产生区间效应,本章就此结合并改进 Hansen(1999)所提出的门槛模型来进行求解,并用模型根据数据本身的特点内生性的划分用电量区间,意在消除人为划分用电区间所产生的偏误。本章首先介绍单一门槛模型,进而扩展到多重门槛模型。单一门槛模型的设定如式(8-1)所示:

$$y_i = \theta x_i + \beta_1 d_i I(g_i \leq \gamma) + \beta_2 d_i I(g_i > \gamma) + \varepsilon_i \qquad (8-1)$$

其中,i 为家庭单位;y_i 为被解释变量(本章用消费来衡量);x_i 为一系列显著相关的控制变量;θ 为其相应的系数向量;g_i 为门槛变量,本章将电量设定为门槛变量,重点进行研究;d_i 为解释变量;β_i 为其相关的系数;$I(\cdot)$ 为指标函数;ε_i 为随机干扰项,并且服从 $N(0, \sigma^2)$ 的分布;γ 为特定的门槛值,其值是未知的,可以通过数据的特征自动估计出来。

本章在得到参数的估计值以后，还需要进行两个方面的检验：一是将电量作为门槛变量的效果显著性如何，二是将分档电量作为门槛的估计值是否等于真实值。本章利用 Bootstrap 法对居民用电量进行连续、多次、有放回的抽样，得到两个检验的统计量分别如式（8-2）、式（8-3）所示：

$$F_1 = \frac{S_0 - S_1(\overline{\gamma})}{\overline{\sigma}^2} \tag{8-2}$$

$$\mathrm{LR}_1 = \frac{S_1(\gamma) - S_1(\overline{\gamma})}{\overline{\sigma}^2} \tag{8-3}$$

以上假设模型仅有一个门槛，下面以分析双重门槛模型为例，以代表多重门槛模型。双重门槛模型的设定为

$$y_i = \theta x_i + \beta_1 d_i I(g_i \leqslant \gamma_1) + \beta_2 d_i I(\gamma_1 < g_i \leqslant \gamma_2) + \beta_3 d_i I(g_i > \gamma_2) + \varepsilon_i \tag{8-4}$$

首先假设单一门槛模型估计中的 $\overline{\gamma}_1$ 已知，再进行 γ_2 的搜索，最终得到：

$$S_2^r(\gamma_2) = \begin{cases} S(\overline{\gamma}_1, \gamma_2), & \overline{\gamma}_1 < \gamma_2 \\ S(\gamma_2, \overline{\gamma}_1), & \gamma_2 < \overline{\gamma}_1 \end{cases}$$

$$\overline{\gamma}_2 = \arg_{\gamma_2} \min S_2^r(\gamma_2) \tag{8-5}$$

再固定 γ_2^r，对 $\overline{\gamma}_1$ 再次进行搜索，则可以得到优化后的一致估计量 $\overline{\gamma_1^r}$，最终就可以得到本章所期望的两个门槛值。多重门槛模型的假设检验与双重门槛相似。

本章通过门槛模型的设定，把所得到的全国平均的分档电量作为基础，通过基本需求模型的应用，将每个省（区、市）的经济、气候、居民用电特征等因素考虑在内，利用 Stone-Geary 函数，根据每个省（区、市）的特征求出每个省（区、市）居民的电量分配离均系数 α，并认为 α 值是由于各省（区、市）所具有的不同的特点而对全国平均各阶梯电量消耗水平的一个偏离程度，进而根据前文求得的全国平均分档电量分析每个省（区、市）具体的居民用电需求。下面将介绍基本需求模型 Stone-Geary 函数的模型设定。

二、基本需求模型的设定

假定在某一时期居民对居民用电的需求取决于收入水平、各种商品的价格以及其他相关因素，由此可以将用电需求划分为基本需求和其他需求，基本需求是居民维持最基本生活的用电需求，其他需求即除了居民生活所必需的基本需求之外的其他所有需求，可以划分为用电的正常合理需求及超额需求。本章假设方程：

$$U = \alpha_1 \ln(x_1 - \overline{x}_1) + \sum_{i=2}^{n} \alpha_i \ln(x_i - \overline{x}_i) \tag{8-6}$$

其中，U 为效用；x_i 为居民所需要的 n 种商品；$\bar{x}_i$ 为用来维持居民生活的基本需求量或最少的使用量；α_i 为系数，表示居民在基本用电需求得到满足后，将剩余的收入按照某种比例对所有商品的数量进行分配，在下文中即表示为电量分配离均系数。$i=1$ 表示正在研究的变量，在本章中即阶梯电价中的用电量，$i=2,3,\cdots,n$ 表示其他变量，在本章中即除了用电量以外的所有变量。同时，由于受到收入和商品价格的影响，约束条件为

$$\sum_{i=1}^{n} p_i x_i - M = 0 \qquad (8\text{-}7)$$

其中，M 为收入；$p_i(i=1,2,\cdots,n)$ 为每种商品所对应的价格；$\sum_{i=1}^{n} p_i x_i$ 为居民所有的支出。此约束条件表示居民所有的可支配收入都用来购买所需要的商品或服务以使自己的效用最大化。通过对式（8-6）、式（8-7）进行拉格朗日变换，可以得到如式（8-8）的恒等式：

$$L = \alpha_1 \ln(x_1 - \bar{x}_1) + \sum_{i=2}^{n} \alpha_i \ln(x_i - \bar{x}_i) + \lambda \sum_{i=1}^{n} (M - p_i x_i) \qquad (8\text{-}8)$$

其中，α 为系数，需要人为主观设定。为了能够消除设定 α 时所带来的主观因素的影响，通过 Stone-Geary 函数构造 28 个省（区、市）用电的反事实场景。对式（8-8）进行偏微分，整理后通过变形可以得

$$\alpha = \frac{p(x-\bar{x})}{M - \sum_{i=1}^{n} p_i \bar{x}_i} \qquad (8\text{-}9)$$

其中，α 表示居民电量分配离均系数，用来表示居民对于电能的分配意愿。

由于居民在对自身用电的基本需求和正常合理需求进行电量分配时所受到因素的影响不同，并且随着居民生活质量的提升，居民的基本生活需求、正常生活需求及超额生活需求依次被满足，同时正常生活需求包括基本生活需求，超额生活需求又包括正常生活需求，因而超额生活需求即我们说的总的生活需求，因此本章发现：在式（8-6）中通过正常生活所使用的电量 x 来求解其所包含的基本用电量 $\bar{x}$ 时，受到的约束条件是式（8-7）中用于正常生活的收入 M 以及与之对应的正常生活的消费 $\sum_{i=1}^{n} p_i \bar{x}_i$，即通过正常生活的 x、M、$\sum_{i=1}^{n} p_i \bar{x}_i$ 来求解基本生活用电量 $\bar{x}$，是一种下行求解的公式。因此，当需要求解维持正常生活的用电量 $\bar{x}$ 时，我们可以与之类比，上行寻找相关变量，此时 x 变成了包含正常生活用电的超额用电量，即总用电量，M、$\sum_{i=1}^{n} p_i \bar{x}_i$ 也变成了与之对应的总收入与总消费。根据以

上分析，本章最终确定的各影响因素如下：在求解第一阶梯分档电量时，每个省（区、市）第一阶梯分档电量为该省（区、市）居民的基本生活需求电量 $\bar{x}$，价格为 p，此时，x 表示每个省（区、市）居民的人均生活用电量。M 表示可用于正常生活的人均可支配收入，$\sum_{i=1}^{n} p_i \bar{x}_i$ 表示对应的人均生活消费支出；第二阶梯分档电量为该省（区、市）居民正常合理的用电需求量 $\bar{x}'$，此时，价格 p' 表示第二阶梯分档电量的价格，x' 表示分离工业用电之后的每个省（区、市）居民总的人均电力消费量，M' 表示分离工业贡献之后的人均国内生产总值，即总的人均收入，$\sum_{i=1}^{n} p_i \bar{x}_i'$ 表示对应的人均总消费支出。本章利用式（8-9），分别对其进行求解。

第三节 数 据 说 明

本章使用的截面数据来源于 2014 年 CFPS 数据，所设定的控制变量来源于全国宏观公开数据。为保持数据的一致性，本章统一将各数据样本中香港、澳门、台湾、新疆、西藏以及青海排除，并将剩余的 28 个省（区、市）作为研究对象；鉴于各省（区、市）执行阶梯电价的具体方式不同，如湖南省按照季节进行区分收费，云南省按照丰、枯水期进行收费，广东按照（非）高峰月进行收费等，为凸显阶梯电价的本质特征及简单起见，本章仅考虑纯递增阶梯定价的形式。

在所有与用电相关的指标中，本章重点考虑用电、家庭和收支三个方面。具体来说，用电指标中包含反映一户人家用电量的多少以及相应的电费，用电越多，相应的电费也就越高；家庭指标中包含家庭中人口的数量以及电器的个数。一般来说，一户家庭中的人口数量越多，或者电器的数量越多，则家庭中电量的消耗量也就越多；收支指标中包含收入和支出，一般来说收入或者支出越高，用电量也就越高。本章利用 CFPS 数据搜集各省（区、市）家庭月用电量，同时对气温、收入、用电器数量等能够影响用电量因素的相关数据进行整理，最后通过所得到的电费信息与各省（区、市）政府下发的阶梯电价收费标进行匹配。

数据总共 13940 组，本章遵循以下原则对数据进行筛选：①去除数据明显错误的样本，如用电量及家庭收入、支出为非正数的样本；②剔除数据缺失的样本，如用电量缺失、家庭纯收入缺失、家庭支出费用的缺失等；③剔除包含离群值的样本，如个别样本的数据是其他同类别样本数据的十倍或者百倍，明显是不合理的或记录出现错误的，本章剔除 1% 的后尾极端值。最终，本章得到的有效数据为 12166 组。本章将用电量、家庭纯收入等信息基本统计量进行描述分析，如表 8-1 所示。

表 8-1 CFPS 基本统计量表（月度）

变量		平均值	标准差	最小值	最大值
用电信息	用电量/(kW·h)	158.698	163.955	1.917	4932.683
	电费/元	91.651	120.916	1.000	4000.000
家庭信息	家庭总人口/人	3.267	1.593	1.000	14.000
	用电器数量/个	4.917	1.897	0.000	10.000
收支信息	家庭纯收入/元	4221.473	6227.909	83.333	355880.000
	消费性支出/元	3122.353	5336.058	13.333	250000.000

资料来源：笔者根据 CFPS 调查数据和国家统计局数据整理。

同时，2014 年各省（区、市）宏观数据样本的基本统计量表如表 8-2 所示。

表 8-2 宏观数据样本的基本统计量表（月度）

变量		平均值	标准差	最小值	最大值
居民信息	常住人口/万人	4395.032	2797.833	318.000	10724.000
	居民人均可支配收入/元	1674.795	693.983	894.185	3830.486
	居民人均消费支出/元	1219.999	489.553	609.746	2755.397
	居民人均生活用电量/(kW·h)	26.688	10.840	12.238	63.489
电力信息	第一阶梯分档电量/(kW·h)	191.379	27.219	150.000	260.000
	第一阶梯价格/元	0.520	0.573	0.377	0.617
	第二阶梯分档电量/(kW·h)	330.690	70.048	230.000	500.000
	第二阶梯价格/元	0.572	0.058	0.427	0.667
	电力总消费量/(亿 kW·h)	149.561	107.425	2.832	436.269
气候信息	月均温度/℃	14.413	5.104	5.100	24.700
	月均湿度/%	65.323	12.289	36.000	83.000
	月均日照数/h	1992.194	619.762	598.400	3053.500

资料来源：笔者根据国家统计局数据整理。

第四节 实证结果与分析

一、门槛模型求解

鉴于阶梯电价"阶梯性"的存在，本章需要对中国居民用电量划分档次。由于门槛模型能够通过已有的数据样本，在用电量方面内生性地寻找最合理的用电量分界点,并使得所划分的每个用电量区间内居民用电特征大致相同,所以本章基于 CFPS 数据中中国可以求证的 28 个省(区、市)的居民信息、电力信息及气候信息,通过门槛模型的理论分析,结合式(8-4),分别对存在单一门槛、双重门槛及三个门槛的设定进行模型的估计,得到的结果如表 8-3 所示。

表 8-3 门槛效果检验

门槛数	第一门槛值 /(kW·h)	第二门槛值 /(kW·h)	第三门槛值 /(kW·h)	F 值	P 值
单一门槛检验	478.432	—	—	19.383***	0.000
双重门槛检验	289.355	453.694	—	11.242***	0.002
三重门槛检验	268.889	289.355	453.694	0.889	0.333

***在 1%水平下显著。

注:门槛值与 P 值均通过 Bootstrap 法反复抽样 500 次得到。

表 8-3 中,单一门槛检验与双重门槛检验的效果非常显著,其中双重门槛检验的两个效果图如图 8-1 所示。而在进行三重门槛检验时结果变为不显著,此时自抽样的 P 值为 0.333,因此不在分析范围之内。根据门槛模型的定义,下文将基于双重门槛模型进行深入分析。

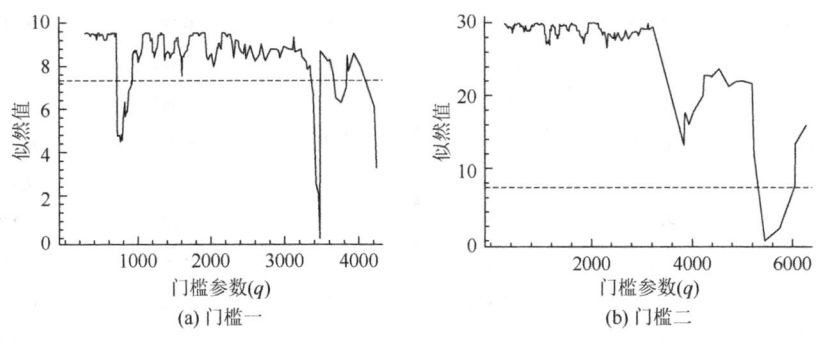

图 8-1 双重门槛的估计值及置信区间

结合表 8-3 与图 8-1 的结果能够更清晰地发现整个门槛值的估计过程和置信区间的相关构造。当似然比检验统计量 LR 的取值为 0 时,对应的 γ 值即门槛的估计值。因此,本章初步得到的结论为,根据中国居民消费结构数据内生性的分析,中国居民用电量可以分为包含两个门槛值的三级阶梯电价,其门槛值即阶梯电价的阶梯分界点。由表 8-3 可以看出分界点为 289.355kW·h 和 453.694kW·h。因此,根据 CFPS 提供的数据,本章把全国居民平均用电水平划分为三个部分,即按照电量消耗程度分成基本需求电量（第一阶梯电量）范围（$0.000 < Q \leqslant 289.355$）、正常合理的需求电量（第二阶梯电量）范围（$289.355 < Q \leqslant 453.694$）及过度需求电量（第三阶梯电量）范围（$453.694 < Q$）。

以上结果只是全国居民用电平均水平，为掌握每个省（区、市）具体的需求电量分档标准，本章还需要以求得的全国平均水平作为基础，通过 Stone-Geary 函数对每个省（区、市）的具体情况加以考虑。

二、Stone-Geary 函数求解

本章基于中国 28 个省（区、市）家庭用户用电特征、家庭特征等微观数据，在分离了第二阶梯分档电量中与居民生活无关的工业用电后，通过式（8-9）计算上述数据，最终得到每个省（区、市）居民在不同需求情况下对应的 α 值，见表 8-4。

表 8-4 反事实场景下各个省（区、市）居民面临不同需求时的 α 值

省（区、市）	α_1	α_2	省（区、市）	α_1	α_2
北京	−0.085	−0.017	山东	−0.166	−0.126
天津	−0.173	−0.046	河南	−0.224	−0.192
河北	−0.209	−0.089	湖北	−0.205	−0.221
山西	−0.157	−0.060	湖南	−0.248	−0.267
内蒙古	−0.185	0.051	广东	−0.188	−0.235
辽宁	−0.135	−0.057	广西	−0.201	−0.249
吉林	−0.199	−0.113	海南	−0.292	−0.090
黑龙江	−0.190	−0.100	重庆	−0.230	−0.212
上海	−0.126	−0.036	四川	−0.301	−0.312
江苏	−0.161	−0.058	贵州	−0.258	−0.220
浙江	−0.128	−0.077	云南	−0.201	−0.160
安徽	−0.222	−0.575	陕西	−0.267	−0.221
福建	−0.161	−0.119	甘肃	−0.367	−0.058
江西	−0.214	−0.455	宁夏	−0.229	0.275

注：α_1 为反事实场景下，2014 年全国各省（区、市）居民对基本用电需求（第一阶梯分档电量）的电量分配离均值。α_2 为反事实场景下，2014 年全国各省（区、市）居民对正常合理用电需求（第二阶梯分档电量）的电量分配离均值。

表 8-4 中，$\alpha_i (i = 1, 2)$ 的含义为：在根据全国居民消费特点所划分出的各阶梯平均分档电量的情况下，各省（区、市）居民根据本省的经济发展水平、气候及自身所在家庭的经济水平、用电特点等因素，所形成的一种相对于全国居民各阶

梯平均消费电量分配意愿的偏离值。正号表示高于全国水平，负号表示低于全国平均水平。具体来说：α_1表示由于自身可支配收入、生活消费支出、用电量以及所在省（区、市）的第一阶梯电量、第一阶梯电价与全国的平均水平不同，所导致的在消费中愿意为电量消费分配的份额也不同，即对于电量的基本需求也与全国平均不同。具体看来，所有被研究的省（区、市）居民在消费中对于基本电量的分配意愿都比全国平均分配意愿水平低，其中，北京居民偏离全国平均程度最小，为0.085，其他省（区、市）偏离全国平均程度较大，大多为0.126（上海）至0.267（陕西），偏离较大的省（区、市）有海南、四川及甘肃，分别偏离了0.292、0.301和0.367。α_2的含义与α_1类似，α_1表示所在省（区、市）人均国内生产总值、人均消费、用电量及第二阶梯电量、电价都与全国平均水平有差异的情况下，各省（区、市）消费者在消费中愿意为正常合理的电量消耗所分配的份额也是异于全国平均水平，并且偏离意愿整体上小于α_1、偏离方向也有正有负。

三、结果与理论分析

本章通过表8-4，结合各省（区、市）的电量分配离均值及求得的全国平均的阶梯分档电量理论值，对各省（区、市）的第一、第二阶梯电量做了相应的计算，计算过程为先用α_1（α_2）乘以全国平均第一（第二）阶梯分档电量，得到各省（区、市）居民第一（第二）阶梯分档电量相对于全国的偏离值，再加上全国平均的第一（第二）阶梯分档电量，即可得到各省（区、市）第一（第二）阶梯理论分档电量值。按照《中国统计年鉴2015》中的分区方法对所研究的28个省（区、市）进行东部、东北部、中部和西部地区的划分，计算结果如表8-5所示。

表8-5 全国28个省（区、市）阶梯电量理论值的结果比较（单位：kW·h）

地区	Q_1	Q_2	ΔQ_1	ΔQ_2	$\Delta^2 Q$
北京	264.760	445.827	24.760	45.827	21.067
天津	239.315	432.746	19.315	32.746	13.431
河北	228.957	413.142	48.957	133.142	84.185
上海	252.753	437.365	−7.247	37.365	44.612
江苏	242.635	427.220	12.635	27.220	14.586
浙江	252.288	418.844	22.288	18.844	−3.444
福建	242.748	399.763	42.748	−0.237	−42.985
山东	241.451	396.538	31.451	−3.462	−34.913
广东	234.924	346.910	4.924	−153.090	−158.014
海南	204.745	412.782	−15.255	52.782	68.037
东部平均	240.458	413.114	18.458	19.114	0.656

续表

地区	Q_1	Q_2	ΔQ_1	ΔQ_2	$\Delta^2 Q$
辽宁	250.317	427.949	70.317	147.949	77.632
吉林	231.826	402.280	61.826	142.280	80.454
黑龙江	234.359	408.349	64.359	148.349	83.990
东北平均	238.834	412.859	65.501	146.193	80.692
山西	244.019	426.409	74.019	166.409	92.391
安徽	225.163	193.009	45.163	−156.991	−202.153
江西	227.443	247.136	47.443	−102.864	−150.308
河南	224.418	366.485	44.418	106.485	62.067
湖北	230.079	353.222	50.079	−46.778	−96.857
湖南	217.613	332.419	37.613	−17.581	−55.194
中部平均	228.123	319.780	49.789	−8.553	−58.342
内蒙古	235.889	476.956	65.889	216.956	151.068
广西	231.315	340.776	41.315	50.776	9.461
重庆	222.799	357.565	22.799	−42.435	−65.234
四川	202.169	312.296	22.169	32.296	10.127
贵州	214.575	354.101	44.575	44.101	−0.474
云南	231.153	381.127	61.153	121.127	59.974
陕西	212.163	353.203	32.163	3.203	−28.960
甘肃	183.210	427.275	23.210	187.275	164.065
宁夏	222.990	578.597	52.990	318.597	265.606
西部平均	217.363	397.988	40.696	103.544	62.848

注：Q_1 表示各省（区、市）理论上最优的第一阶梯分档电量（基本需求电量）；Q_2 表示各省（区、市）理论上最优的第二阶梯分档电量（正常合理的需求电量）；ΔQ_1 表示第一阶梯分档电量的理论值高于真实值的大小；ΔQ_2 表示第二阶梯分档电量的理论值高于真实值的大小；$\Delta^2 Q$ 表示第二阶梯分档电量范围理论值相对真实值的变动。

通过表 8-5 可以得到如下结论：

东部、中部、西部及东北四个地区的第一阶梯分档电量都需要提升，第二阶梯分档电量除中部地区外其余地区也均需要提升，并且提升幅度均需大于第一阶梯分档电量。各阶梯分档电量的理论值总体上按照东部地区、东北地区、西部地区及中部地区的顺序递减：东部地区各阶梯分档电量的理论值最高，且与真实值的差距最小，第一阶梯分档电量仅需要提高 18.458kW·h，第二阶梯分档电量仅需要提高 19.114kW·h 就能够达到最优的居民需求匹配，说明东部地区的经济发展相比其他三个地区较快，居民生活的提升使得对于用电的基本需求和正常合理的需求都有了较高的要求，需要整体分档水平较高的电价结构来适应，而现行的阶梯分档电量能够极大程度上匹配东部地区居民的基本用电需求以及正常合理的用电需求；东北地区与西部地区类似，其第二阶梯分档电量的提升幅度均为第一阶梯分档电量提升幅度的 2.4 倍左右，说明东北地区与西部地区的经济发展速度相类似。同时，东北地区各阶梯分档电量的理论水平与东部地区相接近，说明东北平均的经济水平已经接近东部地区经济发展的平均水平；中部地区较为反常，在第一阶梯分档电量上升 49.789kW·h 的情况下，第二阶梯分档电量平均降低了 8.553kW·h。四个地区中，东部地区第二阶梯电量范围的变化幅度最小，为 0.656kW·h，各阶梯提升较为平均，东北地区与西部地区第二阶梯分档电量的提升幅度分别为 80.692kW·h 和 62.848kW·h，中部地区由于第一阶梯分档电量上升，第二阶梯分档电量下降，导致其第二阶梯分档电量范围减少了 58.342kW·h。

多数省（区、市）的两阶梯分档电量都设置偏低，且第二阶梯分档电量相对第一阶梯分档电量的偏低程度更为严重。在第一阶梯分档电量中，各省（区、市）第一阶梯分档电量理论值在 183.210kW·h（甘肃）到 264.760kW·h（北京）之间，分布相对第二阶梯分档电量较为集中，除了东部地区的上海与海南需要分别降低 7.247kW·h、15.255kW·h 以外，其余省（区、市）第一阶梯分档电量都需要提升，提升幅度在 4.924kW·h（广东）到 74.019kW·h（山西）之间，其分布较为平均。第二阶梯分档电量的理论值平均比第一阶梯分档电量多 158kW·h，并且其值分布在 247.136kW·h（江西）到 578.597kW·h（宁夏）之间（安徽省除外），范围大于第一阶梯分档电量。变化幅度上，广东、安徽和江西的降幅分别为 153.090kW·h、156.991kW·h 以及 102.864kW·h，福建、山东、湖北、湖南以及重庆、广东、安徽、江西的降幅均小于 50kW·h，其余省（区、市）均需要提升第二阶梯分档电量，且提升幅度在 3.203kW·h（陕西）到 318.597kW·h（宁夏）之间，其中，东部地区的河北，东北地区的辽宁、吉林、黑龙江，中部地区的山西、河南以及西部地区的内蒙古、云南、甘肃、宁夏的提升幅度都在 100kW·h 以上。

部分地区阶梯分档电量的设置不合理或缺乏时效性。部分省（区、市）阶梯分档电量的设置相对本省（区、市）的经济发展、人口数量、电价设定等方面的条件是不合理的，如甘肃的电力消耗量、人口数量、各阶梯电价设定等都要大于北京，但是在阶梯分档电量的设置上，甘肃的两个阶梯分档电量都要低于北京，甚至甘肃的第二阶梯分档电量才与北京第一阶梯分档电量持平；又如中部地区的安徽与江西两省，在其自身发展的特点下，第二阶梯电量范围的理论值分别仅有 −32.154kW·h、19.693kW·h，覆盖范围为负或者极窄。本章分析认为，由于安徽、江西的工业总产值占地区总产值较高，因此除了安徽、江西电价设置不合理等之外，在制定居民阶梯电价政策时，将工业用电考虑进来同样导致了分档不合理，电量、电价虚高的后果。另外，部分省（区、市）阶梯分档电量的制定缺乏时效性，需要动态进行调整，例如，在 2012 年设置阶梯分档电量时，上海、江苏与浙江的分档电量结构大致相同，但是仅经过了两年的时间，在 2014 年，三个省（区、市）各个阶梯分档电量的变化都不相同，第一阶梯分档电量变化了–7.247kW·h、12.635kW·h 和 22.288kW·h，第二阶梯分档电量分别变化了 37.365kW·h、27.220kW·h 和 18.844kW·h。其余多数省（区、市）也需要做类似动态调整。

第五节　电量分档机制再设计

本章将表 8-5 的结果绘制成象限图，如图 8-2 所示。

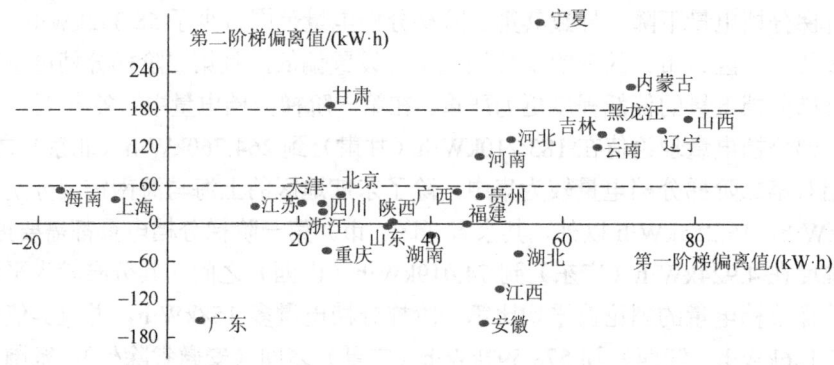

图 8-2　各省（区、市）阶梯分档电量设置偏离程度

根据图 8-2 对于 28 个省（区、市）阶梯分档电量理论值的描述，本章将其归为四类：第二阶梯分档电量偏离程度超过 180kW·h 的"特高区"，包括甘肃、宁夏、内蒙古；第一、二阶梯分档电量偏离程度均超过 60kW·h 的"双高区"，包括辽宁、吉林、黑龙江、山西、内蒙古和云南；第一阶梯分档电量偏离程度低于 60kW·h，并且第二阶梯分档电量偏离程度在 60kW·h 到 180kW·h 之间的"缓高区"，包括河南、河北、广东、安徽和江西；第一阶梯分档电量偏离程度小于 60kW·h 且第二阶梯分档电量偏离程度小于 60kW·h 的"正常区"，包括海南、上海、江苏、天津、四川、浙江、北京、重庆、陕西、山东、广西、湖南、福建、贵州和湖北。

对处于"正常区""双高区"的省（区、市）进行正常调整，使之达到理论上的最优分档电量即可。如上海市的坐标为（–7.247，37.365），则即可对上海的第一阶梯分档电量减少 7.247kW·h，第二阶梯分档电量增加 37.365kW·h，使其第一、二阶梯分档电量值分别达到 252.753kW·h、437.365kW·h 的理论最优状态。又如云南省的阶梯分档电量分别为 170kW·h、260kW·h，则根据图 8-2 中云南省的坐标（61.153，121.127）来使第一阶梯分档电量增加 61.153kW·h，第二阶梯分档电量增加 121.127kW·h，最终达到两个分档电量分别为 231.153kW·h、381.127kW·h 的理论最优状态，其余省（区、市）可进行类似调整。本章之所以做如此调整，是认为这些省（区、市）设置阶梯分档电量是在 2012 年，并且在设立之时也充分考虑了这些省（区、市）当时的经济水平、家庭人口、居民用电特征等，但是中国经济发展快速，各地的经济水平、家庭收入及用电特征等都得到了相应的提升，到 2014 年再用类似指标进行测度时，2012 年设定的阶梯分档结构已经不能满足现在居民的用电需求。"双高区"中山西、云南丰富的资源，黑龙江、吉林和辽宁的工业振兴，都为本地的经济快速发展提供了条件，居民的生活水平快速提高，对于电量的各种需求也日益增加，所以处于"双高区"的省（区、市）表现出阶梯分档电量结构的整体上移；而处于"正常区"的省（区、市）经济也得到了快速的发展，居民对于用电量的需求同样得到了提升，但是，"正常区"的省（区、市）多数位于东部沿海地区，中国在 2012 年制定阶梯分档电量政策时可能倾向对东部地区多分配一些电量以保障其更好的发展，而这对 2014 年居民对于用电需求的增长起到了一定的缓冲作用，所以"正常区"的省（区、市）虽然对于用电需求的增长同"双高区"一样，但是由于中国对于东部地区政策的支持，"正常区"居民对于电量需求的增长比"双高区"平缓。

对处于"缓高区"的省（区、市），可以对其第一阶梯分档电量进行正常调整，对其第二阶梯分档电量的增加值可适当减少后进行相应调整。处于"缓高区"的省（区、市），其第一、二阶梯分档电量的数值随着当地经济的发展而相应提高，其中第一阶梯分档电量提升与"正常区"的提升一致，但是第二阶梯分档电量的提升却明显高于第一阶梯分档电量，其原因是第一阶梯用电量与工业用电无关，而第二阶梯分档电量的增加值中，部分电量是由工业的发展造成的，与居民生活无关。所以可以先分离出与居民生活用电无关的工业用电，再增加到第二阶梯分档电量上面。经查询，河北省工业用电量占总用电量的 51%，居民生活用电占总用电量的 49%，在图 8-2 中的坐标为（48.957，133.142），则河北省第一阶梯分档电量的数值可以在现行分档电量的基础上提升 48.957kW·h，使之第一阶梯分档电量达到最优的理论值，第二阶梯分档电量应该在现行电量的基础上提升 133.142kW·h，达到 413.142kW·h 的最优值。其他省（区、市）的第一阶梯分档电量正常改变，第二阶梯分档电量的最优值同此计算方式。

对处于"特高区"的甘肃、宁夏和内蒙古，本章认为在正常调整其第一阶梯分档电量之后，应重新制定第二阶梯相应的分档电量政策。原因如下：三个省（区）第一阶梯分档电量的确定较为合理，随着经济的发展，居民对于用电的基本需求量相应提高，至于第二阶梯分档电量的确定，则存在许多不合理的地方，如该地区人口数量明显少于其他大多地方的人口数量，但其电力消耗量又明显高于其他多数省（区、市），说明工业用电的占比大大超过居民的生活用电，导致三省（区）的第二阶梯分档电量虚高；另外，宁夏经济相对落后，分档电量设置较低无可厚非，但是电价相比某些省（区、市）更贵，说明除了电量之外，电价等相应的政策设置同样不合理。除此以外，省（区、市）内各地区差异大、调查数据不完整或存在偏误等原因，都会影响到三省（区）第二阶梯分档电量的设置，因此建议在经过缜密的调查及精确的计算之后，将处于"特高区"的省（区）的第二阶梯分档电量重新设置，以更符合当地居民正常合理的用电需求。

第六节 结论与政策建议

本章利用公开的宏观数据以及 CFPS 调查数据，在各阶梯分档电量价格既定的假设下，通过反事实场景的构建对各省（区、市）阶梯分档电量的理论值进行分析与求解。通过截面门槛模型的使用分析了在 2014 年的经济发展水平下，全国居民用电的基本需求与正常合理需求的平均值，同时利用 Stone-Geary 函数进一步根据每个省（区、市）的经济发展水平与居民的用电等特征分析出了具体到每个省（区、市）的居民基本用电需求与正常合理的用电需求，并将其与阶梯电价的第一、二阶梯分档电量进行匹配。本章主要得到的结论有：28 个省（区、市）的第一阶梯分档电量除上海、海南应略微降低外，其他省（区、市）都应根据自身特点进行相应的提高，以使得本省（区、市）居民的基本用电需求得到保障；各省（区、市）第二阶梯分档电量在分离与居民生活无关的工业用电之后，其理论值与真实值差异有高有低，应根据本省（区、市）各收入人群的占比、用电量及经济发展水平做出相应的调整，在保证居民基本用电需求得到满足、正常合理需求覆盖适当人群时，尽量控制居民超额电量的使用，以促进用电的公平、资源的节约及福利的有效转移。

基于以上的研究结论，本章提出如下政策建议：

（1）适当提升第一阶梯分档电量。除了上海与海南之外，其他各地政府都应该适当提升本省（区、市）的第一阶梯分档电量。第一阶梯分档电量的高低决定低收入居民的基本用电需求能否得到保障，实施阶梯电价的最根本目的就是确保低收入人群能够使自己的基本用电需求得到满足。虽然现行的政策有如为低保户免费提供用电额度的措施，但是从前文的实证来看，这部分额度在部分省（区、市）显然是不够的。若不能对低收入居民的基本用电量提供保障，则阶梯电价的实施近乎无效，所以各地政府应根据自身情况提升本省（区、市）第一阶梯分档电量。

（2）谨慎调节第二阶梯分档电量。第二阶梯的电量范围是阶梯电价中最重要的部分。因为第二阶梯分档电量的起点即第一阶梯分档电量的数量，第二阶梯分档电量也同样为第三阶梯分档电量的用电起点。如同第一阶梯分档电量，多省（区、市）第二阶梯分档电量也呈现除了上升的趋势，并且部分省（区、市）第二阶梯分档电量上升明显，各地政府应根据自身实际情况谨慎地提升，如处于"正常区"

和"双高区"的省（区、市），由于其第二阶梯分档电量的提升是随着本省（区、市）的经济情况正常增加的，所以这两个区域的政府可以正常调节其第二阶梯分档电量；处于"缓高区"的省（区、市）则应当谨慎调节本省（区、市）第二阶梯分档电量，由工业发展造成的居民生活用电量虚高的问题不容小觑，应当注意将工业用电从居民生活用电中分离出来，谨慎地提升第二阶梯分档电量以适应居民正常的用电需求，若不注意分离而造成档位过高，后果则是高收入人群用电变得有恃无恐，进而导致资源的浪费、各种补贴及福利也被高收入人群所拥有，并且造成了更大的电能浪费与用电的不公。

（3）动态调整居民的阶梯分档电量。通过上面的分析可以看出，各地政府在 2012 年制定的阶梯电价分档电量政策，到 2014 年已经不能满足各地居民的用电需求了，并且各省（区、市）居民电量需求的增加量还很大，类似东部地区，即使拥有政策保障，但是其 2014 年的居民用电需求还是出现了轻微的上升，因此，那些没有政策支持地区的居民用电需求上升幅度将会更大。由于中国经济发展快速，居民对于用电的基本需求与正常合理需求都得到了极大的提升，两年甚至一年之前的阶梯分档电量，已经不能满足居民的用电需求，各地政府应该随着本省（区、市）经济的发展以及居民用电需求的提升来制定能够满足居民用电需求的阶梯分档电量，并可根据经济发展的快慢或一年、或两年为周期进行分档电量的动态调整。除了时间上的调整，政府也可通过改变价格、改变档数等进行多个维度的共同调整。

第九章　递增阶梯电价、回弹效应与居民能源消费：基于 CFPS 数据的分析

基于求解价格的下降量，本章构建用于评估居民家庭生活用电回弹效应的价格分解模型；利用 2010~2014 年的 CFPS 数据，评估样本期内阶梯电价的实施对居民家庭生活用电回弹效应的影响，并探究其影响的机制。研究发现：虽然总体上均表现为逆反效应，但政策实施后的逆反效应相对政策实施前更低；政策对城市与农村、高耗电省（区、市）与其他省（区、市）都有显著的限制回弹效应的效果；对处在第三阶梯用电家庭用电回弹效应限制作用明显，使得高耗电家庭接近零回弹，有效实现了阶梯电价控制高阶梯电力用户奢侈性用电消费的目标，同时为政府与能源规制者修订和完善阶梯电价政策提供了参考。

第一节　引　　言

长期以来，居民家庭用电存在着严重的交叉补贴，伴随着收费相对较低的单一制电费标准，不仅造成了高耗电家庭用电浪费严重的情形，"用电越多，补贴越多"的不公平现象也受到了社会的广泛关注。随着资源的逐渐匮乏及节能意识的逐渐强化，中国政府在经过 2004 年、2006 年的试点工作之后，于 2012 年开始正式开展居民家庭用电收费的阶梯定价政策，试图通过颁布相关政策，用价格手段影响居民家庭用电的需求行为，最终达到节约电能的目标。但是，该政策在制定之时并未考虑到回弹效应的影响，也就是说，在阶梯电价改革的过程中，由于受到回弹效应的影响，政策实际的节电量达不到预期效果，阶梯电价的实际节电量，是阶梯电价预期节电量被回弹效应带来的用电量增加所抵消之后的节电量。那么，回弹效应究竟多大，阶梯电价的预期节电量究竟是被回弹效应部分抵消还是完全抵消，阶梯电价的节电效果能否通过限制回弹效应从而得到实现，这些都是我们需要进行深入探讨的问题。

回弹效应是指技术进步导致能源效率的提升，在其他条件不变的情况下，达到相同效用所需要的能源更少。但能源效率提高所带来的后果就是能源单位成本的减少，达到既定效用所节省出来的资金，在居民消费观念的作用下会部分或者全部用于能源消费（Schipper and Grubb，2000），最终使得价格下降导致能源消费相比技术进步前有所增加，预期的节能数量由于消费的增加而被部分或全部抵消

(Berkhout et al., 2000)。更进一步说，回弹效应由于受经济、价格、消费理念及消费行为等因素的影响，是一直潜在的，只是没有表现出来，而一旦发生技术进步造成了能源相对价格下降，将会把居民用能所具有的潜在回弹效应激发、表现出来，转变成我们能观察到的实际的回弹效应，所以，降低回弹效应，实际上就是一种潜在的节能。阶梯定价政策节能的路径之一，就是通过价格、税收等手段影响人们对能源消费的观念及行为，最终达到降低或限制回弹效应的效果，实现能源的节约。

很少有文献从阶梯定价政策限制回弹效应的角度对政策的节能效果进行研究，但实际上回弹效应的存在对阶梯定价节能效果的影响尤为重要。一方面，如果在制定政策时不考虑回弹效应的影响，那么回弹效应的存在很可能导致政策的失败，或得到的结果与政策节能减排的目标背道而驰。Haji（1994）、Broberg 和 Brännlund（2008）分别研究了肯尼亚和瑞典的节能政策，并且均发现政府部门未考虑到回弹效应的存在，使得政策颁布后出现超级回弹效应，能源消耗量加剧，能源消耗与政策目标背道而驰，政策完全失效；另外，政策本身也有引起回弹效应的潜在可能（Murray，2009），但这仅为一种可能性，并未经过严格的实证检验。

国内外研究通过政策限制回弹效应的文献相对较少，且此类文献均是以理论探讨为主，并未通过实证手段进行深入的研究。国外文献的研究相对较为丰富，Birol 和 Keppler（2000）、Ouyang 等（2010）从价格手段的视角出发，并认为，一方面应通过价格调节，促使消费者更多地选择替代性产品，另一方面要建立考虑不同收入群体的能源价格体系。von Weizsacker（2014）等从税收的视角认为，应通过税收手段抑制能源的浪费，并将税收收入用于碳减排，才能使回弹效应得到缓解；Moezzi（1998）从人类消费观念及行为的视角指出，通过政策手段改变人类的消费观念，才能从根本上抑制回弹效应。Sorrell（2007）总结以上观点并认为，降低回弹效应并不能依靠单一的政策，通过以定价机制为核心的组合政策来限制回弹效应会有更好的效果。

然而，已有文献普遍以发达国家为研究对象，鲜有文献对中国阶梯电价影响回弹效应进行研究。中国与发达国家有很大的不同：第一，中国是经济快速增长的发展中国家。由于存在直接回弹效应随收入水平提高和价格敏感性下降而趋于降低的经验证据（Milne and Boardman，2000），发达国家由于收入水平较高，其回弹效应明显趋于"饱和"（Howarth，1997），不会增加太多，而作为收入水平相对较低的发展中国家，由于具有更大的边际消费群体规模，所以回弹效应表现得比其他发达国家更为严重（杨莉莉和邵帅，2015）；而经济的快速增长，又会在一定程度上增加居民对于能源的需求行为，促进能源的消耗程度，加剧回弹效应，从而使得政策的节能效果可能不明显甚至被完全抵消。已有文献已经初步证明了中国存在巨大的回弹效应，邵帅等（2013）从宏观层面上估算了我国能源总体的回弹效应并发现，长期来看，无论何种政策的实施或者技术的进步，中国能源的回弹效应作用都较强，在节能方面还有很大的提升空间。第二，中国正处于转型时期，居民的消费行为及方式还部分保留着"将成本减少所省下来的钱存入银行而不是直接消费"的习惯（薛丹，2014），不会完全像 KB 假说中的发达国家一样，将其因能源成本降低而获得的额外储蓄再次用于能源消费（Saunders，1992）。第三，中国除了特有的二元经济结构外，家庭收入差距较大、区域之间的差异过大（周勇和林源源，2007）也成了研究时所需要进一步考虑的因素。而电力属于居民生活的刚性需求，特别是在城乡及收入差距较大的背景下，低收入者的基本用电需求还没有被完全满足，而高收入者节约用电的动机不强，因此存在巨大的潜在回弹效应。阶梯电价改革之后，Lin 和 Liu（2013）利用中国各年度截面数据对比测算了阶梯电价实施前后居民用电回弹效应的变化，发现阶梯电价的实施将居民用电的回弹效应从 165.22%降低至 132.3%，虽然下降了大约 33 个百分点，但由于基数太大，阶梯电价实施前后都是"超级回弹"效应，并未能够实现节约电能的政策目标。而国内文献在对通过政策限制回弹效应的方法与思路上大都借鉴了国外的文献，并没有进行本土化的说明，也未经过充分的论证。

第二节 回弹效应的测算方式与数据说明

一、回弹效应

由于本章的研究对象在微观家庭层面，并且只考察电力能源，所以本书中所提到的回弹效应均指直接回弹效应。对于回弹效应定义最直观的表达式为

$$RE = [(PS - AS) / PS] \times 100\% = [1 - (AS / PS)] \times 100\% \qquad (9-1)$$

其中，PS 表示预期节能量；AS 表示实际节能量；RE 代表回弹效应，表示被抵消的节能量占预期节能量的百分比。回弹效应分为五种情形，如表 9-1 所示。

表 9-1 回弹效应的解释

名称	解释
逆反效应（RE＞1）	实际节能量为负数，能效政策的实施加剧了能源的使用
完全回弹（RE＝1）	实际节能量为 0，能效政策的实施没有起到任何作用
部分回弹（0＜RE＜1）	实际节能量介于 0 到预期节能量，能效政策起作用但未达到预期
零回弹（RE＝0）	实际节能量等于预期节能量，能效政策的目标完全实现
超级节能（RE＜0）	实际节能量大于预期节能量，超出了能效政策的预期

资料来源：根据文献（Berkhout et al.，2000）整理所得。

由于微观层面上价格和能源消费数据的高可得性，价格弹性成了研究直接回弹效应最常用的手段。能源有效价格的降低能够对具有一定需求的边际消费者产生重要的影响（Madlener and Alcott，2009）。Dargay 和 Gately（1997）认为在回弹效应的度量中，无论是技术进步还是政策改变，其造成的潜在影响都是单位价格下降，正是由于能源单位价格下降才引起了消费者对于能源需求的上升，最终导致回弹效应的形成。本章通过电力消费的价格弹性对居民家庭用电回弹效应进行测算，并对每个用电居民家庭所面临的价格进行如下分解：

$$p_t = p_{\max,t} \times p_{\text{rec},t} \times p_{\text{cut},t} \tag{9-2}$$

其中，p_t 是 t 时期内每个时期居民家庭用电量所面临的单位实际价格；$p_{\max,t}$ 是 t 时期内居民家庭用电所面临的最高用电单位价格；$p_{\text{rec},t}$ 及 $p_{\text{cut},t}$ 分别是 t 时期内由每期真实价格所分解出来的价格上升趋势及价格下降趋势，具体分解方式如下：

$$p_{\max,t} = \max\{p_1, p_2, \cdots, p_t\}$$

$$p_{\text{rec},t} = \prod_{i=2}^{t} \max\left\{1, \frac{p_{\max,j-1}/p_{i-1}}{p_{\max,i}/p_i}\right\} \tag{9-3}$$

$$p_{\text{cut},t} = \prod_{i=2}^{t} \min\left\{1, \frac{p_{\max,j-1}/p_{i-1}}{p_{\max,i}/p_i}\right\}$$

这样，我们就可以进一步定义价格上升量及价格下降量：

$$p_t^{\text{u}} = p_{\max,t} \times p_{\text{cut},t}$$

$$p_t^{\text{d}} = p_{\max,t} \times p_{\text{rec},t} \tag{9-4}$$

其中，p_t^{u}、p_t^{d} 分别表示价格上升量及价格下降量。

由于居民用电行为的变化受价格下降的影响，进而影响用电量的大小，所以居民用电行为等一系列因素就可以当作中间变量，最终我们观察到价格下降量对于用电量的影响。在此基础上，我们就可以对价格下降量 p_{it}^{d} 进行系数估计从而得到相对应的表示回弹效应表达量。具体分解出来的价格下降量见表 9-2。

二、数据说明

本章数据来源于 2010～2014 年的 CFPS 数据以及 2011～2015 年的《中国统计年鉴》，覆盖了除香港、澳门、台湾、新疆、西藏、内蒙古、海南、宁夏和青海之外的 25 个省（区、市）。本章对数据做如下处理：①为保障样本数量及数据的连续性，本章对调查期间发生人员变动的家庭进行了处理并统一为样本期内首年的家庭编号；②去除数据明显错误的样本；③剔除数据缺失的样本。最终，本章得到的有效数据为 27198 组。本章将用电量、人均收入等信息基本统计量进行描述分析，具体如表 9-2 所示。

表 9-2 基本统计量表

变量		平均值	标准差	最小值	最大值
重要变量	用电量/(kW·h)	1270.615	1363.831	0.000	59692.680
	价格下降/元	0.538	0.049	0.446	0.962
家庭变量	人均收入/元	11433.130	16744.560	0.000	1000000.000
	人口数量/人	3.913	1.764	1.000	26.000
地区变量	人均国内生产总值/元	21227.550	14664.180	3387.560	62163.970
	居民消费水平/元	13428.010	7843.579	5044.000	39223.000
	气候	21.582	0.571	20.350	22.580

第三节 阶梯电价影响回弹效应的度量及研究设计

一、阶梯电价影响回弹效应的度量

探究阶梯电价对于回弹效应的影响，实际上就是比较政策实施前后回弹效应的差异。在价格分解视角下，本章比较的就是政策实施导致的价格下降的变化对用电量影响的变化。

在研究阶梯电价与回弹效应的文献中，很少有文献研究发展中国家，特别是中国阶梯电价对回弹效应的影响。中国作为特殊的发展中国家，无论是外在的表现形式还是内在的作用机制都与其他国家不同，表现出特有的性质。首先，中国地域辽阔，各省（区、市）发展情况极其不同，中国政府统一了全国的阶梯数，但在电量与电价的制定上存在差异。这种做法与美国（州与州差异巨大）或韩国（全国统一）等其他国家都不相同，所以中国阶梯电价的总体有效性是我们需要首先探究的问题。其次，城乡二元结构也是中国特有的并且不容忽视的问题：城市发展相对较好，各方面趋向于发达国家的模式，而农村发展相对较慢，各方面趋向于落后国家的模式。所以城乡降低回弹效应的效果差异也是我们需要特别关注的。最后，抑制高阶梯家庭电能浪费、限制其回弹效应以达到节约电能的效果，也是我们需要关注的问题。

二、研究设计

首先，本章通过以下的模型来估计阶梯电价实施对居民家庭用电回弹效应的影响：

$$Q_{it} = \alpha + \beta_1 \text{Price}_{it}^d + \beta_2 \text{Price}_{it}^d \times D_{12} + \gamma X + \delta_i + \eta_t + \varepsilon_{it} \qquad (9\text{-}5)$$

其中，Q_{it} 指居民家庭年度生活用电量；Price_{it}^d 表示通过式（9-4）分解出来的价格减少量，由于带有边际价格递减的假设，所以这两个变量均已经做了对数化的处理；β_1 表示居民家庭用电的回弹效应；D_{12} 是虚拟变量，2012 年阶梯电价改革后等于 1，2012 年改革之前等于 0；β_2 为本章所关心的阶梯电价的引入对于居民生活用电回弹效应的影响效应，表示通过引入阶梯电价所造成的电价单位相对减少量，会使得居民家庭年度用电量提升 $\beta_2\%$；X 是家庭和区域两个层面的一系列控制变量，包括家庭总收入、人口数量、人均（国内生产总值）、居民消费水平及气候，所有控制变量也都做了对数化处理；该模型还控制了家庭的固定效应 δ_i 和年份的固定效应 η_t，同时将所有参数的标准误聚类到省级层面。

另外，我们有理由相信，各阶梯内居民家庭用电回弹效应的变化是不同的。由于阶梯电价节约电能的政策目标主要针对第三阶梯的电力用户，在阶梯电价改革之前，线性定价使得无论是高耗电的居民家庭还是低耗电的居民家庭，其回弹效应都是显著的，但是在阶梯电价改革之后，被主要针对的第三阶梯电力用户用电的回弹效应就应该显著减少，最终导致回弹效应总体上表现为减少，这样才能使得阶梯电价的政策目标得以实现。为了探究居民家庭用电回弹效应具体的变化过程，我们将模型（9-5）中回弹效应的平均效应分解到每一个样本期上，这样就得到了模型（9-6），我们预期在模型（9-6）中，其代表回弹效应的系数在阶梯电价改革之前是显著的，在阶梯电价改革之后是不显著的，至少第三阶梯电力用户应该是这样的结果。因此，模型（9-6）主要评估的是三个阶梯上三个样本期的回弹效应：

$$Q_{it} = \alpha + \sum_{j=1}^{3} \beta_j \text{Price}_{it}^d \times D_j + \gamma X + \delta_i + \eta_t + \varepsilon \qquad (9\text{-}6)$$

其中，$D_j(j=1,2,3)$ 分别表示样本期的 2009 年、2011 年及 2013 年；$\beta_j(j=1,2,3)$ 分别对应为每一年的系数，表示相应年份的回弹效应，其他变量的含义不变。

第四节 实 证 分 析

本章首先通过上述理论模型得到基本结果，其次进行稳健性检验，以增加结果的可信度。另外，本章进一步探究了阶梯电价政策的实施对于居民家庭回弹效应的影响作用机制，以便厘清阶梯电价影响回弹效应的路径，使实证结果更加完善。

一、引入阶梯电价对居民生活用电回弹效应的影响

我们以模型中价格下降的系数度量居民用电的回弹效应,以交叉项的系数度量引入阶梯电价后对回弹效应的影响效果,同时控制时间效应、个体效应及其他控制变量的影响,并对省级层面聚类标准误。首先对实施阶梯电价的年份赋值为1,没有实施阶梯电价的年份赋值为0,初步考察引入阶梯电价对居民用电回弹效应的影响。从表9-3数据结果第一列来看,居民用电存在很高的回弹效应,并且十分显著,总体表现为逆反效应,即居民用电的回弹效应为225.2%;交叉项的系数显著为负,说明通过阶梯电价的引入,能显著抑制居民用电的回弹效应,从225.2%降低至173.9%,降低了51.3个百分点,虽然总体仍然表现为逆反效应,但是逆反效应的程度有所下降。

中国城乡存在巨大差异,对此,本章重新对样本进行定义,将城市与农村分开进行研究,表9-3中数据结果第二列和数据结果第三列分别研究了城市与农村在引入阶梯电价后回弹效应的变化情况。可以看出,阶梯电价的引入能显著降低城市与农村的回弹效应,阶梯电价的影响效果在农村更强。具体来说,城市的回弹效应为280.5%,农村的回弹效应为186.1%,阶梯电价的引入使得城市回弹效应降低了37.8个百分点,农村回弹效应降低了62.7个百分点。

省级层面,根据中国电力企业联合会的统计,将样本中的25个省(区、市)划分为人均年生活用电量高于全国标准的高耗省(区、市)以及低于全国标准的其他省(区、市),通过表9-3数据结果第四、五列我们可以发现,无论是高耗省(区、市)还是一般省(区、市),效果都与数据第一列总体效果相当,这也说明了政策在全国范围内的普适性。

表9-3 引入阶梯电价对回弹效应的影响

变量	总体效果					阶梯内效果		
	全部	城市	农村	高耗省(区、市)	其他省(区、市)	第一阶梯	第二阶梯	第三阶梯
$Price_{it}^{d}$	2.252*** (0.243)	2.805*** (0.329)	1.861*** (0.351)	2.448*** (0.411)	2.558*** (0.305)	2.202*** (0.244)	1.703*** (0.379)	1.425*** (0.446)
$Price_{it}^{d} \times D_{12}$	−0.513*** (0.022)	−0.378*** (0.033)	−0.627*** (0.00)	−0.427*** (0.042)	−0.559*** (0.029)	−0.502*** (0.023)	−0.638*** (0.068)	−1.305*** (0.098)
家庭收入	0.007 (0.005)	0.019*** (0.007)	0.002 (0.006)	0.004 (0.009)	0.007 (0.005)	0.003 (0.005)	0.007 (0.015)	0.001 (0.020)
家庭人口	0.286*** (0.020)	0.310*** (0.030)	0.276*** (0.026)	0.310*** (0.037)	0.280*** (0.023)	0.294*** (0.020)	0.281*** (0.062)	0.341*** (0.087)

续表

变量	总体效果				阶梯内效果			
	全部	城市	农村	高耗省（区、市）	其他省（区、市）	第一阶梯	第二阶梯	第三阶梯
人均国内生产总值	0.492*** (0.128)	0.377** (0.173)	0.726*** (0.186)	−0.345 (0.222)	0.825*** (0.172)	0.644*** (0.132)	1.042*** (0.362)	1.419** (0.557)
消费水平	0.397*** (0.144)	0.368* (0.195)	0.236 (0.207)	1.305*** (0.242)	0.009 (0.194)	0.362** (0.148)	0.887** (0.408)	−0.378 (0.612)
气候	−0.102*** (0.019)	−0.128*** (0.028)	−0.112*** (0.025)	0.316*** (0.061)	−0.157*** (0.021)	−0.122*** (0.019)	−0.186*** (0.056)	−0.047 (0.076)
年份效应	Yes	Yes	Yes	Yes	Yes	Yes	Yes	Yes
within R^2	0.355	0.273	0.418	0.323	0.368	0.390	0.406	0.575
省（区、市）数	25	25	25	8	17	25	25	25
观察值数	26475	11538	14937	6502	19973	24866	2189	1866

*在10%的显著性水平下显著；
**在5%的显著性水平下显著；
***在1%的显著性水平下显著。

进一步，本章对阶梯内的效果进行研究。按照家庭用电量所在的阶梯对全部家庭样本进行分类，并对每个阶梯的回弹效应及政策度回弹效应的影响进行估计。通过数据结果的六、七、八列可以看出，阶梯电价对于降低回弹效应的作用在家庭层面依旧显著。具体来说：阶梯电价的引入对于处在第三阶梯的高耗电家庭回弹效应的影响效果十分明显，由实施前的142.5%直接降至12%，降低程度为第一、二阶梯的一倍，并将高耗电家庭的逆反效应降低至部分回弹，抑制了高阶梯家庭的电力浪费，节电效果十分明显。同时，阶梯电价对处于一、二阶梯用电家庭回弹效应的降低程度影响相对较弱，并未影响居民的正常用电需求。

二、稳健性检验

为了获得更加稳健的结论，下面对结果的稳健性进行检验。首先进行 Placebo Test，由于所获取数据样本的限制，假设政策在前几年实施，以观测交叉项的系数是否显著。通过表9-4数据结果第一列可以看出，交叉项的系数显著为正，说明除2012年以外假设的政策实施都不成立，2012年实施的阶梯电价对回弹效应的影响结果是十分稳健的。

考虑到在对各阶梯进行测算时，利用家庭中2013年的用电量作为家庭用电所处阶梯数的做法可能会失之偏颇，偶然性等因素的存在会造成估计的误差过大甚至错误，所以本章将家庭所属用阶梯界定为三年平均用电量与2013年的用电量同在该阶梯，其他情况均予以剔除，通过表9-4数据的阶梯分组列可以看出，阶梯电价政策的实施对各阶梯内的回弹效应均有降低的效果，同时第三阶梯回弹效应的下降量是最大的并且在5%的水平上显著，说明阶梯电价对回弹效应的降低效果在各阶梯内是十分稳健的。

表9-4 稳健性检验结果

变量	Placebo Test	阶梯分组 第一阶梯	阶梯分组 第二阶梯	阶梯分组 第三阶梯	收入分组 高收入家庭	收入分组 一般家庭
$Price_{it}^d$	−0.130 (0.278)	3.603*** (0.774)	1.577*** (0.430)	0.284 (1.464)	1.964 (1.871)	2.167*** (0.239)
$Price_{it}^d \times D_{12}$	4.389*** (0.305)	−0.025 (0.091)	−0.427*** (0.024)	−0.551** (0.226)	−0.738*** (0.278)	−0.511*** (0.022)
控制变量	Yes	Yes	Yes	Yes	Yes	Yes
年份效应	Yes	Yes	Yes	Yes	Yes	Yes
within R^2	0.344	0.292	0.324	0.318	0.357	0.355
省（区、市）数	25	25	25	25	25	25
观察值个数	26475	1007	20106	431	183	26949

**在5%显著性水平下显著；
***在1%显著性水平下显著。

考虑到文献普遍认同收入越高的家庭用电越高的前提假设，本章用收入差距替换用电量的差距进行稳健性检验。结合《中国家庭财富调查报告》中对居民家庭富裕程度的分类方法，我们根据家庭年收入将样本中家庭分为高收入家庭及一般家庭。通过表9-4数据的第五、六列对比可以得到如下结论：对于高收入家庭来说，由于拥有丰厚的资金，并且随着经济的快速发展，工资水平提升迅速，从而使高收入消费者对额外能源成本的重视程度降低（Binswanger，2001），价格减少的边际变化所占的比例微乎其微，已经造不成什么影响，所以对于高收入家庭来讲，用电的需求行为对于单位价格减少来说已经不敏感，所以回弹效应在结果上看来虽然是相对较低的逆反，但是已经不显著了；但是当引入阶梯电价之后，高收入家庭用电效应的回弹效应明显有所降低，且降低幅度相对于一般家庭较大，总体上与按耗电量分类的结果相类似。

三、作用机制

本部分主要通过阶梯内的视角来探究阶梯电价对回弹效应的影响。第三阶梯电力用户大多为高收入的居民家庭，其需求属于超额需求，电力价格的边际变化所造成的影响微乎其微，具体就表现为节约用电的意识薄弱，所以电力的浪费在第三阶梯上就表现得最为严重。因此，在阶梯电价的政策目标中，遏制第三阶梯电力用户的电力浪费以实现电力资源的节约已成为重中之重。

表9-5中的结果是通过式（9-6）对总体回弹效应的一个分解，可以看出，第一列所代表的总体回弹效应是显著的，并且在2013年阶梯电价改革之后有明显的下降。至于下降的原因，我们通过表9-5数据第二、三、四列进行影响机制的具体分析。在各阶梯各年份的回弹效应中，随着时间的推移，第一阶梯回弹效应有所波动，但总体上变化不大，第二阶梯略微减少。这可以解释为一方面第一、二阶梯分别为居民的基本用电需求及正常合理的用电需求，政策并不会限制这两类需求；另一方面，随着经济的发展，人们的用电需求自然会不断提升，这里就会表现为用电的回弹效应一直是正向并且显著的。我们重点看第三阶梯电力用户用电的回弹效应。在控制了家庭人口、气候等家庭层面的因素以及省级层面的因素后，通过固定时间效应以及个体效应并将标准误聚类到省级层面后，表9-5数据结果的第四列显示，在阶梯电价改革之前，第三阶梯电力用户用电的回弹效应是显著的，并且表现为逆反效应，而在2012年阶梯电价改革的后一年中，第三阶梯电力用户用电的回弹效应已经有逆反效应表现为接近零回弹，回弹效应下降的幅度巨大，同时回弹效应也变得不再显著。这些回归特征很好地说明了阶梯电价政策对回弹效应的影响原因及影响的主要作用机制。

表9-5 阶梯电价影响回弹效应的作用机制：遏制第三阶梯回弹效应

变量	总体	第一阶梯	第二阶梯	第三阶梯
2009年	2.059***	1.898***	2.761***	2.206***
	(0.256)	(0.259)	(0.427)	(0.625)
2011年	2.213***	2.140***	1.783***	1.681***
	(0.243)	(0.245)	(0.376)	(0.468)
2013年	1.781***	1.766***	1.911***	0.103
	(0.242)	(0.244)	(0.389)	(0.448)
年份效应	Yes	Yes	Yes	Yes
控制变量	Yes	Yes	Yes	Yes
within R^2	0.356	0.390	0.417	0.576
省（区、市）数	25	25	25	25
观察值个数	26475	24866	2189	1866

***在1%的显著性水平下显著。

第五节 结论与政策建议

基于对价格分解模型中价格下降量的求解，本章利用 2010～2014 年的 CFPS 数据对阶梯电价影响居民家庭用电回弹效应的效果进行了评估，并进行了相应的政策评估的稳健性分析。在此基础上，本章探究了阶梯电价影响回弹效应的具体作用机制，进一步对阶梯电价的节能效果做出了评价。

本章的结论和政策建议主要包括：

（1）阶梯电价政策的实施能够在全国范围内降低居民用电的回弹效应。所以定期更新阶梯电价的设置可以发挥阶梯电价的长效作用机制。我国正处于转型时期，居民对用电的需求也有着巨大的增长潜力，短期来看，虽然政府阶梯电价使得回弹效应的降幅可观，但回弹效应的基数太大，使得降低后仍然有 173.9% 的逆反效应，这与 Lin 和 Liu（2013）的研究类似。为了消除这种经济增长所引致的居民用电潜力的增加，可以根据经济的增长及居民的用电需求等定期更新阶梯电价政策，以保证阶梯电价政策在任何时期都能够既保障居民基本、正常的用电需求，又遏制电力的浪费。

（2）城乡居民家庭用电回弹效应差距过大。因此，在分省制定阶梯电价的基础上，也应分别对城乡制定不同的阶梯电价政策。虽然阶梯电价能够降低城乡的回弹效应，但政策无法捕捉到发展速度、用电习惯等的不同，导致政策对具有高回弹的抑制作用弱，对低回弹的农村的抑制作用较强。这也就要求在阶梯电价政策制定时，需要考虑到城乡各自的特点，分别对城乡制定与之相匹配的阶梯电价政策，这样才能在尽最大可能保障城乡居民合理用电的基础上，最大限度地遏制电能的浪费，实现对城乡用电问题上的对症下药，而不是"一刀切"。

（3）第一、二阶梯的弱抑制效果可能会部分抵消第三阶梯的抑制效果，从而在总体上表现为政策还有进步的空间。所以除了对价格的探讨以外，还可以从电量区间的设置上进一步完善阶梯电价政策。现行阶梯电价中，关于抑制高阶梯电力用户浪费电力的政策目标已经达到，但其他阶梯上的电力用户却有着很高的逆反效应，政策在高阶梯上产生好的效果很有可能被其他低阶梯的高逆反效应所抵消，综合来看仍然达不到满意的效果。所以可以通过增加阶梯电量、降低阶梯价格或者多方面调节相结合的手段降低第一、二阶梯电力用户用电的回弹效应，以实现各阶梯电力资源的有效节约。

参考文献

范金，王亮，坂本博.2011.几种中国农村居民食品消费需求模型的比较研究[J].数量经济技术经济研究，28（5）：64-77.

方燕.2012.递增阶梯定价理论[D].北京：中国社会科学院研究生院.

方燕，张昕竹.2011.递增阶梯定价：一个综述[J].经济评论，（5）：130-138.

方燕，张昕竹.2012a.公正性、不对称信息与递增定价机制[J].世界经济，35（9）：121-142.

方燕，张昕竹.2012b.公正性、递增定价机制与家庭规模[J].当代经济科学，34（3）：43-50.

方燕，张昕竹.2014.连续递增定价、交易成本与递增阶梯定价的渐近有效性[J].世界经济，37（7）：167-192.

冯永晟.2014.非线性定价组合与电力需求——基于中国居民微观数据的实证研究[J].中国工业经济，（2）：45-57.

冯永晟，王俊杰.2016.阶梯电价之后应该引入峰谷电价吗——对中国居民电价政策的价格补贴与效率成本评估[J].财贸经济，37（2）：145-158.

付飞翔.2013.如何完善我国的阶梯电价制度：基于国际经验视角[J].价格月刊，（7）：18-22.

赫维茨，赖特，田国强.2009.经济机制设计[M].上海：格致出版社.

黄海涛.2012.居民分时阶梯电价联合优化模型研究[J].电网技术，36（10）：253-258.

黄海涛，程瑜，王晓晖.2012.居民阶梯电价结构的国际经验及启示[J].价格理论与实践，（4）：38-39.

黄海涛，张粒子，乔慧婷，等.2010.基于变密度聚类的居民阶梯分段电量制定方法[J].电网技术，34（11）：111-116.

江西省发展和改革委员会课题组.2012.美日韩居民用电阶梯电价及其对我国的启示[J].价格月刊，（11）：23-28.

拉丰，张昕竹.2004.发展中国家的普遍服务政策[J].经济学（季刊），3（3）：537-552.

雷霞，刘俊勇.2006.四川省丰枯季节和峰谷分时电价的状况分析[J].电力技术经济，（3）：41-44.

李成仁，余嘉明.2010.日韩居民阶梯电价经验与启示[J].能源技术经济，22（7）：56-61.

李虹，董亮，谢明华.2011.取消燃气和电力补贴对我国居民生活的影响[J].经济研究，46（2）：100-112.

李媛，罗琴，宋依群，等.2012.基于需求响应的居民分时阶梯电价档位制定方法研究[J].电力系统保护与控制，40（18）：65-68，74.

林伯强，蒋竺均.2012.中国能源补贴改革和设计[M].北京：科学出版社.

刘明.2009.中国公共资金边际成本估量与分析[J].财经论丛，（6）：31-38.

刘树杰，杨娟.2010.关于阶梯电价的研究[J].价格理论与实践，（3）：12-14.

刘自敏，李兴.2017.递增阶梯电价的分档电量政策评价及其优化设计[J].经济与管理研究，38（7）：114-125.

刘自敏，杨丹，冯永晟.2017a.递增阶梯定价的政策评估与优化设计：基于充分统计量[J].经济研究，（3）：171-186.

刘自敏，杨丹，方燕.2017b.非线性定价下的居民能源需求特征测度：基于条件与无条件需求的比较[J].产业经济研究，（5）：75-87.

刘自敏，张昕竹，方燕，等.2015a.递增阶梯电价的收入再分配效应研究：嵌入分时电价更有效吗？[J].经济理论与经济管理，（5）：51-65.

刘自敏，张昕竹，方燕，等.2015b.递增阶梯定价、收入再分配效应和效率成本估算[J].经济学动态，（3）：31-43.

刘自敏，张昕竹，杨丹.2015c.纯分时定价与分时阶梯定价对政策目标实现的对比分析[J].数量经济技术经济研究，32（6）：120-134.

刘自敏, 张昕竹, 方燕. 2015d. 非线性定价、家庭人口特征和收入再分配效应调整[J]. 统计研究, 32（7）：37-44.
马训舟, 张世秋. 2014. 成都城市居民累进阶梯式水价结构与政策效果分析[J]. 中国人口·资源与环境, 24（11）：168-175.
马源. 2008. 非线性定价下的移动通信需求理论与实证研究[D]. 北京：中国社会科学院研究生院.
米红, 任正委. 2014. 家庭户电力消费的年龄性别模式与节电减排的政策选择[J]. 人口研究, 38（4）：37-49.
邵帅, 杨莉莉, 黄涛. 2013. 能源回弹效应的理论模型与中国经验[J]. 经济研究, 48（2）：96-109.
孙传旺. 2014. 阶梯电价改革是否实现了效率与公平的双重目标?[J]. 经济管理, （8）：156-167.
田露露, 张昕竹. 2015. 递增阶梯定价研究综述——估计方法、价格选择及实施效果测算[J]. 产业经济评论（山东）, （1）：1-16.
伍亚, 张立. 2015. 阶梯电价政策的居民节能意愿与节能效果评估：基于广东案例的研究[J]. 财经论丛, （9）：98-104.
薛丹. 2014. 我国居民生活用能源效率回弹效应研究[J]. 北京大学学报（自然科学版）, 50（2）：348-354.
杨娟, 刘树杰. 2010. 阶梯电价的国际实践[J]. 中国经贸导刊, （10）：27-28.
杨莉莉, 邵帅. 2015. 能源回弹效应的理论演进与经验证据：一个文献述评[J]. 财经研究, 41（8）：19-38.
曾鸣, 吴建宏, 刘超, 等. 2012. 基于QUAIDS模型的居民阶梯电价政策福利均衡分析[J]. 华东电力, （10）：1690-1695.
张粒子. 2010. 我国居民阶梯式递增电价制度的探讨[J]. 价格理论与实践, （2）：9-10.
张粒子, 黄海涛, 归三荣. 2010. 我国居民阶梯电价水平制定方法研究[J]. 价格理论与实践, （4）：44-45.
张昕竹. 2010. 阶梯定价不如实时定价[J]. 中国改革, （12）：32-35.
张昕竹. 2011. 阶梯定价、实时定价及其潜在影响[J]. 改革, （3）：121-125.
张昕竹. 2013. 最优递增阶梯定价设计研究[R]. 中国社会科学院规制与竞争研究中心.
张昕竹, 冯永晟. 2007. 资费优化及其对联通用户市场影响的分析[R]. 中国社会科学院规制与竞争研究中心.
张昕竹, 刘自敏. 2015. 分时与阶梯混合定价下的居民电力需求——基于DCC模型的分析[J]. 经济研究, 50（3）：146-158.
张昕竹, 田露露. 2014. 阶梯电价实施及结构设计：基于跨国数据的经验分析[J]. 财经问题研究, （7）：23-29.
张昕竹, 田露露, 马源. 2016. 居民对递增阶梯电价更敏感吗——基于加总DCC模型的分析[J]. 经济学动态, （2）：17-30.
赵绍阳, 臧文斌, 尹庆双. 2015. 医疗保障水平的福利效果[J]. 经济研究, 50（8）：130-145.
周亚虹, 贺小丹, 沈瑶. 2012. 中国工业企业自主创新的影响因素和产出绩效研究[J]. 经济研究, 47（5）：107-119.
周勇, 林源源. 2007. 技术进步对能源消费回报效应的估算[J]. 经济学家, （2）：45-52.
朱成章. 2011. 阶梯电价是我国电价改革的阶梯[J]. 中外能源, 16（3）：7-12.
朱柯丁, 宋艺航, 谭忠富, 等. 2011. 居民生活阶梯电价设计优化模型[J]. 华东电力, 39（6）：862-867.
竺文杰, 郁义鸿. 2009. 我国居民电力需求弹性探悉[J]. 中国科技产业, （3）：117-118.
Akbay C, Boz I, Chern W S. 2007. Household food consumption in Turkey[J]. European Review of Agricultural Economics, 34（2）：209-231.
Alberini A, Filippini M. 2011. Response of residential electricity demand to price: the effect of measurement error[J]. Energy Economics, 33（5）：889-895.
Allcott H. 2011. Rethinking real-time electricity pricing[J]. Resource and Energy Economics, 33（4）：820-842.
Allcott H, Kessler J B. 2015.The Welfare Effects of Nudges: a Case Study of Energy Use Social Comparisons[R]. National Bureau of Economic Research.
Allcott H, Mullainathan S, Taubinsky D. 2014. Energy policy with externalities and internalities[J]. Journal of Public Economics, 112：72-88.
Arbués F, Barberán R. 2012. Tariffs for urban water services in Spain: household size and equity[J]. International Journal

of Water Resources Development, 28 (1): 123-140.

Arbués F, García-Valiñas M Á, Martínez-Espiñeira R. 2003. Estimation of residential water demand: a state-of-the-art review[J]. The Journal of Socio-Economics, 32 (1): 81-102.

Arbués F, Villanúa I, Barberán R. 2010. Household size and residential water demand: an empirical approach[J]. Australian Journal of Agricultural and Resource Economics, 54 (1): 61-80.

Armstrong M. 1996. Multiproduct non-linear pricing[J]. Econometrica, 64 (1): 51-75.

Armstrong M. 2006. Advances in Economics and Econometrics: Recent Developments in the Economics of Price Discrimination[M]. Cambridge: Cambridge University Press.

Armstrong M, Cowan S, Vickers J. 1995a. Nonlinear pricing and price cap regulation[J]. Journal of Public Economics, 58 (1): 33-55.

Armstrong M, Laffont J, Tirole J. 1995b. A theory of incentives in procurement and regulation[J]. The Economic Journal, 105 (428): 193-194.

Asci S, Borisova T. 2014. The effect of price and non-price conservation programs on residential water demand[EB/OL]. (2014-07-29) [2020-08-13].https://ageconsearch.umn.edu/record/170687/files/AsciBorisova-2014-AAEA-Alachua WaterDemand.pdf.

Atkinson A B, Stiglitz J E. 1976. The design of tax structure: direct versus indirect taxation[J]. Journal of Public Economics, 6 (1): 55-75.

Atkinson A B, Stiglitz J E. 2015. Lectures on Public Economics[M]. Princeton: Princeton University Press.

Baerenklau K A. 2015. Theoretically consistent welfare estimation under block pricing: the case of water demand[EB/OL]. (2015-05-27) [2020-08-13].https://ageconsearch.umn.edu/record/205723/files/BaerenklauAAEApaper.pdf.

Baerenklau K A, Schwabe K A, Dinar A. 2014. Allocation-based water pricing promotes conservation while keeping user costs low[J]. Agricultural and Resource Economics Update, 17 (6): 1-4.

Balling R C, Gober P. 2007. Climate variability and residential water use in the City of Phoenix, Arizona[J]. Journal of Applied Meteorology and Climatology, 46 (7): 1130-1137.

Banks J, Blundell R, Lewbel A. 1997. Quadratic Engel curves and consumer demand[J]. The Review of Economics and Statistics, 79 (4): 527-539.

Barberán R, Arbués F. 2009. Equity in domestic water rates design[J]. Water Resources Management, 23(10): 2101-2118.

Barkatullah N. 1996. OLS and instrumental variable price elasticity estimates for water in mixed-effects model under multiple tariff structure[EB/OL]. (1996-01-11) [2020-08-13].https://ses.library.usyd.edu.au/bitstream/handle/2123/6747/PaperNo226BarkatullahJan1996.pdf?sequence=1.

Bar-Shira Z, Finkelshtain I, Simhon A. 2006. Block-rate versus uniform water pricing in agriculture: an empirical analysis[J]. American Journal of Agricultural Economics, 88 (4): 986-999.

Barten A P, Turnovsky S J. 1966. Some aspects of the aggregation problem for composite demand equations[J]. International Economic Review, 7 (3): 231-259.

Beraja M. 2016. A semi-structural methodology for policy counterfactuals and an application to fiscal unions[EB/OL]. (2016-01-15) [2020-08-13].http://economics.yale.edu/sites/default/files/martin_beraja_011516_jmp.pdf.

Berkhout P H G, Muskens J C, W Velthuijsen J. 2000. Defining the rebound effect[J]. Energy Policy, 28 (6/7): 425-432.

Billings R B, Agthe D E. 1980. Price elasticities for water: a case of increasing block rates[J]. Land Economics, 56 (1): 73-84.

Binswanger M. 2001. Technological progress and sustainable development: what about the rebound effect?[J]. Ecological Economics, 36 (1): 119-132.

Birol F, Keppler J H. 2000. Prices, technology development and the rebound effect[J]. Energy Policy, 28 (6/7): 457-469.

Bithas K. 2008. The sustainable residential water use: sustainability, efficiency and social equity. The European experience[J]. Ecological Economics, 68 (1/2): 221-229.

Blomquist N S. 1989. Comparative statics for utility maximization models with nonlinear budget constraints[J]. International Economic Review, 30 (2): 275-296.

Blundell R, Lewbel A. 1991. The information content of equivalence scales[J]. Journal of Econometrics, 50 (1/2): 49-68.

Bockstael N E, McConnell K E. 1983. Welfare measurement in the household production framework[J]. The American Economic Review, 73 (4): 806-814.

Bohi D R, Zimmerman M B. 1984. An update on econometric studies of energy demand behavior[J]. Annual Review of Energy, 9 (1): 105-154.

Boisvert R, Cappers P, Goldman C, et al. 2007. Customer response to RTP in competitive markets: a study of Niagara Mohawk's standard offer tariff[J]. The Energy Journal, 28 (1): 53-74.

Boiteux M. 1960. Peak-load pricing[J]. The Journal of Business, 33 (2): 157-179.

Boland J J. 1993. Pricing urban water: principles and compromises[J]. Journal of Contemporary Water Research & Education, 92 (1): 2.

Boland J J, Whittington D. 2000. The political economy of water price with water tariff design in developing countries: increasing block tariffs versus uniform price with rebate [J]. The Political Economy of Water Pricing Reforms, 13: 215-235.

Borenstein S. 2008. Equity effects of increasing-block electricity pricing[EB/OL]. (2008-11-03) [2020-08-13].https://escholarship.org/uc/item/3sr1h8nc.

Borenstein S. 2009. To what electricity price do consumers respond? Residential demand elasticity under increasing-block pricing[J]. Preliminary Draft April: 1-37.

Borenstein S. 2012. The redistributional impact of nonlinear electricity pricing[J]. American Economic Journal: Economic Policy, 4 (3): 56-90.

Broberg T, Brännlund R. 2008. On the value of large predators in Sweden: a regional stratified contingent valuation analysis[J]. Journal of Environmental Management, 88 (4): 1066-1077.

Brown S J, Sibley D S. 1986.The Theory of Public Utility Pricing[M]. Cambridge: Cambridge University Press.

Burtless G, Hausman J A. 1978. The effect of taxation on labor supply: evaluating the Gary negative income tax experiment[J]. Journal of Political Economy, 86 (6): 1103-1130.

Carter A, Craigwell R, Moore W. 2012. Price reform and household demand for electricity[J]. Journal of Policy Modeling, 34 (2): 242-252.

Chetty R. 2009. Sufficient statistics for welfare analysis: a bridge between structural and reduced-form methods[J]. Annual Review of Economics, 1 (1): 451-488.

Chetty R, Finkelstein A. 2013. Social insurance: connecting theory to data[J]. Handbook of Public Economics, 5: 111-193.

Chetty R, Friedman J N, Olsen T, et al. 2011. Adjustment costs, firm responses, and micro vs. macro labor supply elasticities: evidence from Danish tax records[J]. Quarterly Journal of Economics, 126 (2): 749-804.

Chetty R, Friedman J N, Saez E. 2013. Using differences in knowledge across neighborhoods to uncover the impacts of the EITC on earnings[J]. The American Economic Review, 103 (7): 2683-2721.

Chetty R, Looney A. 2006. Consumption smoothing and the welfare consequences of social insurance in developing economies[J]. Journal of Public Economics, 90 (12): 2351-2356.

Chetty R, Saez E. 2010. Optimal taxation and social insurance with endogenous private insurance[J]. American Economic

Journal: Economic Policy, 2 (2): 85-114.

Choi W H, Sen A, White A. 2011. Response of industrial customers to hourly pricing in Ontario's deregulated electricity market[J]. Journal of Regulatory Economics, 40 (3): 303-323.

Christensen L R, Jorgenson D W, Lau L J. 1975. Transcendental logarithmic utility functions[J]. The American Economic Review, 65 (3): 367-383.

Cranfield J A L, Eales J S, Hertel T W, et al. 2003. Model selection when estimating and predicting consumer demands using international, cross section data[J]. Empirical economics, 28: 353-364.

Cremer H, Gahvari F. 2002. Nonlinear pricing, redistribution, and optimal tax policy[J]. Journal of Public Economic Theory, 4 (2): 139-161.

Dahan M, Nisan U. 2007. Unintended consequences of increasing block tariffs pricing policy in urban water[J]. Water Resources Research, 43 (3): 1-10.

Dahlby B. 2008. The Marginal Cost of Public Funds: Theory and Applications[M]. Cambridge: MIT Press.

Dalhuisen J M, Florax R J G M, de Groot H L F, et al. 2003. Price and income elasticities of residential water demand: a meta-analysis[J]. Land Economics, 79 (2): 292-308.

Dargay J, Gately D. 1997. The demand for transportation fuels: imperfect price-reversibility?[J]. Transportation Research Part B: Methodological, 31 (1): 71-82.

Deaton A, Muellbauer J. 1980. An almost ideal demand system[J]. The American Economic Review, 70 (3): 312-326.

Dellavigna S. 2009. Psychology and economics: evidence from the field[J]. Journal of Economic Literature, 47 (2): 315-372.

Dubin J A, McFadden D. 1984. An econometric analysis of residential electric appliance holdings and consumption[J]. Econometrica, 52 (2): 345-362.

Dufty G. 2007. Electricity pricing: delivering social justice and environmental equity[J]. Just Policy: A Journal of Australian Social Policy, (46): 66-72.

Efron B. 1979. Bootstrap method: another look at the jackknife[J]. The Annals of Statistics, 7 (1): 1-26.

Einav L, Finkelstein A. 2011. Selection in insurance markets: theory and empirics in pictures[J]. Journal of Economic Perspectives, 25 (1): 115-138.

Espey J A, Espey M. 2004. Turning on the lights: a meta-analysis of residential electricity demand elasticities[J]. Journal of Agricultural and Applied Economics, 36 (1): 65-81.

Espey M, Espey J, Shaw W D. 1997. Price elasticity of residential demand for water: a meta-analysis[J]. Water Resources Research, 33 (6): 1369-1374.

Faruqui A. 2008. Inclining toward efficiency[J]. Public Utilities Fortnightly, 146 (8): 22-27.

Faruqui A, Sergici S. 2010. Household response to dynamic pricing of electricity: a survey of 15 experiments[J]. Journal of Regulatory Economics, 38 (2): 193-225.

Faulhaber G R, Panzar J C. 1975. Optimal two-part tariffs with self-selection[J]. Journal of Public Economics, 40 (2), 237-249.

Feldstein M. 1972. The incidence of the social security payroll tax: comment[J]. The American Economic Review, 62(4): 735-738.

Feldstein M. 1999. Tax avoidance and the deadweight loss of the income tax[J]. The Review of Economics and Statistics, 81 (4): 674-680.

Feldstein M, Feenberg D R. 1996. The effect of increased tax rates on taxable income and economic efficiency: a preliminary analysis of the 1993 tax rate increases[J]. Production Engineer, 10: 89-118.

Fell H, Li S J, Paul A. 2014. A new look at residential electricity demand using household expenditure data[J]. International Journal of Industrial Organization, 33: 37-47.

Filippin L I, Cuevas M J, Lima E, et al. 2011. Nitric oxide regulates the repair of injured skeletal muscle[J]. Nitric Oxide, 24 (1): 43-49.

Fisher R A. 1922. On the mathematical foundations of theoretical statistics[J]. Philosophical Transactions of the Royal Society of A, 222 (594-604): 309-368.

Freund C, Wallich C. 1997. Public-sector price reforms in transition economies: Who gains? Who loses? The case of household energy prices in Poland[J]. Economic Development and Cultural Change, 46 (1): 35-59.

Gaudin S. 2006. Effetc of price information on residential water demand[J]. Applied Economics, 38 (4): 383-393.

Gaudin S, Griffin R C, Sickles R C. 2001. Demand specification for municipal water management: evaluation of the stone-geary form[J]. Land Economics, 77 (3): 399-422.

Gellings C W. 1985. The concept of demand-side management for electric utilities[C]. Proceedings of the IEEE: 1468-1470.

Gibson M, Price C. 1986. Standing charge rebates costs and benefits[J]. Energy Policy, 14 (3): 262-271.

Goldman M B, Leland H E, Sibley D S. 1984. Optimal nonuniform prices[J]. The Review of Economic Studies, 51 (2): 305-319.

Gorman W M. 1981. Some Engel Curves[M]//Deaton A. Essays in the Theory and Measurement of Consumer Behaviour: In Honour of Richard Stone. Cambridge: Cambridge University Press.

Griffin R C, Chang C. 1990. Pretest analyses of water demand in thirty communities[J]. Water Resources Research, 26 (10): 2251-2255.

Haji S H H. 1994. A dynamic model of industrial energy demand in Kenya[J]. The Energy Journal, 15 (4): 203-224.

Hajispyrou S, Koundouri P, Pashardes P. 2002. Household demand and welfare: implications of water pricing in Cyprus[J]. Environment and Development Economics, 7 (4): 659-685.

Håkonsen L, Mathiesen L. 1997. CO_2-stabilization may be a no-regrets policy. A general equilibrium analysis of the norwegian economy[J]. Environmental and Resource Economics, 9 (2): 171-198.

Hancock R, Price C W. 1996. Competition in the British domestic gas market: efficiency and equity[J]. Fiscal Studies, 16 (3): 81-105.

Hansen B E. 1999. Threshold effects in non-dynamic panels: estimation, testing, and inference[J]. Journal of econometrics, 93 (2): 345-368.

Harberger A C. 1964. The measurement of waste[J]. The American Economic Review, 54 (3): 58-76.

Hanemann W M. 1984. Discrete/continuous models of consumer demand[J]. Econometrica, 52 (3): 541-561.

Hausman J A. 1981. Exact consumer's surplus and deadweight loss[J]. The American Economic Review, 71(4): 662-676.

Hausman J A. 1983. Taxes and labor supply[EB/OL]. (1983-09-01) [2020-8-13]. https://www.nber.org/papers/w1102.pdf.

Hausman J A. 1985. The econometrics of nonlinear budget sets[J]. Econometrica, 53 (6): 1255-1282.

Hausman J A, Leonard G K. 2003. The competitive effects of a new product introduction: a case study[J]. Journal of Industrial Economics, 50 (3): 237-263.

Hausman J A, Leonard G K, Zona J D. 1994. Competitive analysis with differentiated products[J]. Annales d'Economie et de Statistique: 34 (1): 159-180.

Hausman J A, Newey W K. 1995. Nonparametric estimation of exact consumers surplus and deadweight loss[J]. Econometrica, 63 (6): 1445-1476.

Hausman J A, Taylor W E. 1981. Panel data and unobservable individual effects[J]. Econometrica, 49 (6): 1377-1398.

Hausman J A, Wise D A. 1979. Attrition bias in experimental and panel data: the gary income maintenance experiment[J]. Econometrica, 47 (2): 455-473.

Hausman J A, Kinnucan M, McFaddden D. 1979. A two-level electricity demand model: evaluation of the connecticut time-of-day pricing test[J]. Journal of Econometrics, 10 (3): 263-289.

Heien D L, Wessells C R. 1990. Demand systems estimation with microdata: a censored regression approach[J]. Journal of Business & Economic Statistics, 8 (3): 365-371.

Hendren N. 2016. The policy elasticity[J]. Tax Policy and the Economy, 30 (1): 51-89.

Henson S E. 1984. Electricity demand estimates under increasing-block rates[J]. Southern economic Journal, 51 (1): 147.

Herriges J A, King K K. 1994. Residential demand for electricity under inverted block rates: evidence from a controlled experiment[J]. Journal of Business & Economic Statistics, 12 (4): 419-430.

Hewitt J A. 1993. Watering households: The two-error discrete-continous choice model of residential water demand [D]. Berkeley: University of California, Berkeley.

Hewitt J A, Hanemann W M. 1995. A discrete/continuous choice approach to residential water demand under block rate pricing[J]. Land Economics, 71 (2): 173-192.

Hindriks J, Myles G D. 2006. Intermediate Public Economics[M]. Cambridge: MIT Press.

Hoppe H C, Moldovanu B, Ozdenoren E. 2011. Coarse matching with incomplete information[J]. Economic Theory, 47 (1): 75-104.

Howarth R B. 1997. Energy efficiency and economic growth[J]. Contemporary Economic Policy, 15 (4): 1-9.

Huang W, Zhou Y. 2015. One-child policy, marriage distortion, and welfare loss[EB/OL]. (2015-11-14) [2020-08-18]. https://www.econstor.eu/bitstream/10419/125047/1/dp9532.pdf.

Ito K. 2014. Do consumers respond to marginal or average price? Evidence from nonlinear electricity pricing[J]. The American Economic Review, 104 (2): 537-563.

Jacobsen M R, Knittel C R, Sallee J M, et al. 2017. Sufficient Statistics for Imperfect Externality-Correcting Policies[R]. National Bureau of Economic Research.

Joseph E. 1988. Economics of the Public Sector[M]. New York: W. W. Norton.

Just R E. 2011. Behavior, robustness, and sufficient statistics in welfare measurement[J]. Annual Review of Resource Economics, 3 (1): 37-70.

King C, Chatterjee S. 2003. Predicting California demand response[EB/OL]. (2003-07-01) [2020-08-18]. https://www.yumpu.com/en/document/view/42184494/predicting-california-demand-response-american-energy-institute.

Kirschen D S, Strbac G, Cumperayot P, et al. 2000. Factoring the elasticity of demand in electricity prices[J]. IEEE Transactions on Power Systems, 15 (2): 612-617.

Klaiber H A, Smith V K. 2009. Sufficient statistics for measuring the value of changes in local public goods: does Chetty's framework inform lind?[EB/OL]. (2009-07-26) [2020-08-14].https://ageconsearch.umn.edu/record/49596/files/611775.pdf.

Klaiber H A, Smith V K, Kaminsky M, et al. 2014. Measuring price elasticities for residential water demand with limited information[J]. Land Economics, 90 (1): 100-113.

Kokovin S, Nahata B, Zhelobodko E. 2008. Why quantity premia are rare?[J].Economics Letters, 100 (1): 153-156.

Komives K, Foster V, Halpern J, et al. 2005. Water, electricity, and the poor[EB/OL]. (2013-01-07) [2020-08-14]. https://elibrary.worldbank.org/doi/abs/10.1596/978-0-8213-6342-3.

Laffont J J, Maskin E, Rochet J C. 1987. Optimal nonlinear pricing with two-dimensional characteristics [EB/OL]. (1987-10-12) [2020-8-14].https://scholar.harvard.edu/maskin/publications/optimal-nonlinear-pricing-two-dimensionalcharacteristics.

Laffont J J, Tirole J. 1993. A Theory of Incentives in Procurement and Regulation[M]. Cambridge: MIT Press.

Lee D, Saez E. 2012. Optimal minimum wage policy in competitive labor markets[J]. Journal of Public Economics, 96 (9/10): 739-749.

Lewbel A. 1990. Full rank demand systems[J]. International Economic Review, 31 (2): 289-300.

Lewbel A. 1991. The rank of demand systems: theory and nonparametric estimation[J]. Econometrica, 59 (3): 711-730.

Liebman J B, Zeckhauser R J. 2004. Schmeduling [R]. Harvard University Working Paper.

Lin B Q, Liu X. 2013. Electricity tariff reform and rebound effect of residential electricity consumption in China[J]. Energy, 59: 240-247.

Lluch C. 1973. The extended linear expenditure system[J]. European Economic Review, 4 (1): 21-32.

Loáiciga H A. 2004. Cost recovery and conservation of residential water use by optimized block pricing[C]. World Environmental and Water Resources Congress: 1-13.

Ltd P P. 2013. Managing water for all: an OECD perspective on pricing and financing[J]. Water Intelligence Online, 12: 9781780406084.

Luo Y, Perrigne I, Vuong Q. 2018. Structural analysis of nonlinear pricing[J]. Journal of Political Economy, 126 (6): 2523-2568.

Maddock R, Castano E. 1991. The welfare impact of rising block pricing: electricity in Colombia[J]. The Energy Journal, 12 (4): 65-78.

Madlener R, Alcott B. 2009. Energy rebound and economic growth: a review of the main issues and research needs[J]. Energy, 34 (3): 370-376.

Mansur E T, Mendelsohn R O, Morrison W. 2005. A discrete-continuous choice model of climate change impacts on energy [EB/OL]. (2005-06-08) [2020-08-12]. https://papers.ssrn.com/sol3/papers.cfm?abstract_id=738544.

Martínez-Espiñeira R. 2003. Estimating water demand under increasing-block tariffs using aggregate data and proportions of users per block[J]. Environmental and Resource Economics, 26 (1): 5-23.

Mas-Colell A, Whinston M D, Green J R. 1995. Microeconomic Theory[M]. New York: Oxford University Press.

Maskin E S, Laffont J J, Rochet J C, et al. 1987. Optimal nonlinear pricing with two-dimensional characteristics[EB/OL]. (1993-09-12)[2020-08-12]. https://scholar.harvard.edu/files/maskin/files/optimal_nonlinear_pricing_with_two-dimensional_characteristics.pdf.

Maskin E S, Riley J G. 1984. Optimal auction with risk averse buyers[J]. Econometrica, 52 (6): 1473-1518.

Mazzocchi M. 2003. Time - varying coefficients in the almost ideal demand system: an empirical appraisal[J]. European Review of Agricultural Economics, 30 (2): 241-270.

McFadden D, Puig C, Kirschner D. 1977. Determinants of the long-run demand for electricity[C]. Proceedings of the American Statistical Association: 109-119.

Meran G, von Hirschhausen C R. 2009. Increasing Block Tariffs in the Water Sector: A Semi-Welfarist Approach[R]. German Institute for Economic Research Discussion Paper.

Meran G, von Hirschhausen C R. 2014. Increasing block tariffs in the water sector: an interpretation in terms of social preferences [EB/OL]. (2014-09-12) [2020-08-14]. https://www.econstor.eu/bitstream/10419/105821/1/812883624.pdf.

Milne G, Boardman B. 2000. Making cold homes warmer: the effect of energy efficiency improvements in low-income homes a report to the Energy Action Grants Agency Charitable Trust[J]. Energy Policy, 28 (6/7): 411-424.

Mirrlees J A. 1971. An exploration in the theory of optimum income taxation[J]. The Review of Economic Studies, 38 (2): 175-208.

Mirrlees J A. 1976. The optimal structure of incentives and authority within an organization[J]. The Bell Journal of Economics, 7 (1): 105-131.

Mitchell B M, Vogelsang I. 1991. Telecommunications Pricing: Theory and Practice[M] Cambridge: Cambridge University Press.

Miyawaki K, Omori Y, Hibiki A. 2014. A Discrete/Continuous Choice Model on the Nonconvex Budget Set[R]. Faculty of Economics, University of Tokyo.

Miyawaki K, Omori Y, Hibiki A. 2016. Exact estimation of demand functions under block-rate pricing[J]. Econometric Reviews, 35 (3): 311-343.

Moezzi M. 1998. The predicament of efficiency[EB/OL]. (1998-01-03) [2020-08-14]. http://citeseerx.ist.psu.edu/viewdoc/download?doi=10.1.1.198.9165&rep=rep1&type=pdf.

Moffitt R A. 1986. The econometrics of piecewise-linear budget constraints a survey and exposition of the maximum likelihood method[J]. Journal of Business & Economic Statistics, 4 (3): 317-328.

Moffitt R A. 1990. The econometrics of kinked budget constraints[J]. Journal of Economic Perspectives, 4 (2): 119-139.

Muellbauer J. 1976. Community preferences and the representative consumer[J]. Econometrica, 44 (5): 979-999.

Murray C K. 2009. New insights into rebound effects: Theory and empirical evidence[D]. Brisbane: Queensland University of Technology.

Mussa M, Rosen S. 1978. Monopoly and product quality[J]. Journal of Economic Theory, 18 (2): 301-317.

Nataraj S, Hanemann W M. 2011. Does marginal price matter? A regression discontinuity approach to estimating water demand[J]. Journal of Environmental Economics and Management, 61 (2): 198-212.

Nauges C, Thomas A. 2000. Privately operated water utilities, municipal price negotiation, and estimation of residential water demand: the case of France[J]. Land Economics, 76 (1): 68-85.

Newbery D M. 1995. Power markets and market power[J]. The Energy Journal: 39-66.

Ng Y K, Weisser M. 1974. Optimal pricing with a budget constraint—The case of the two-part tariff[J] The Review of Economic Studies, 41 (3): 337-345.

Nieswiadomy M, Molina D J. 1989. Comparing residential water demand estimates under decreasing and increasing block rates using household data[J]. Land Economics, 65 (3): 280-289.

Nordin J A. 1976. A proposed modification of taylor's demand analysis: comment[J]. The Bell Journal of Economics, 7 (2): 719-721.

OECD. 2010. Public attitudes to nuclear power[EB/OL]. (2010-03-22) [2020-8-14]. https://www.oecd.org/publications/public-attitudes-to-nuclear-power-9789264097933-en.htm.

Oi W Y. 1971. A disneyland dilemma: two-part tariffs for a mickey mouse monopoly[J]. Quarterly Journal of Economics, (1): 77-96.

Olmstead S M. 2009. Reduced-form versus structural models of water demand under nonlinear prices[J]. Journal of Business & Economic Statistics, 27 (1): 84-94.

Olmstead S M, Hanemann W M, Stavins R N. 2003. Does price structure matter? Household water demand under increasing-block and uniform prices[EB/OL]. (2003-11-07) [2020-08-12]. https://www.researchgate.net/profile/Robert_Stavins/publication/228916287_Does_Price_Structure_Matter_Household_Water_Demand_Under_Increasing-Block_and_Uniform_Prices/links/0046351668ec2775ea000000/Does-Price-Structure-Matter-Household-Water-Demand-Under-Increasing-Block-and-Uniform-Prices.pdf.

Olmstead S M, Hanemann W M, Stavins R N. 2007. Water demand under alternative price structures[J]. Journal of Environmental Economics and Management, 54 (2): 181-198.

Ouyang J L, Long E S, Hokao K. 2010. Rebound effect in Chinese household energy efficiency and solution for mitigating it[J]. Energy, 35 (12): 5269-5276.

Pashardes P, Hajispyrou S. 2002. Consumer demand and welfare under increasing block pricing[EB/OL]. (2002-07-02) [2020-08-14]. https://core.ac.uk/download/pdf/7012195.pdf.

Pigou A C. 1920. The Economics of Welfare[M]. London: His Italics.

Pint E M. 1999. Household responses to increased water rates during the California drought[J]. Land Economics, 75 (2): 246-266.

Poi B P. 2002. Dairy policy and consumer welfare. In three essays in applied econometrics[EB/OL]. (2002-07-09) [2020-08-14]. https://elibrary.ru/item.asp?id=6709797.

Poi B P. 2012. Easy demand-system estimation with quaids[J]. Stata Journal, 12 (3): 433-446.

Polimeni J M, Polimeni R I. 2006. Jevons' paradox and the myth of technological liberation[J]. Ecological Complexity, 3 (4): 344-353.

Price C W, Hancock R. 1998. Distributional effects of liberalising UK residential utility markets[J]. Fiscal Studies, 19 (3): 295-319.

Qi F, Zhang L Z, Wei B, et al. 2008. An application of Ramsey pricing in solving the cross-subsidies in Chinese electricity tariffs[C]. 2008 Third International Conference on Electric Utility Deregulation and Restructuring and Power Technologies : 442-447.

Ray R. 1983. Measuring the costs of children: an alternative approach[J]. Journal of Public Economics, 22 (1): 89-102.

Ray R. 1986a. Redistribution through commodity taxes: the non-linear Engel curve case[J]. Public Finance, 41 (2): 277-284.

Ray R. 1986b. Sensitivity of "optimal" commodity tax rates to alternative demand functional forms: an econometric case study of India[J]. Journal of Public Economics, 31 (2): 253-268.

Reiss P C, White M W. 2005. Household electricity demand, revisited[J]. The Review of Economic Studies, 72 (3): 853-883.

Reiss P C, White M W. 2006. Evaluating welfare with nonlinear prices[R]. National Bureau of Economic Research.

Reynaud A, Renzetti S, Villeneuve M. 2005. Residential water demand with endogenous pricing: the Canadian case[J]. Water Resources Research, 41 (11): 1-11.

Rietveld P, Rouwendal J, Zwart B. 2000. Block rate pricing of water in Indonesia: an analysis of welfare effects[J]. Bulletin of Indonesian Economic Studies, 36 (3): 73-92.

Rochet J C, Chone P. 1998. Ironing, sweeping and multidimensional screening[J]. Econometrica, 66 (4): 783-826.

Rochet J C, Stole L. 2002. Nonlinear pricing with random participation[J]. Review of Economic Studies, 69(1): 277-311.

Rosen H S. 1976. A methodology for evaluating tax reform proposals[J]. Journal of Public Economics, 6 (1/2): 105-121.

Ruijs A. 2009. Welfare and distribution effects of water pricing policies[J]. Environmental and Resource Economics, 43 (2): 161-182.

Saez E. 2001. Using elasticities to derive optimal income tax rates[J]. The Review of Economic Studies, 68 (1): 205-229.

Saez E. 2010. Do taxpayers bunch at kink points?[J]. American Economic Journal: Economic Policy, 2 (3): 180-212.

Saez E, Slemrod J, Giertz S H. 2012. The elasticity of taxable income with respect to marginal tax rates: a critical review[J]. Journal of Economic Literature, 50 (1): 3-50.

Saunders H D. 1992. The Khazzoom-Brookes postulate and neoclassical growth[J]. The Energy Journal, 13 (4): 131-148.

Schefter J E, David E L. 1985. Estimating residential water demand under multi-part tariffs using aggregate data[J]. Land Economics, 61 (3): 272-280.

Schipper L, Grubb M. 2000. On the rebound? Feedback between energy intensities and energy uses in IEA countries[J]. Energy Policy, 28 (6/7): 367-388.

Schmalensee R. 1987. Inter-industry studies of structure and performance[J]. Handbook of Industrial Organization, 2: 951-1009.

Seim K, Viard V. 2004. The effect of entry and market structure on cellular pricing tactics[EB/OL]. (2004-11-04) [2020-08-14].https://papers.ssrn.com/sol3/papers.cfm?abstract_id=618221.

Shimer R. 2009. Convergence in macroeconomics: the labor wedge[J]. American Economic Journal: Macroeconomics, 1 (1): 280-297.

Shimer R, Werning I. 2007. Reservation wages and unemployment insurance[J]. The Quarterly Journal of Economics, 122 (3): 1145-1185.

Shin J. 1985. Perception of price when price information is costly: evidence from residential electricity demand[J]. The Review of Economics and Statistics, 67 (4): 591-598.

Sorrell S. 2007. The rebound effect: an assessment of the evidence for economy-wide energy saving from improved energy efficiency[EB/OL]. (2007-11-12) [2020-08-14]. https://pdfs.semanticscholar.org/8e52/60a35163402b6ada126baddc023966252618.pdf.

Stiglitz J E. 2000. The contributions of the economics of information to twentieth century economics[J]. Quarterly Journal of Economics, 115 (4): 1441-1478.

Stole L. 1995. Nonlinear pricing and oligopoly[J]. Journal of Economics and Management Strategy, 4 (4): 529-562.

Stone R. 1954. Linear expenditure systems and demand analysis: an application to the pattern of British demand[J]. The Economic Journal, 64 (255): 511-527.

Strong A, Smith V K. 2010. Reconsidering the economics of demand analysis with kinked budget constraints[J]. Land Economics, 86 (1): 173-190.

Sundararajan A. 2004. Nonlinear pricing of information goods[J]. Management Science, 50 (12): 1660-1673.

Tano D K. 1991. Are unemployment and out of the labor force behaviorally distinct labor force states?New evidence from the gross change data[J]. Economics Letters, 36 (1): 113-117.

Taylor L D. 1975. The demand for electricity: a survey[J]. The Bell Journal of Economics, 6 (1): 74-110.

Taylor T, Schwarz P M, Cochell J. 2005. Responses to electricity prices: pricing with up to eight summers' experience[J]. Journal of Regulatory Economics, 27 (3): 235-262.

Terza J V. 1986. Determinants of household electricity demand: a two-stage probit approach[J]. Southern Economic Journal: 1131-1139.

Terza J V, Welch W. 1982. Estimating demand under block rates: electricity and water[J]. Land Economics, 58 (2): 181-188.

Theil H. 1965. The information approach to demand analysis[J]. Econometrica, 33 (1): 627-651.

Vaage K. 2000. Heating technology and energy use: a discrete/continuous choice approach to Norwegian household energy demand[J]. Energy Economics, 22 (6): 649-666.

von Weizsacker E U. 2014. Overcoming the mikado situation[J]. Global Policy, 5: 21-23.

Vu L H, Glewwe P. 2011. Impacts of rising food prices on poverty and welfare in Vietnam[J]. Journal of Agricultural and Resource Economics, 36 (1): 14-27.

Waldman D M. 2000. A discrete/continuous choice approach to residential water demand under block rate pricing: comment[J]. Land Economics, 76 (2): 322-323.

Waldman D M. 2005. A discrete/continuous choice approach to residential water demand under block rate pricing:

comment[J]. Land Economics, 81 (2): 1-3.

Watabe M. 2015. Duality in nonlinear pricing with applications to block tariffs[EB/OL]. (2015-05-06) [2020-08-12].https://keizai.meisei-u.ac.jp/econgs/wp-content/uploads/2019/03/DP32.pdf.

Weyl E G. 2009. Pass-through as an economic tool[J]. Social Science Electronic Publishing, 121 (3): 528-583.

Weyl E G. 2016. Price theory[J]. Journal of Economic Literature, 57 (2): 329-334.

Whittington D. 1992. Possible adverse effects of increasing block water tariffs in developing countries[J]. Economic Development and Cultural Change, 41 (1): 75-87.

Wichman C J. 2014. Perceived price in residential water demand: evidence from a natural experiment[J]. Journal of Economic Behavior & Organization, 107: 308-323.

Willig R D. 1978. Pareto-superior nonlinear outlay schedules[J]. The Bell Journal of Economics, 9 (1): 56-69.

Wilson R B. 1993. Nonlinear Pricing[M]. New York: Oxford University Press.

Wodon Q, Angel-Urdinola D. 2007. Do utility subsidies reach the poor? Framework and evidence for Cape Verde, Sao Tome, and Rwanda[J]. Economics Bulletin, 9 (4): 1-7.

Wooldridge J M. 2001. Applications of generalized method of moments estimation[J]. Journal of Economic Perspectives, 15 (4): 87-100.

Wooldridge J M. 2002. Econometric Analysis of Cross Section And Panel Data[M]. Cambridge: MIT Press.

World Bank. 1995. World Development Report 1995[M]. New York: Oxford University Press.

Yoo J J, Simonit S, Kinzig A P, et al. 2014. Estimating the price elasticity of residential water demand: the case of phoenix, Arizona[J]. Applied Economic Perspectives and Policy, 36 (2): 333-350.

Yoo S H, Lee J S, Kwak S J. 2007. Estimation of residential electricity demand function in Seoul by correction for sample selection bias[J]. Energy Policy, 35 (11): 5702-5707.

You J S, Lim S. 2013. Welfare effects of nonlinear electricity pricing[EB/OL]. (2013-01-03) [2020-08-14].https://www.iaee.org/en/publications/ejarticle.aspx?id=2857.

Zhang X Z. 1997. An estimate of China's cost of public fund. in: price controls and the economics of institutions in china, development centre studies[EB/OL]. (1997-10-12) [2020-08-14]. http://publications.ut-capitole.fr/14916/.

附录 A 阶梯定价下的无条件需求估计步骤

为计算正文中式（2-4）中无条件需求下的消费量 w，由于 $\underline{w}_k^*$ 是 DCC 模型中的第 k 个阶梯下消费估计参数与数据的函数。严格讲，由式（2-5）变化可得，$\underline{w}_k^*(\bullet) = \exp(Z\delta) p_k^a Y_k^u$。对于既定的阶梯档次 k，$\underline{w}_k^*(\bullet)$ 与阶梯分割点 w_k 是已知常数。注意，消费者对阶梯的离散选择仅受异质性误差项 η 的影响，与随机性误差项 ε 无关。设定 $\exp(\eta) = \eta^*$ 及 $\exp(\varepsilon) = \varepsilon^*$。当 $k \to \infty$ 时，$w_k = \infty$；当 $k = 0$ 时，$w_0 = 0$。在某一 K 级阶梯定价结构下，该代表性消费者的预期消费为

$$E(w) = \sum_{k=1}^{K} \underline{w}_k^*(\bullet) \times \left[\int_0^{+\infty} \int_{w_{k-1}/\underline{w}_k^*(\bullet)}^{w_k/\underline{w}_k^*(\bullet)} \varepsilon^* \eta^* f(\varepsilon^*, \eta^*) \mathrm{d}\eta^* \mathrm{d}\varepsilon^* \right] + \sum_{k=1}^{K-1} w_k \\ \times \left[\int_0^{+\infty} \int_{w_k/\underline{w}_k^*(\bullet)}^{w_k/\underline{w}_{k+1}^*(\bullet)} \varepsilon^* f(\varepsilon^*, \eta^*) \mathrm{d}\eta^* \mathrm{d}\varepsilon^* \right] \quad (A-1)$$

其中，右边第一个求和式是给定某一阶梯 K 内的消费量与消费量落在该阶梯上的概率的乘积。这个乘式反映了给定阶梯 K 内的期望消费量。第二个求和式是尖点处的消费量 w_k 与消费落在该尖点处的概率的乘积。这个乘式反映了尖点处的期望消费量。

由于前面已假设误差项 η 和 ε 均服从正态分布，σ_η 与 σ_ε 的具体数值均可从 DCC 模型中估计得出，由此可计算出 K 级阶梯定价下的期望需求函数[①]。

$$E(w) = \underline{w}_1^*(\bullet) \exp\left(\mu_\varepsilon + \frac{\sigma_\varepsilon^2}{2}\right) \exp\left(\mu_\eta + \frac{\sigma_\eta^2}{2}\right) \left[1 - \Phi\left(\sigma_\eta - \frac{\ln(w_1/\underline{w}_1^*(\bullet)) - \mu_\eta}{\sigma_\eta}\right) \right] \\ + w_1 \exp\left(\mu_\varepsilon + \frac{\sigma_\varepsilon^2}{2}\right) \Phi\left(\frac{\ln(w_1/\underline{w}_2^*(\bullet)) - \mu_\eta}{\sigma_\eta}\right) \left[1 - \Phi\left(\frac{\ln(w_1/\underline{w}_1^*(\bullet)) - \mu_\eta}{\sigma_\eta}\right) \right] \\ + \cdots \\ + \underline{w}_i^*(\bullet) \exp\left(\mu_\varepsilon + \frac{\sigma_\varepsilon^2}{2}\right) \exp\left(\mu_\eta + \frac{\sigma_\eta^2}{2}\right) \left[1 - \Phi\left(\sigma_\eta - \frac{\ln(w_i/\underline{w}_i^*(\bullet)) - \mu_\eta}{\sigma_\eta}\right) \right]$$

[①] 在实际计算中，为简化计算，我们一般只考虑左右两个相邻阶梯和尖点处三种最可能发生的情况来计算无条件期望需求，即价格变化时，该阶梯上的消费量转换至上一阶梯、下一阶梯及尖点处的概率。事实上，如果不发生大幅度价格调整，发生跨阶梯消费变化的概率很小。

$$+ w_i \exp\left(\mu_\varepsilon + \frac{\sigma_\varepsilon^2}{2}\right)\left[\Phi\left(\frac{\ln(w_i / \underline{w}_{i+1}^*(\cdot) - \mu_\eta)}{\sigma_\eta}\right) - \Phi\left(\frac{\ln(w_i / \underline{w}_i^*(\cdot) - \mu_\eta)}{\sigma_\eta}\right)\right]$$

$$+ \cdots$$

$$+ \underline{w}_k^*(\cdot) \exp\left(\mu_\varepsilon + \frac{\sigma_\varepsilon^2}{2}\right) \exp\left(\mu_\eta + \frac{\sigma_\eta^2}{2}\right)\left[\Phi\left(\sigma_\eta - \frac{\ln(w_{k-1} / \underline{w}_k^*(\cdot) - \mu_\eta)}{\sigma_\eta}\right)\right]$$

(A-2)

其中，$\Phi(\cdot)$ 为正态分布的累积分布函数。

基于此，为同时验证估计结果的稳健性，我们使用参数估计与非参数估计两种方法分别得到 K 级阶梯定价结构下的无条件需求。求得无条件需求的步骤分为两大步。第一步是，使用电量消费与价格、收入及其他变量的原始数据进行 DCC 模型估计，并得出各变量的参数估计值。对于参数估计方法，第二步是，从总误差分布中进行 $m(=500)$ 次随机抽取，并基于每次抽取的误差，由式（2-8）得出无条件需求下的期望消费量，分析当价格或收入改变 1%（或一定百分比）时，利用无条件需求下的期望消费量与改变后的价格或收入及其他变量的原始数据进行 DCC 模型估计，最终计算出 $m(=500)$ 次的价格与收入弹性的平均值与标准差。对于非参数估计方法，第二步是，从数据中（替代性的）抽取 $m(=500)$ 次规模为 n 的随机样本，并基于对原始数据的 DCC 参数估计值，模拟价格（或收入）改变 1%（或一定百分比）导致由式（2-8）求出的期望需求变化的百分比，并使用自助法[①]估计出标准差。

显然，在非参数估计方法下，不需要再次使用 DCC 计量模型求价格（或收入）弹性，仅仅计算价格变化 1%（或一定百分比）时的需求变化比例即可。但是，在参数估计下，需要从样本中随机抽取 m 份子样本，依次计算 m 次 DCC 模型，然后相应地得到无条件需求的价格（或收入）弹性特征。但无论是哪种估计策略，均可得出定价场景变化时可在不同阶梯上变换的无条件需求弹性特征，并由此进行真实准确的阶梯定价政策评估。

[①] 自助法也称自助抽样法，是一种基于原数据观测值，从给定样本中有放回的均匀抽样方法，在此基础上可以估计出统计量的标准差，详见 Efron（1979）。

附录 B 从分时阶梯定价到纯阶梯定价的转换

对分时阶梯定价的价格系统合理转化成纯阶梯定价系统，其基本思路如下所示。

一、定义峰谷消费组合

设定峰时的阶梯价格系统如表 B-1 所示。

表 B-1 峰时的阶梯价格系统

阶梯数	1	2	…	M
阶梯消费量	$[0, A_p)$	$[A_p, B_p)$	…	$[M_p, +\infty)$
价格	a_p	b_p	…	m_p

设定谷时的阶梯价格系统如表 B-2 所示。

表 B-2 谷时的阶梯价格系统

阶梯数	1	2	…	N
阶梯消费量	$[0, A_o)$	$[A_o, B_o)$	…	$[N_o, +\infty)$
价格	a_o	b_o	…	n_o

假设用户在高峰和低谷同时选择，共有 MN 种可能，如消费者在高峰时段消费落在第 3 档，在低谷消费落在第 2 档等。其组合定义如表 B-3 所示。

表 B-3 峰谷消费组合

组合名称	1	2	3	…	$M+1$	…	$MN-1$	MN
峰谷消费组合	$(1,1)$	$(1,2)$	$(1,3)$	…	$(2,1)$	…	$(M, N-1)$	(M, N)

二、定义峰谷合并后的阶梯

峰谷合并后的新阶梯最多共有 $M+N$ 档[①]，如图 B-1 所示。

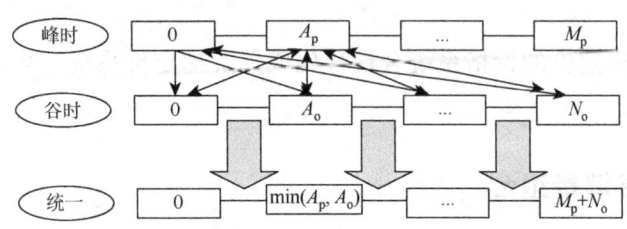

图 B-1　峰谷合并后的统一阶梯定价分档图

然后，我们需要寻找出位于合并后的阶梯定价中不同档的可能组合，如表 B-4 所示。

表 B-4　统一的阶梯定价系统

阶梯数	1	2	…	$M_p + N_o$
阶梯消费量	$[0, \min(A_p, A_o))$	$[\min(A_p, A_o), \min(\max(A_p, A_o), B_p, B_o))$	…	$[N_o, +\infty)$
可能组合	1	$1, 2, \cdots, EF, \cdots$	…	$\cdots, MN-1, MN$

可以证明的是，以上构建的统一阶梯定价保证了在阶梯内部不存在峰时或谷时的跳跃，即统一阶梯定价内部是完全光滑的。而不考虑第一阶梯的起点（即 0 点）与其他档电量的交叉结合所构成的新阶梯不能完全保证阶梯内部完全光滑。

三、计算统一阶梯定价的阶梯价格

在已有的峰时与谷时的价格基础上，我们基于一个基本原则来计算统一阶梯定价的各个阶梯价格总电量×阶梯价格 = 峰时阶梯价格×峰时电量 + 谷时阶梯价格×谷时电量，也就是总电费在新的统一阶梯价格下应保持不变，且该原则应用于该阶梯定价系统的每一个子阶梯定价系统[②]。

[①] 其中的某些档可能重合。
[②] 这保证了统一阶梯定价的唯一性。

下面构建以下统一阶梯定价的价格体系,以第二个阶梯为例进行说明。

第一个阶梯价格是:峰时用电比例×峰时第一阶梯价格 + 谷时用电比例×谷时第一阶梯价格。

第二个阶梯价格是:在总电量消费位于 $[\min(A_p, A_o), \min(\max(A_p, A_o), B_p, B_o))$ 的条件下,峰时用电比例 $\times \left(\dfrac{N_1}{N_1+N_2+\cdots+N_{EF}+\cdots} \times \right.$ 类型 1 用户在峰时所对应的阶梯价格[①] $+ \dfrac{N_2}{N_1+N_2+N_4\cdots+N_{EF}+\cdots} \times$ 类型 2 用户在峰时所对应的阶梯价格 $+\cdots+ \dfrac{N_{EF}}{N_1+N_2+N_4+\cdots+N_{EF}+\cdots} \times$ 类型 EF 用户在峰时所对应的阶梯价格 $\left. \right)$ + 谷时的类似计算。N_i 为表 B-3 中组合类型为 i 的用户数量。

第三个阶梯直至第 $M_p + N_o$ 个阶梯的价格计算与上类似。

---

① 当计算大于 $\min\{M, N\}$ 的阶梯时,可能出现峰时或谷时的阶梯数不够的情况,此时以峰时或谷时的最大阶梯所对应的价格计算,因为我们可以认为峰时或谷时的后续大于 M 或 N 阶梯时,每一阶梯的价格都等于最后一个阶梯的价格。

附录 C 工具变量的构造：相对需求方程的设定与估计

第四章第二节的第二部分，最后复合阶梯电价的分档价格计算公式中，峰时（谷时）用电比例、用户比例 $\left(\dfrac{N_1}{N_1+N_2+N_4}\text{等}\right)$ 与价格相互影响，导致内生性问题，我们需要构建 IV 解决此问题。

一、相对需求的设定

为了解决价格和电量相互决定引致的内生性问题，借鉴 Hausman 等（1979）的双层模型方法估计相对需求，将峰时和谷时的预测用电比例作为真实的峰时和谷时用电比例的 IV[①]。

定义 $h=\dfrac{w^p}{w^o}$ 为峰时和谷时相对需求，其中 w^p 和 w^o 分别为峰时用电量和谷时用电量，将峰谷时相对需求设定为

$$h=\frac{w^p}{w^o}=\sum_{j=1}^{J}\beta_{jn}\text{app}_j+\sum_{k=1}^{K}\gamma_{kn}\text{soc}_k+\delta_n\text{weather}$$
$$+\underbrace{a\frac{\overline{p}^p}{\overline{p}^o}}_{\text{price effect}}+\underbrace{\sum_{j=1}^{J}b_j\frac{\overline{p}^p}{\overline{p}^o}\text{app}_j}_{\text{appliance price cross-effect}} \qquad \text{(C-1)}$$
$$+\underbrace{\sum_{k=1}^{K}c_k\frac{\overline{p}^p}{\overline{p}^o}\text{soc}_k+\sum_{m=1}^{6}d_m\frac{\overline{p}^p}{\overline{p}^o}\text{weather}}_{\text{cross effect}}+\varepsilon$$

其中，app 为电器持有数量；soc 为用户的社会经济状况；weather 为气候变量；$\dfrac{\overline{p}^p}{\overline{p}^o}$ 为相对价格；$\dfrac{\overline{p}^p}{\overline{p}^o}\text{soc}_k$ 等为交叉项。

[①] 由于篇幅所限，假设 Homogeinicity 成立，并忽略这一假设的检验问题。相关检验方法见 Hausman 等（1979）。

要对式（C-1）进行估计，首先要得出峰时与谷时的相对价格 $\dfrac{\overline{p}^{\mathrm{p}}}{\overline{p}^{\mathrm{o}}}$。对于杭州的样本，假设用户在高峰和低谷同时选择。用户选择峰时和谷时的消费共有 9 种可能，于是用户高峰落在第 i 段、低谷落在第 j 段的概率为

$$\{s_1, s_2, \cdots, s_9\} = \{(p_1^{\mathrm{p}}, p_1^{\mathrm{o}}), (p_1^{\mathrm{p}}, p_2^{\mathrm{o}}), (p_1^{\mathrm{p}}, p_3^{\mathrm{o}}), (p_2^{\mathrm{p}}, p_1^{\mathrm{o}}), (p_2^{\mathrm{p}}, p_2^{\mathrm{o}}), \cdots, (p_3^{\mathrm{p}}, p_3^{\mathrm{o}})\}$$

$$\operatorname{Prob}(Y=j) = s_i = \frac{\exp(\beta_j X)}{1 + \sum_{k=2}^{9} \exp(\beta_k X)}, \quad j = 2, 3, \cdots, 9$$

$$\operatorname{Prob}(Y=1) = s_1 = \frac{1}{1 + \sum_{k=2}^{9} \exp(\beta_k X)}$$

（C-2）

变量 X 包含住户的社会经济因素、电器因素及气候因素。Y 即阶梯组合 $(1,1)$, $(1,2), \cdots, (3,3)$ 的组合（即正文中表 4-1）。

当存在阶梯定价时，高峰时段和低谷时段平均（或期望）价格分别为

$$\begin{aligned}\overline{p}^{\mathrm{p}} &= (\hat{s}_1 + \hat{s}_2 + \hat{s}_3)p_1^{\mathrm{p}} + (\hat{s}_4 + \hat{s}_5 + \hat{s}_6)p_2^{\mathrm{p}} + (\hat{s}_7 + \hat{s}_8 + \hat{s}_9)p_3^{\mathrm{p}} \\ \overline{p}^{\mathrm{o}} &= (\hat{s}_1 + \hat{s}_4 + \hat{s}_7)p_1^{\mathrm{o}} + (\hat{s}_2 + \hat{s}_5 + \hat{s}_8)p_2^{\mathrm{o}} + (\hat{s}_3 + \hat{s}_6 + \hat{s}_9)p_3^{\mathrm{o}}\end{aligned}$$

（C-3）

在此基础上，我们估计出某个月的相对需求方程（C-1），并预测某个月的峰时和谷时电力消费，从而求出某个月电力需求中峰时和谷时的份额 $\left\{\dfrac{\hat{h}}{1+\hat{h}}, \dfrac{1}{1+\hat{h}}\right\}$，并将此作为真实峰谷需求比例的 IV。

同样，复合阶梯定价计算公式中的用户比例也和价格相互影响，具有内生性特征。我们利用选择模型估计出用户在每一复合阶梯中选择第 i 种用电组合的概率（如第二阶梯的 p_1、p_2 和 p_4），并将此作为真实用户类型比例的 IV。

二、相对需求的估计

首先，利用式（C-2），计算出用户峰时与谷时 9 种选择的概率，以用户选择组合 1 为基准，估计结果如表 C-1 所示。

表 C-1　用户峰时与谷时 9 种选择 Multinomial Logit 回归表

变量	选择2	选择3	选择4	选择5	选择6	选择7	选择8	选择9
家庭总人口	−0.068	−5.017	0.143	−0.109	−1.178***	0.689***	−0.052	−0.049
	(−0.341)	(−0.560)	(1.206)	(−0.947)	(−4.442)	(3.593)	(−0.422)	(−0.332)
65岁及以上人口	0.096	−18.570	−0.059	0.158	1.180***	−0.010	0.238*	0.003
	(0.470)	(−0.022)	(−0.476)	(1.316)	(4.296)	(−0.049)	(1.858)	(0.019)
65岁以下成年人口	0.114	−2.467	−0.089	0.193	1.300***	−0.952***	0.103	0.284*
	(0.531)	(−0.608)	(−0.699)	(1.556)	(4.728)	(−4.446)	(0.781)	(1.776)
住房建筑面积	−0.003	0.226	0.005*	−0.009***	−0.011**	0.020***	0.007**	0.003
	(−0.714)	(0.747)	(1.650)	(−3.386)	(−2.257)	(4.660)	(2.472)	(0.819)
卧室数量	0.093	−2.921	−0.013	0.193*	0.520***	−0.614***	0.157	0.270**
	(0.558)	(−0.509)	(−0.114)	(1.817)	(2.829)	(−2.738)	(1.403)	(2.032)
计算机数量	0.492***	3.499	0.337***	0.222***	0.634***	0.929***	0.377***	0.229**
	(4.357)	(1.004)	(4.376)	(2.986)	(5.393)	(8.132)	(4.757)	(2.403)
电视数量	0.002	−0.011	0.299***	0.479***	0.068	−0.318**	0.478***	0.252**
	(0.018)	(−0.002)	(3.594)	(6.016)	(0.500)	(−1.995)	(5.618)	(2.504)
空调数量	−0.252**	−3.082	−0.195***	0.082	0.560***	−0.005	−0.014	0.073
	(−2.179)	(−0.740)	(−2.609)	(1.129)	(4.234)	(−0.037)	(−0.191)	(0.813)
冬天是否取暖	0.505***	48.082	0.337***	0.826***	0.445**	0.170	0.907***	1.029***
	(2.786)	(0.015)	(2.792)	(7.127)	(1.985)	(0.678)	(6.665)	(5.734)
是否用电煮饭	0.486***	20.303	0.203*	0.242**	−0.484**	0.631***	−0.150	0.077
	(2.639)	(0.015)	(1.759)	(2.177)	(−2.490)	(2.736)	(−1.241)	(0.517)
是否用电洗澡	1.035***	27.846	−0.267**	0.703***	1.430***	0.238	−0.014	−0.043
	(5.946)	(0.010)	(−2.427)	(6.682)	(6.796)	(1.117)	(−0.124)	(−0.299)
收入类型	−0.423***	−2.753	0.308***	0.127	0.047	0.346**	0.405***	0.250**
	(−2.843)	(−0.436)	(3.670)	(1.550)	(0.314)	(2.293)	(4.636)	(2.336)
月最高气温	−0.002	0.019	−0.000	−0.000	0.004	0.000	−0.004**	−0.006**
	(−0.650)	(1.405)	(−0.195)	(−0.302)	(1.366)	(0.148)	(−2.180)	(−2.558)
月平均气温	0.002	−0.017	0.002	0.004***	−0.000	−0.002	0.005***	0.008***
	(0.766)	(−1.542)	(1.181)	(2.600)	(−0.112)	(−0.794)	(3.076)	(3.662)
月平均湿度	0.053***	0.160**	0.024***	0.048***	0.080***	0.002	0.052***	0.115***
	(3.897)	(2.282)	(2.731)	(5.731)	(5.183)	(0.118)	(5.583)	(9.289)
月平均日照数	0.000***	0.001***	−0.000	0.000***	0.000***	−0.000	0.000	0.000***
	(5.371)	(2.687)	(−0.286)	(4.032)	(3.959)	(−0.509)	(0.985)	(4.166)
常数项	−4.944***	−99.229	−2.294***	−4.464***	−11.292***	−3.572***	−6.159***	−11.261***
	(−4.947)	(−0.023)	(−3.561)	(−7.182)	(−9.509)	(−2.928)	(−8.886)	(−12.444)
N				7920				
chi2				2060.324				
R^2_a				0.081				

*在10%的显著性水平下显著；
**在5%的显著性水平下显著；
***在1%的显著性水平下显著。
注：括号中的值为 t 值；chi2 为卡方值，R^2_a 为调整后的 R^2 值。

附录 C 工具变量的构造：相对需求方程的设定与估计

然后利用方程(C-2)，得出峰时与谷时的相对价格，基于双层模型设定(C-1)，估计出相对需求方程结果。考虑到样本期内用户的社会经济状况、用电模式、电器存量和收入层次等数据均不随时间变化，为弥补固定面板不能估计时不变量参数的缺点，本书选择 Hausman-Taylor 法进行估计。估计结果如表 C-2 所示。

表 C-2 相对需求方程估计表

变量	全部样本 Hausman-Taylor	全部样本 OLS	杭州样本 Hausman-Taylor	杭州样本 OLS
相对价格	3.955	26.390	−10.247	−10.745
	(0.143)	(1.363)	(−0.272)	(−0.301)
峰谷定价种类(1=杭州,0=上海)	−2.713***	−2.497***		
	(−4.779)	(−8.205)		
家庭总人口	−5.262	−4.976	−2.538	2.812
	(−0.442)	(−0.917)	(−0.184)	(0.242)
65 岁及以上人口	13.146	11.578**	−0.137	−13.978
	(1.127)	(2.100)	(−0.010)	(−1.167)
65 岁以下成年人口	6.892	7.183	−0.395	−10.645
	(0.569)	(1.305)	(−0.027)	(−0.865)
住房建筑面积	−0.011	−0.011	0.017	0.121
	(−0.039)	(−0.077)	(0.045)	(0.390)
卧室数量	1.603	−1.910	−8.716	−13.124
	(0.165)	(−0.409)	(−0.635)	(−1.162)
计算机数量	−6.619	−12.826***	−6.467	−6.336
	(−1.155)	(−4.583)	(−0.667)	(−0.719)
电视数量	8.122	8.694***	13.265	16.706*
	(1.137)	(2.798)	(1.184)	(1.832)
空调数量	−4.535	−2.211	−1.944	−0.924
	(−0.699)	(−0.695)	(−0.225)	(−0.125)
冰箱及冰柜数量	7.410	40.488***	−5.865	−2.969
	(0.478)	(4.899)	(−0.280)	(−0.150)
冬天是否取暖	4.944	9.320*	3.893	1.223
	(0.422)	(1.693)	(0.250)	(0.095)
是否有微波炉	−1.551	−23.467***	−1.006	−7.762
	(−0.130)	(−3.670)	(−0.071)	(−0.670)

续表

变量	全部样本 Hausman-Taylor	全部样本 OLS	杭州样本 Hausman-Taylor	杭州样本 OLS
是否用电煮饭	−3.092	−7.730	−2.673	−6.498
	(−0.313)	(−1.618)	(−0.212)	(−0.617)
是否用电洗澡	−25.830**	−40.034***	−1.249	7.833
	(−2.048)	(−5.496)	(−0.072)	(0.543)
收入类型	17.946**	23.757***	7.949	8.679
	(2.206)	(5.880)	(0.720)	(0.938)
月最高气温	−0.074	−0.034	0.134	0.162
	(−1.056)	(−0.459)	(1.014)	(1.141)
月平均气温	0.133**	0.099	−0.074	−0.106
	(2.350)	(1.610)	(−0.619)	(−0.851)
月平均湿度	−0.076	0.238	−0.440	−0.571
	(−0.174)	(0.600)	(−0.573)	(−0.730)
月平均日照数	0.002	0.005*	0.000	−0.000
	(0.591)	(1.886)	(0.076)	(−0.036)
家庭总人口×相对价格	3.053	2.896	1.543	−1.257
	(0.508)	(1.058)	(0.216)	(−0.209)
65岁及以上人口×相对价格	−6.975	−6.208**	0.039	7.194
	(−1.185)	(−2.230)	(0.005)	(1.163)
65岁以下成年人口×相对价格	−3.861	−4.018	0.052	5.399
	(−0.631)	(−1.447)	(0.007)	(0.843)
住房建筑面积×相对价格	0.003	0.002	−0.014	−0.070
	(0.023)	(0.025)	(−0.070)	(−0.433)
卧室数量×相对价格	−0.587	1.213	4.762	7.075
	(−0.119)	(0.513)	(0.669)	(1.209)
计算机数量×相对价格	3.488	6.658***	3.266	3.197
	(1.201)	(4.692)	(0.648)	(0.697)
电视数量×相对价格	−4.289	−4.578***	−6.972	−8.771*
	(−1.185)	(−2.907)	(−1.199)	(−1.852)
空调数量×相对价格	2.186	1.025	0.940	0.462
	(0.667)	(0.639)	(0.210)	(0.120)

续表

变量	全部样本 Hausman-Taylor	全部样本 OLS	杭州样本 Hausman-Taylor	杭州样本 OLS
冰箱及冰柜数量×相对价格	−4.000	−20.783***	3.173	1.692
	(−0.510)	(−4.971)	(0.294)	(0.166)
冬天是否取暖×相对价格	−2.786	−5.015*	−2.138	−0.711
	(−0.467)	(−1.790)	(−0.264)	(−0.106)
是否有微波炉×相对价格	1.081	12.387***	0.659	4.164
	(0.177)	(3.773)	(0.090)	(0.692)
是否用电煮饭×相对价格	1.692	4.024*	1.331	3.324
	(0.337)	(1.658)	(0.203)	(0.608)
是否用电洗澡×相对价格	13.205**	20.485***	0.349	−4.160
	(2.069)	(5.588)	(0.039)	(−0.561)
收入类型×相对价格	−9.129**	−12.075***	−3.826	−4.249
	(−2.223)	(−5.926)	(−0.668)	(−0.887)
月最高气温×相对价格	0.039	0.019	−0.070	−0.084
	(1.101)	(0.505)	(−1.021)	(−1.145)
月平均气温×相对价格	−0.070**	−0.053*	0.038	0.055
	(−2.429)	(−1.686)	(0.618)	(0.852)
月平均湿度×相对价格	0.034	−0.124	0.225	0.301
	(0.153)	(−0.616)	(0.569)	(0.746)
月平均日照数×相对价格	−0.001	−0.003*	−0.000	0.000
	(−0.664)	(−1.943)	(−0.112)	(0.025)
常数项	−2.935	−47.648	20.966	20.461
	(−0.053)	(−1.239)	(0.283)	(0.292)
N	7920	7920	4262	4262
chi2	100.278	0.068	26.916	0.007

*在10%的显著性水平下显著；
**在5%的显著性水平下显著；
***在1%的显著性水平下显著。

估计结果中有很多系数不显著，Hausman 等（1979）对此做了解释和说明①。Hausman 和 Wise（1979）指出，相对需求方程中，OLS 法或加权最小二乘（weighted

---

① Hausman 等（1979）中的相对需求方程所有系数全部不显著，但其仍然以此为基础继续进行双层模型的绝对需求方程估计，并认为相对需求方程比绝对需求方程更可靠。

least squares，WLS）法估计出的方程并不是有效的，因此得到的标准误是向下偏倚的，这会影响回归结果的显著性，其矫正方法是使用带权重的极大似然估计获取正确的标准误[①]。

由表 C-2 可知，实施了阶梯定价的杭州与总样本的相对需求结果差异很大，杭州样本中，相对价格系数为负，这说明阶梯定价下峰谷之间的相对价格差距拉大，会导致更多的峰时用电向谷时转移，峰谷价格差产生了削峰填谷效应。而总样本估计下相对需求价格为正，这说明在统一定价与阶梯定价的混合样本下，峰谷之间的电量转移作用并未显现，峰谷定价中实施统一定价的上海样本中并未体现削峰填谷的作用。另外，峰谷定价种类的虚拟变量显著，说明杭州与上海的相对需求特征有显著差异；其符号显著为负，也说明杭州峰谷比例小于上海，阶梯定价起到更强的峰谷替代效应。

同时，Hausman 等（1979）指出，价格效应主要通过其他项与价格的交互项来体现。而相对需求方程中的电器因素、社会经济因素等变量符号不一。对于电器变量，一天内持续使用或固定某时段使用的电器，其用电量的转移效应差，如冰箱及冰柜数量、冬天是否取暖等，其系数为正；而一些可以在峰谷时调整的用电模式，如计算机数量、空调数量、是否用电煮饭、是否用电洗澡等，其系数为负；而社会经济因素，如家庭收入等，其系数为正；这在本书的相对需求方程中得到了印证。

进一步，我们估计出峰时与谷时的消费比例如表 C-3 所示。

表 C-3　峰时与谷时消费比例估计结果表

消费比例	观察值	均值	标准误	最小值	最大值
峰时比例	7920	7920	0.6707	0.1195	0.0138
谷时比例	7920	7920	0.3293	0.1195	0.1320

我们以复合阶梯中的第二阶梯为例，得到复合阶梯定价计算公式中的用户比例预测结果如表 C-4 所示，其中 p_1、p_2、p_4 分别表示处于复合阶梯的第二阶梯中的用户，分别选择正文中表 4-1 的 1、2、4 组合的概率。

表 C-4　复合阶梯定价中第二阶梯各类组合选择概率表

概率	观察值	均值	标准误	最小值	最大值
p_1	831	0.4344	0.1131	0.1402	0.7011
p_2	831	0.0794	0.0743	0.0012	0.6112
p_4	831	0.4862	0.1279	0.1121	0.7910

复合阶梯定价中其他阶梯各类型用电组合选择概率可采用类似方法获得。

[①] 本书的研究在调查过程中未赋予不同用户不同的权重值，因此不能使用带权重的极大似然估计法进行估计，只是影响回归系数的显著性。

附录 D 阶梯定价充分统计量的弹性表达

由于 $\dfrac{dx}{dt}$ 经济意义不明显，我们可将式（5-4）与式（5-5）变形为

$$\frac{dW(t)}{dt}=\left(\sum_{i=1}^{N-1}t_i\right)\frac{dx_{N-1}}{d\left(\sum_{i=1}^{N-1}t_i\right)}=\left(\sum_{i=1}^{N-1}t_i\right)\frac{dx_{N-1}/x_{N-1}}{d\left(\sum_{i=1}^{N-1}t_i\right)\Big/\sum_{i=1}^{N-1}t_i}\times\frac{x_{N-1}}{\left(\sum_{i=1}^{N-1}t_i\right)}=x_{N-1}\varepsilon_{N-1} \quad\text{(D-1)}$$

$$\Delta W=W(b)-W(a)=\int_{\sum_{i=1}^{N-1}a_i}^{\sum_{i=1}^{N-1}b_i}\left(\sum_{i=1}^{N-1}t_i\right)\frac{dx_{N-1}}{d\left(\sum_{i=1}^{N-1}t_i\right)}d\left(\sum_{i=1}^{N-1}t_i\right)=x_{N-1}\int_{\sum_{i=1}^{N-1}a_i}^{\sum_{i=1}^{N-1}b_i}\varepsilon_{N-1}d\left(\sum_{i=1}^{N-1}t_i\right)$$

(D-2)

结合式（5-7），式（5-8）变形为

$$R_N=\frac{\Delta F_N}{\Delta F_N+\Delta W_N}=\frac{\sum_{i=1}^{N-1}(b_i-a_i)x_i}{\sum_{i=1}^{N-1}(b_i-a_i)x_i+x_{N-1}\int_{\sum_{i=1}^{N-1}a_i}^{\sum_{i=1}^{N-1}b_i}\varepsilon_{N-1}d\left(\sum_{i=1}^{N-1}t_i\right)} \quad\text{(D-3)}$$

因此，我们也可以使用阶梯总加价 t、用电量 x 及最高阶梯用电量 x_{N-1} 对阶梯总加价 $\sum_{i=1}^{N-1}t_i$ 的弹性 ε_{N-1} 作为充分统计量来对阶梯定价政策进行评价。其直观的经济意义是，当弹性 ε_{N-1} 变小时，消费者对于价格调整更不敏感，价格调整下的消费量变化 $\Delta x=dx$ 变小，福利损失也变小，同时处于高阶梯上的消费量变化也将更小，再分配额变大，转化率 R_N 变大。反之，如果弹性 ε 变大，为获得相同的再分配额需要付出的福利损失将更大，转化率 R_N 变小。特别地，如果消费者的弹性 $\varepsilon=0$，那么转化率 $R_N=1$，此时再分配无福利损失。因为消费者对价格调整无反应，这相当于在初次分配中规制者直接从消费者的收入中强制取走一部分收入。

附录E $\dfrac{\mathrm{d}q}{\mathrm{d}\bar{p}}$ 与 $\dfrac{\mathrm{d}x}{\mathrm{d}t}$ 的关系分析

我们以杭州市具体的三级阶梯定价为例来进行说明。首先，如果消费量位于第二阶梯，平均价格与边际价格之间的关系为

$$\bar{p} = p_1 + \frac{t_1(q-q_1)}{q} \tag{E-1}$$

其中，p_1 是第一阶梯的边际价格（或原统一定价）；q_1 是第一阶梯长度；t_1 是第二阶梯加价。由此可得

$$\frac{\mathrm{d}q}{\mathrm{d}\bar{p}} = \frac{\mathrm{d}q}{\mathrm{d}\left(p_1 + \dfrac{t_1(q-q_1)}{q}\right)} = \frac{q}{q-q_1}\frac{\mathrm{d}x}{\mathrm{d}t_1} \tag{E-2}$$

同理，如果消费量位于第三阶梯，平均价格与边际价格之间的关系为

$$\bar{p} = p_1 + \frac{t_1(q_2-q_1) + t_2(q-q_2)}{q} \tag{E-3}$$

其中，q_2 是第二阶梯长度；t_2 是第三阶梯加价。由此可得

$$\frac{\mathrm{d}q}{\mathrm{d}\bar{p}} = \frac{\mathrm{d}q}{\mathrm{d}\left(p_1 + \dfrac{t_1(q_2-q_1)+t_2(q-q_2)}{q}\right)} = \frac{q}{q-q_2}\frac{\mathrm{d}x}{\mathrm{d}t_2} \tag{E-4}$$

由此，一般化地，可得 n 阶阶梯定价下 $\dfrac{\mathrm{d}q}{\mathrm{d}\bar{p}}$ 与 $\dfrac{\mathrm{d}x}{\mathrm{d}t}$ 的关系为

$$\frac{\mathrm{d}q}{\mathrm{d}\bar{p}} = \frac{\mathrm{d}q}{\mathrm{d}\left(p_1 + \dfrac{\sum\limits_{i=1}^{n}t_{i-1}(q_{i+1}-q_i)+t_i(q-q_i)}{q}\right)} = \frac{q}{q-q_i}\frac{\mathrm{d}x}{\mathrm{d}t_i}, \quad q \in (q_i, q_{i+1}] \tag{E-5}$$